SOUVENIRS

D'UN

VOYAGE EN PERSE

PAR

M. le comte JULIEN DE ROCHECHOUART

PARIS

CHALLAMEL AINÉ, ÉDITEUR,

Libraire commissionnaire pour la Marine, les Colonies et l'Orient,

30, RUE DES BOULANGERS ET RUE DE BELLECHASSE, 27.
—
1867

SOUVENIRS

D'UN

VOYAGE EN PERSE.

Paris. — Imprimé par E. Thunot et C⁰, 26, rue Racine.

SOUVENIRS D'UN VOYAGE EN PERSE.

INTRODUCTION.

Lorsqu'un Européen arrive en Perse, et que ses yeux, habitués au spectacle nouveau qui les frappe, cessent d'être amusés par le pittoresque des costumes et du paysage, il prend de ce pays une désagréable opinion, car alors il est vivement impressionné par l'aridité apparente du sol et par la pauvreté de ses habitants. La comparaison qui s'établit dans son esprit entre cette existence misérable et insouciante, et celle, si active et si confortable, des grandes cités qu'il a laissées derrière lui n'est nullement à l'avantage de la Perse. Après plusieurs semaines, l'opinion de ce voyageur n'a pas changé, il juge les Persans peut-être encore plus sévèrement; il est ennuyé, découragé, son moral et son physique sont meurtris et irrités, la nourriture est détestable, les rues sont sales et pleines de trous, des odeurs fétides s'exhalent des maisons, il ne peut faire un pas sans être assourdi par les demandes incessantes de mendiants dont les plaies ignobles et les infirmités repoussantes le dégoûtent sans exciter sa pitié; il ne peut aller et venir en liberté; objet de curiosité pour les uns, de spéculation pour les autres, il cesse de visiter les bazars et se laisse exploiter par un domestique infidèle et maladroit. En un mot, lui, l'homme nerveux, irritable et gâté des sociétés modernes, il est jeté tout à coup au milieu d'une population dont les usages et les besoins sont tout à fait contraires aux siens et dont la principale arme est la force d'inertie, de telle sorte que, si le voyageur dont je parle n'est retenu en Perse par aucun devoir impérieux, il se hâte de quitter ce pays, et les impressions qu'il rapporte en Europe sont loin d'être favorables.

Mais celui qui est forcé, par un motif quelconque, d'habiter la Perse pendant plusieurs années, apprend la langue, se crée des relations, s'informe à différentes sources et ne tarde pas à s'apercevoir que le peuple persan, loin d'être aussi mauvais qu'il le croyait, est sobre, patient, intelligent, et que si le pays est en décadence, ce n'est ni sa faute, ni celle des institutions. Pour ma part, j'ai passé par ces diverses phases : lors de mon arrivée à Téhéran, j'étais désespéré; mais, sachant que j'étais forcé d'y séjourner assez longtemps, d'abord pour me créer une occupation, ensuite par curiosité, et enfin avec un vif intérêt, je me suis mis à étudier les institutions et les hommes de cette contrée, et j'ai trouvé dans ce travail des résultats si inattendus et si intéressants, que je me suis décidé à livrer à la publicité des notes que je n'avais d'abord prises que pour mon propre amusement.

Jusqu'à présent, pour la plupart des lecteurs européens, l'Orient c'est la Turquie, et l'extrême Orient les Indes et la Chine; entre ces trois termes, on croit qu'il n'existe rien d'original, et que toutes les populations mahométanes se ressemblent; c'est là une grande erreur, les Persans n'ont rien de commun avec les Turcs, ni la race, ni la religion, ni les lois, ni les usages; on ne saurait même comprendre comment deux populations peuvent avoir entre elles une antipathie si prononcée si l'on ne se reportait à quelques années en arrière et si l'on ne songeait à la rage qui animait nos pères au seul nom de l'Angleterre.

Il n'entre pas dans mon sujet de faire un parallèle entre ces deux pays et je n'ai pas plus à m'occuper de la Turquie que si elle n'existait pas. Je devais seulement prémunir le lecteur contre une opinion généralement répandue et m'affranchir du reproche d'inexactitude que pourrait me faire toute personne connaissant le Levant et voulant juger par analogie les faits que je vais présenter.

Avant d'entrer dans le détail des institutions persanes, il est bon de dire quelques mots du pays, et comme la plupart des villes dont nous aurons à nous occuper sont à peine connues de nom au lecteur, on me pardonnera de commencer ce travail par la partie géographique.

Tauris est la première ville persane que le voyageur arrivant du Nord rencontre sur son chemin. Elle est située à 24 farsacks (un farsack fait six kilomètres) de la frontière de l'Araxe. C'est une des villes les plus importantes de la Perse au point de vue commercial; c'est sur cette place qu'arrivent toutes les marchandises de l'Europe, telles que la bougie, le sucre et surtout les indiennes. Ce dernier article est l'objet du commerce d'un grand nombre de maisons grecques, anglaises et suisses. Tauris est aujourd'hui le centre le plus considérable de la Perse et comme population et comme chiffre d'affaires. Cependant, je crois peu à son avenir, par la raison que si le transit commercial prend, comme tout porte à le croire, le chemin de la Russie, les marchandises viendront à Resht, point beaucoup plus près de Téhéran et surtout de la Mer Caspienne. Si, au contraire, le commerce avec la Perse reste entre les mains de la France et de l'Angleterre, Boushir deviendra l'entrepôt de ces transactions.

Tauris n'a aucun intérêt pittoresque ; c'est un grand village, situé au pied d'une chaîne de montagnes et placé sur un plateau très-élevé, l'hiver y est très-rigoureux et l'été insupportable, à cause de la sécheresse et de la poussière. Les ruines d'une forteresse et d'une mosquée (seljouck) sont les seuls monuments que l'on puisse y admirer. La mosquée surtout est couverte à l'intérieur d'un revêtement de briques émaillées qui la rend très-intéressante à étudier, c'est à peu près le seul exemple que je connaisse de ce genre de fabrication. Les briques qui forment le fond sont entaillées et reçoivent des multitudes de petits morceaux d'émail absolument comme une mosaïque. Tauris a été pris et repris par les Turcs et les Persans et par conséquent a subi un grand nombre de siéges et de destructions, et, comme si ce n'était pas assez de dévastations humaines, des tremblements de terre viennent de temps à autre se charger d'achever l'œuvre de désolation.

Tauris, ainsi que l'Azer-Baïdjan dont il est la capitale, est entièrement habité par des Turcs et par conséquent n'a rien de commun avec le reste de la Perse ; la langue officielle y est le persan, mais le peuple parle un dialecte turc. La distance qui sépare Tauris de Téhéran est de 96 farsacks, soit 576 kilomètres.

Pendant ce parcours, on rencontre plusieurs points intéressants. D'abord Zindjân, petite ville d'une dizaine de mille âmes, qui, dans les premières années du règne de Nasser-Eddin-Shah, a été le théâtre de la révolte de

Babys. M. le comte de Gobineau raconte cette histoire dans son livre *Sur les religions persanes*. Cette petite ville ne s'est pas encore remise de cette horrible secousse et ce n'est plus qu'un monceau de ruines. Le commerce et l'industrie y sont presque nuls et, sauf quelques fabricants de chaussures, on n'y rencontre absolument rien. Sultaniéh, qui n'est plus aujourd'hui qu'un village, a été autrefois la capitale de l'Empire et a conservé de son ancienne splendeur une magnifique mosquée de l'époque Seljouck. C'est une des plus belles ruines de ce qu'on est convenu d'appeler l'art arabe. La plaine au milieu de laquelle est situé ce village, et qui sert parfois de camp d'exercice à l'armée persane, est un des lieux du monde où le vent souffle avec le plus de violence. Souvent même pendant l'hiver, il y a danger à la traverser, car on peut être enseveli par un chasse-neige, ce qui a failli arriver récemment à M. de Giers, ministre de Russie à Téhéran.

Cazbin a eu également la gloire de servir de capitale, et, plus heureuse que Sultaniéh, elle en a conservé quelques apparences. Cette petite ville d'une vingtaine de mille âmes à peu près, renferme des mosquées et des palais de l'époque des Séféwieh, que l'on peut classer parmi les plus beaux monuments de ce style.

Cazbin fait un commerce important de fruits secs et de riz. Les habitants font, en outre, d'assez jolies poteries.

Téhéran, capitale actuelle de la Perse, n'est pas assurément la plus jolie ville de l'empire. De création toute moderne, elle ne possède ni la grandeur ni la richesse de ses devancières. Elle est située dans une cuvette au pied des monts Elbourz : il y fait l'été une chaleur intolérable, au point qu'on est obligé de fuir et d'aller s'établir sous la tente dans les montagnes environnantes. Le Palais Royal est loin d'être un modèle d'architecture, cependant grâce à l'excellente tenue des jardins intérieurs, à la richesse du mobilier et à la pompe qui entoure toujours un souverain asiatique, on ne peut s'empêcher d'être un peu impressionné la première fois qu'on y entre. Téhéran est, au demeurant, la ville où l'existence est la plus commode pour un Européen. On y trouve à peu près tout ce dont on a besoin. C'est là également le centre de la colonie européenne composée environ de cinq cents individus. Les environs de Téhéran sont assez agréables pendant neuf mois de l'année. Au printemps les jardins sont charmants et remplis de fleurs de toutes sortes. A l'automne et en hiver on a une chasse excellente. Non loin de la ville se trouve le village de Shah-Abdoul-Azim, dont les jardins sont plantés sur les ruines de Rhagez. Il ne reste plus de l'antique cité de Tobie que quelques tumulus qu'il serait difficile de fouiller, car depuis quatre mille ans cet emplacement a toujours été occupé par un centre important de population.

En quittant Téhéran, je me suis dirigé sur Hamadan, qui est la première ville importante que j'ai rencontrée après mon départ de la capitale. La distance qui sépare ces deux villes est de 53 farsacks, que l'on franchit en huit ou neuf étapes. Voici celles que nous avons faites :

De Téhéran à Rabatkérim,	7	farsacks.
De Rabatkérim à Khanabad,	9	»
De Khanabad à Azateïn,	5	»
D'Azateïn à Nouvéran,	8	»
De Nouvéran à Zérack,	9	»
De Zérack à Bibiabad,	4	»
De Bibiabad à Hamadan,	8	»

La route est généralement bonne et n'offre aucune difficulté sérieuse, elle suit presque toujours la plaine; les quelques défilés qu'elle traverse sont larges et les pentes assez douces; le seul inconvénient grave qu'elle présente est la rareté des sources d'eau douce, presque toutes celles que l'on trouve sont saumâtres, et à Pikh, malgré la soif qui nous dévorait après une journée de marche en plein soleil, nous n'avons pu boire celle qu'on nous présentait. C'était un vrai supplice de Tantale, car, après avoir traversé les plaines les plus arides et les plus désolées, nous étions en face d'une fontaine limpide, comme celle que les dieux de l'antiquité aimaient tant à fréquenter, et sortant d'une espèce de grotte dont la fraîcheur nous semblait délicieuse; mais, amère déception! à peine avions-nous trempé dans l'eau nos lèvres desséchées que nous nous aperçûmes de notre méprise. — Cependant notre soif était si grande, et notre inexpérience si absolue que nous tentâmes de la satisfaire avec du thé, du sirop, du vin; tout fut inutile, il fallut pour cette fois renoncer à nous désaltérer.

Rien ne peut égaler la monotonie et la tristesse de ces plaines, où la vue se perd sans rencontrer la moindre trace de culture, ni rien même qui dénote la présence de l'homme, et où les yeux n'ont pour se reposer que la vue de cette plante, si connue de tous les voyageurs en Asie, l'épine de chameau. Autour des villages, on rencontre quelques vignes, quelques champs de pastèques ou quelques cultures de coton. Les qualités salines du terrain conviennent à merveille à cette plante, et je suis convaincu qu'avec du soin on parviendrait, grâce à ce produit, à changer tout à fait l'aspect du pays.

Hamadan est situé aux pieds du mont Elvend, l'un des pics les plus élevés des montagnes du Kurdistan. C'est une ville encore importante, malgré son état de délabrement. Le climat y est sain et agréable quoiqu'un peu froid, tant à cause de l'abondance des sources qui jaillissent dans la ville même que par suite du relief de terrain sur lequel la ville est bâtie. Les environs sont ravissants et il y a une promenade appelée Abas-Abad qui serait remarquable dans n'importe quel pays. Outre les céréales nécessaires aux habitants, on récolte autour de la ville une grande quantité de raisins avec lesquels on fait un vin blanc fort estimé, quoiqu'un peu alcoolique. Pour donner une idée du bon marché de la vie, voici des chiffres que j'ai relevés. Lors de mon passage, le pain coûtait 5 sols les sept livres, la viande 25 sols les sept livres, et le vin de 4 à 5 sols le litre. Des renseignements aussi certains que possible pour l'Orient portent le chiffre de la population à trente mille âmes, dont cinq cents Arméniens schismatiques et mille à douze cents Juifs.

Hamadan est élevé sur l'emplacement d'Ecbatane; mais la ville ancienne était bien plus considérable et l'enceinte moderne n'en renferme qu'une faible partie. Les champs environnants recouvrent cette ville aux sept enceintes si vantée des anciens et dont quelques tumulus sont tout ce qui nous reste. Les Juifs, au moment de la fonte des neiges, inondent ces terrains au moyen de petites digues, et lorsqu'ils les ont détrempés, ils font écouler l'eau dans les torrents et tamisent avec soin les terres entraînées. Ils y trouvent un grand nombre de médailles, de pierres gravées et même de pierres précieuses; par malheur pour les numismates, ce commerce devenant très-productif, ils se sont appliqués à faire de fausses médailles, et en ont infesté les lieux avoisinants. Ces faussaires sont d'une habileté rare à figurer un numismate qui tombe entre leurs mains. Toute la science de M. le baron de Prokesh suffira à peine à les démasquer.

Parmi les Juifs d'Hamadan il y a un rabbin nommé Elia-hou qui, par son grand âge, la profondeur de sa science et ses grands biens, jouit d'une immense considération. Il a une tête superbe; sa longue barbe blanchie par l'étude, son bonnet fourré couronné d'un énorme turban gris, ses vêtements en poil de chameau, si magnifiquement drapés, la dignité de toute sa personne, l'élévation et l'autorité de son langage, lui donnait l'aspect d'un des patriarches de la Bible. Mollah Elia-hou nous a fort bien reçus, et a voulu nous faire les honneurs de la ville et nous montrer les antiquités d'Hamadan; pendant cette promenade, je me suis de nouveau assuré qu'un homme peut en Orient, quelle que soit sa croyance religieuse, être l'objet de la considération et du respect de tout le monde.

Hamadan est la terre promise des antiquaires. Les tombeaux d'Esther et de Mardochée, celui d'Avicènes connu en Perse sous le nom de cheik Abou-sina l'Aliban, les inscriptions cunéiformes, toutes ces merveilles ne sont pas de notre ressort, et d'ailleurs ont été exploitées par des savants mieux autorisés; nous nous bornons donc à rappeler ces noms célèbres, car ce n'est pas sans un sentiment de respect que l'on parcourt ces lieux, théâtre d'événements si importants pour l'histoire de l'humanité.

En quittant Hamadan, nous nous sommes dirigés vers Boroudjird, petite ville située à 18 farsacks d'Hamadan : nous avons mis trois jours pour accomplir ce trajet. Le premier soir nous avons couché dans un village appelé Semnan-Abad, après avoir marché cinq heures; le second jour, nous nous sommes arrêtés à Dooulet-Abad, petite ville située à 8 farsacks de Boroudjird. La route que nous avons suivie pendant ces trois jours était assez bonne, sauf la dernière étape qui était longue et fatigante. Il nous a fallu gravir plusieurs montagnes escarpées, et enfin descendre une rampe, qui paraissait interminable, avant d'arriver dans la petite vallée où se trouve Boroudjird. Rien de plus gai, de plus frais, que la rivière qui arrose cette plaine; elle est ombragée par de beaux saules et bordée par des champs cultivés et des prairies, ce qui lui donne l'aspect de ces cours d'eau qui traversent les parcs anglais. Ce spectacle nous a d'autant plus réjouis, qu'il est fort rare en Perse, où le paysage se compose d'une suite de déserts. C'est un phénomène singulier et qui a été observé par tous les voyageurs qui ont parcouru l'Orient, combien un arbre qui n'est remarquable ni par sa forme, ni par son espèce, ni même par son feuillage joue un rôle important dans le paysage, l'éclat de la lumière, la pureté et la profondeur des horizons, les montagnes bleues, lilas, roses, vertes qui chatoient au soleil comme les ailes d'un scarabée servent sans doute de repoussoir à ce petit point vert qui, au milieu d'une plaine immense, vient reposer les yeux fatigués du voyageur.

La rivière de Boroudjird n'est pas entièrement absorbée par l'agriculture riveraine, elle sert également aux teinturiers de la ville qui y apportent leurs étoffes pour les laver et les fouler. Rien n'est plus pittoresque que de voir ces groupes d'ouvriers : les uns dans l'eau jusqu'à la ceinture lavent à grand fracas de voix et de gestes les bandes d'étoffes, que d'autres étendent et font sécher au soleil; les allants et venants, les chevaux et les ânes qui s'ébaubissent dans les herbes en attendant qu'on les recharge, et que leurs conducteurs, enfants pour la plupart, aient fini de faire des ricochets ou de dormir le ventre au soleil comme des lézards, tout cela a plus l'apparence d'une fête que d'un travail. Au reste, j'ai souvent remarqué que les travaux qui se font au bord de l'eau prennent un grand caractère de gaieté lorsqu'ils sont éclairés par un soleil brillant.

L'industrie de Boroudjird consiste en fabriques de cotonnades communes connues sous le nom de tchite de Boroudjird ; c'est une sorte d'indienne grossière, mais solide, bon teint et bon marché. Les gens du peuple en font un grand usage ; presque toujours cette étoffe est à fond rouge et à dessins blancs ; l'extrême solidité de cette couleur lui a donné une sorte de réputation. Le gouverneur est un des fils de Khanler-Mirza, ancien gouverneur d'Ispahan ; c'est un jeune homme maladif et timide, mais d'une grâce et d'une politesse exquises, il ne lui manque qu'un peu de poudre pour ressembler aux petits-maîtres, dont la littérature du siècle dernier nous a laissé tant de portraits séduisants. Il a auprès de lui un mustofi appelé Mirza-Moussa, qui est bien le personnage le plus humoristique que j'aie jamais rencontré, d'une intelligence rare et d'une activité fébrile : il emploie ces qualités à améliorer l'agriculture de ces contrées : il a réuni dans une espèce de parc qu'il possède aux portes de la ville des échantillons de toutes les cultures : la canne à sucre croît à côté de la pomme de terre, et le maïs à côté du coton.

Si les autorités nous firent bon accueil, il n'en fut pas de même de la population des bazars. J'avais voulu visiter ces édifices et me rendre compte par moi-même de ce que contenaient les boutiques. Les gamins, qui sans doute n'avaient jamais vu d'Européens, me firent escorte, et bientôt, avec la liberté de langage qui caractérise les

Persans, ils commencèrent à faire sur mon costume et sur ma personne des remarques qui ne furent pas du goût de mes domestiques. La discussion s'engagea, des injures s'ensuivirent, et je ne voudrais pas jurer que quelques soufflets ne se soient échangés ; toujours est-il, que les parents de ces gamins s'en mêlèrent et que ma promenade menaçait de devenir une véritable déroute. Heureusement j'avais avec moi quelques férachés du gouverneur, qui parvinrent, grâce à l'éloquence persuasive de leurs bâtons, à me faire respecter. Cette scène m'affligea beaucoup, mais je dus laisser faire, car en Orient, s'il est vrai qu'on doive s'efforcer d'éviter les querelles, il est encore bien plus nécessaire de rester vainqueur dans celles qu'on n'a pu empêcher ; j'ai été plusieurs fois à même de suivre cette ligne de conduite et m'en suis toujours très-bien trouvé. Bernadotte prétendait qu'il fallait une main de fer avec un gant de velours pour gouverner les Français ; je crois que c'est le contraire pour les Persans. Un gant de fer est nécessaire, mais une main de velours suffit pour le mettre en action. Malgré cette petite mésaventure, ce fut avec regret que nous nous éloignâmes de cette ville. L'hospitalité que nous y avions reçue nous en avait rendu le séjour fort agréable. Mon compagnon de voyage, le marquis Doria, n'était pas plus pressé que moi. Ses collections entomologiques et zoologiques s'étaient fort enrichies pendant notre séjour. Ses bocaux s'étaient remplis de serpents, tous plus affreux les uns que les autres, et je me rappelle notamment la difficulté qu'il éprouva à persuader à une famille des plus venimeuses de quitter une boîte, où elle était logée fort confortablement, et d'entrer dans des flacons remplis d'esprit-de-vin ; je dus prêter mon concours, et armés, chacun d'une pincette, nous prouvâmes à ces reptiles que la raison du plus fort est toujours la meilleure.

Nous quittâmes Boroudjird après un séjour de cinq à six jours, nous dirigeant vers Ispahan. La distance que nous avions à parcourir était de 53 farsacks, 318 kilomètres ; nous employâmes huit jours à faire ce trajet. La route est bonne et les villages où les caravanes s'arrêtent sont grands et bien bâtis.

Goulzard,	6	farsacks.
Emaret,	7	»
Khouméni,	8	»
Gulpaïghan,	4	»
Dour,	7	»
Déhat,	6	»
Tchellé-Sia,	9	»
Ispahan,	6	»

Depuis Emaret la route est très-fréquentée, car c'est celle que suivent toutes les caravanes de pèlerins qui, du centre et du sud de la Perse se rendent à Kerbela, pour vénérer les tombeaux des imans fils d'Ali. On peut juger de l'importance de ces migrations par les chiffres suivants. J'ai entendu dire par des personnes dignes de foi que chaque village de vingt maisons contenait au moins cinq individus ayant été à Meshed, et trois ayant visité Kerbela. Cette proportion semblera sans doute exagérée à ceux qui, n'ayant jamais quitté la France, sont habitués à considérer un voyage comme une grande dépense. Mais en Perse il n'en est pas ainsi, un homme du peuple n'a rien qui le retienne dans une ville plutôt que dans une autre. Son mobilier consiste en un ou deux tapis, et en quelques pièces de cuivre, dont il s'est bientôt défait. Avec le produit de cette vente, il se procure quelques pots de dattes, ou d'autres fruits secs, des aiguilles, du fil, des boutons, quelques chiffons; ainsi fourni, il se met en route, et chaque soir il offre sa marchandise à ses compagnons de voyage. Si la caravane qu'il a choisie lui promet peu de débit, ou si elle renferme trop de concurrents, il s'arrête et attend qu'une occasion plus favorable lui permette de continuer sa route. Si ses ressources sont épuisées, il demande l'aumône, ce qui n'est pas une honte en Orient, ou s'attache à la caravane de quelque personnage et vit avec les domestiques. C'est ainsi que pendant le cours de mes voyages j'ai été plusieurs fois étonné de voir le nombre de mes gens subitement augmenté.

Quelquefois ces rencontres sont fort utiles aux deux parties. Ainsi à Goulpaïgan, un de nos muletiers, étant tombé malade, nous avons trouvé un individu, qui revenait de Kerbela, et qui faute d'argent ne pouvait continuer sa route. Il consentit moyennant quelques francs à remplacer le malade et nous fûmes réciproquement enchantés de nous être rencontrés dans ce village.

Pendant ce trajet, il ne nous est arrivé aucune aventure bien saillante. Cependant à Dour au lieu de trouver notre logement préparé comme d'habitude, nous rencontrâmes à une petite distance du village le gholam du roi qui nous accompagnait, et qui était chargé des fonctions de fourrier, la tête enveloppée d'un mouchoir, taché de quelques éclaboussures de sang. Je lui demandai ce que voulait dire cet accoutrement. Il me répondit que le village de Dour était habité par les Bakhtiaris qui, lorsqu'il leur avait présenté le firman du roi, l'avaient bâtonné et jeté à la porte, en le prévenant qu'on recevrait les infidèles à coup de fusil. En effet, lorsque nous fûmes près du village, nous vîmes que les portes étaient fermées, et les murailles garnies de sentinelles. J'essayai, mais inutilement, de parlementer, et après avoir pris conseil de mon compagnon, nous tombâmes d'accord qu'il valait mieux doubler l'étape que de nous exposer à une aventure tout au moins ridicule. Nous arrivâmes donc à Déhat le même soir exténués de fatigue. Comme on ne nous attendait pas, rien n'était préparé. On alluma un grand feu, au milieu de la cour, et nous nous couchâmes autour. La faim aidant, nous soupâmes fort bien avec du pain et du lait.

A Tchellé-Sia il y a un caravansérail superbe où nous fûmes reçus des Ispahani qui étaient venus au-devant de parents ou d'amis qui arrivaient de Kerbela; ces braves gens nous forcèrent à accepter les provisions qu'ils avaient, car une partie de nos gens était restée en arrière, ou pour mieux dire s'était attardée en courant après les gazelles.

Enfin le 29 septembre nous faisions notre entrée dans l'ancienne capitale des Séféwieh. J'ai ressenti tant de déception dans mes voyages que j'avouerai franchement que je n'étais pas sans une certaine inquiétude. Les cultures que nous traversions, la quantité et la beauté des caravansérails, tout, jusqu'à ces pigeonniers monumentaux qui donnent au paysage l'aspect d'une décoration d'opéra, indiquait les abords d'une grande cité et semblait nous promettre un dédommagement aux gîtes que nous avions rencontrés jusqu'alors; mais la ville décrite par Chardin existait-elle encore? ses yeux n'avaient-ils pas été abusés? Rien de ce que j'avais vu en Perse ne me permettait de croire à la réputation d'Ispahan, et j'étais convaincu qu'elle était exagérée.

Tout en philosophant sur les déceptions réservées aux voyageurs, nous traversions des villages, qui devenaient de plus en plus rapprochés les uns des autres. Dans l'un d'eux nous trouvâmes les deux religieux qui desservent la communauté catholique de Djulfe. Ils étaient venus accompagnés de leur troupeau nous saluer et nous souhaiter la bienvenue. En Orient, la France est la protectrice naturelle du christianisme, aussi chaque fois qu'un de nos compatriotes arrive dans un endroit où se trouvent quelques fidèles, il est sûr d'être le bienvenu, choyé et fêté. Les bons pères voulaient absolument nous emmener dans leur couvent, et nous avaient préparé un logement. Nous eûmes toutes les peines du monde à leur faire comprendre qu'étant pour peu de jours à Ispahan il nous était impossible d'aller nous établir aussi loin, et qu'il valait mieux, sous tous les rapports, que nous habitassions la maison que nous avait fait préparer le gouverneur de la ville. Pour les satisfaire nous leur promîmes que non-seulement nous irions les voir plusieurs fois, pendant notre séjour, mais encore que nous passerions quelques jours chez eux.

Quelques pas plus loin nous recontrâmes l'agent turc, qui était également venu nous saluer, et enfin à quelques centaines de mètres de la ville l'inévitable istikbal. M. de Gobineau dit quelque part dans ses *Trois ans en Asie* que l'istikbal est le moment le plus critique d'un voyage en Orient. Jamais parole plus vraie n'a été prononcée et ce n'est qu'à mon corps défendant que je me soumis à cette torture. J'avoue qu'après avoir marché pendant six ou sept heures, fatigué, couvert de poussière et souvent affamé, c'est pour moi un supplice de recevoir et de rendre des compliments, d'être obligé de regarder à droite et à gauche pour éviter les ruades et les morsures des chevaux de mes voisins, et enfin lorsque j'arrive à la maison j'ai bien plus envie d'ôter mes bottes et de m'étendre sur mon lit, que de boire gravement deux ou trois tasses de thé en m'entendant comparer à toutes les planètes du firmament et d'être obligé de répondre à des compliments absurdes par des phrases encore plus saugrenues. — Oh, votre nez est-il gras ! — Il l'est et c'est à votre richesse que je dois ce bonheur. — La première fois qu'on est à pareille fête, la variété des costumes, le tumulte et la presse des complimenteurs et même le ridicule dont on se sent couvert à ses propres yeux paraissent amusants, mais après quelques représentations on ferait certainement dix lieues pour éviter ce supplice. L'istikbal envoyé au-devant de nous se composait, comme c'est l'usage, d'un des fonctionnaires militaires du lieu, d'un certain nombre de chevaux de main, et d'une escorte d'une centaine de cavaliers ; c'est dans cet équipage que nous fîmes notre entrée dans l'ancienne capitale de la Perse ; nous traversâmes d'abord une suite de bazars qui n'ont de remarquable que leur étendue, puis tout à coup nous débouchâmes sur la grande place royale. Quand je vivrais cent ans, je n'oublierai jamais l'étonnement et l'admiration dont je fus saisi à la vue des monuments qui se présentaient à mes yeux. On a trop parlé de la mosquée royale, dont la coupole émaillée ressemble à un bol de porcelaine de Chine de l'Alicapi, dont l'aspect est grandiose, du Tchéhel-Setoun, et de toutes les merveilles de la ville de Shah-Abbas, pour que je veuille ajouter une page à ces descriptions. Cependant je ne saurais m'empêcher de signaler l'état de délabrement dans lequel on laisse ces monuments. Bientôt les pluies d'hiver auront raison de toutes ces splendeurs et feront disparaître les derniers vestiges de cet art qui fit d'Ispahan une des premières villes du monde.

Nous sommes restés dix-sept jours à Ispahan et ce

temps nous a paru très-court. Je l'employai non-seulement à satisfaire ma passion archéologique, mais aussi à m'enquérir de la situation commerciale et industrielle de cette ville. Ispahan est encore aujourd'hui un des centres de production les plus importants de toute l'Asie. Les environs sont d'une fertilité admirable due à la présence de la rivière du Zend-é-Roud qui les arrose; on y récolte à peu près toutes les espèces de fruits que la Perse produit, du blé, de l'orge, du riz, du tabac, du safran, de la garance, du coton, de l'opium, toutes ces denrées sont apportées dans la ville et y sont l'objet de transactions nombreuses et fructueuses, mais le commerce étranger se porte surtout sur le tabac; ce trafic rapportait des bénéfices très-satisfaisants, mais avec les nouveaux droits qui élèvent la douane à 75 p. 100 je ne sais s'il pourra se maintenir et si les fumeurs de narguilhé consentiront à payer le tabac le double du prix habituel, plutôt que de se priver de ce plaisir.

En fait d'industrie, la ville d'Ispahan possède de nombreuses fabriques de cotonnades et de nombreux établissements de teinturiers; le plus souvent ces derniers sont occupés à teindre ou à imprimer des calicots anglais, achetés blancs et revendus ensuite, lorsqu'on les a teints ou imprimés au goût du pays.

Nous avions déjà fixé le jour de notre départ, et nous avions été mettre en dépôt au couvent les différents objets que nous avions achetés des marchands de bric à brac, lorsqu'un de nos domestiques vint nous avertir que notre nazer ou maître d'hôtel avait employé tout l'argent que nous lui avions confié à des achats de pierreries, et que si nous ne prenions garde, dès le lendemain de notre départ, nous serions dans l'embarras. Le fait se trouva malheureusement vrai; nous ne savions trop comment nous tirer de cette difficulté. Je m'adressai à un marchand arabe catholique, pour lui demander conseil, il m'engagea à me retirer quelques jours au couvent, pendant que le mirza, ou écrivain des prêtres, s'emparerait des pierres qui étaient entre les mains de notre nazer, et les rendrait aux marchands en échange de l'argent qu'ils avaient reçu. Nous suivîmes ce conseil, et nous nous en trouvâmes bien, car, après deux ou trois jours, nous étions rentrés dans la presque totalité de notre argent, et après avoir renvoyé le coupable et pris à sa place le mirza qui nous avait fait sortir de ce mauvais pas, nous continuâmes notre voyage, en nous dirigeant vers Yezd.

De toutes les villes persanes que j'ai visitées Yezd est bien certainement la plus commerçante et la plus industrielle. C'est le Manchester de la Perse ; malheureusement deux obstacles graves viennent arrêter son accroissement : le manque d'eau et la difficulté de faire des routes. Il ne serait pas absolument impossible d'obvier dans une certaine proportion au premier de ces inconvénients en faisant quelques travaux d'endiguement dans la montagne, mais d'une part la construction de semblables barrages demanderait de grandes dépenses, et de l'autre la distance que l'eau aurait à parcourir pour parvenir jusqu'à la ville, augmenterait encore son prix. Parmi le petit nombre de canaux qui existent aujourd'hui, il y en a qui ont jusqu'à trente lieues, et dont le percement a coûté 600,000 francs.

Quant à la difficulté de construire des routes, elle s'explique par la situation géographique de Yezd, placée entre les déserts de Ghoum, de Kirman et du Seïstan. Il faut de quelque côté que l'on se tourne traverser une plaine stérile pour arriver à cette ville ou pour en sortir. Mais le manque d'eau, la saleté, l'éloignement des gîtes ne sont pas les seuls obstacles que l'on ait à franchir. Les Bakhtiaris et les Beloutches font d'incessantes incursions dans ces plaines; montés sur des dromadaires, ils traversent avec rapidité d'immenses espaces et font razzia de tout ce qu'ils trouvent.

Pour notre part, nous avons eu beaucoup de bonheur; en partant de Nogombé, on m'avait prévenu qu'il y avait un peu de danger à aller seul. J'avais donc, ainsi que le firman royal m'en donnait le droit, requis le chef du village de me fournir une escorte; mais en route je vis que ces malheureux étaient très-fatigués et que l'étape étant longue, je risquais fort, si je voulais les attendre, de n'arriver que tard dans la nuit; je les congédiai, et nous arrivâmes sans encombre à notre destination. Mais, à quelques jours de là, le gouverneur de Yezd me prévint que, le lendemain de notre passage, une troupe de trois cents Beloutches avait dévalisé une caravane et tué une partie des voyageurs.

Voici l'itinéraire d'Ispahan à Yezd :

Gouloun-Abad, 3 farsacks et demi. On y trouve un caravansérail à peu près ruiné.

Segsi, 4 farsacks. Caravansérail ruiné; l'eau est salée; on doit apporter toutes ses provisions.

Koupa, 6 farsacks. Beau caravansérail de Shah-Abbas.

Laghérè, 8 farsacks. Ni maisons ni caravansérails, mais seulement une vaste écurie.

Nogombé, 7 farsacks. A travers une vallée des plus pittoresques. A partir de ce village, nous avons trouvé des tchappard-khané ou stations de poste. Notre gîte était donc assuré; l'eau y est salée.

Egdard, 10 farsacks. Gros village dont les grenades sont fort renommées; les habitants en exportent dans toute la Perse. Il y a un superbe caravansérail tout neuf.

Meïbout, 10 farsacks. Il y a également un caravansérail tout neuf. Autrefois, Méïbout était une ville importante ; le manque d'eau l'a réduite à quelques masures.

Yezd, 10 farsacks, par une route sablonneuse et horriblement fatigante. Lorsque le vent souffle, il y a même danger d'être enseveli par le sable. Auprès de chaque village, les habitants ont bâti une tour dans laquelle ils se réfugient en cas d'attaque des Beloutches. Yezd est une ville de 60 à 70,000 habitants. Les environs ne produisent pas assez pour alimenter cette population, et pendant trois ou quatre mois de l'année, on doit avoir recours aux produits des districts voisins. Les Yezdi sont donc naturellement portés vers l'industrie, afin de payer avec ses bénéfices les subsistances qu'ils sont obligés de faire venir d'ailleurs. Ils ont quatre branches de transactions à leur service : le coton, le sucre et l'opium, et la soie qui est la plus considérable de toutes. Quant à la ville elle-même, elle n'offre aucun intérêt au voyageur studieux ; il n'y a pas un monument, pas même une mosquée qui soit digne d'attirer les regards. Le gouverneur était Hanza-Mirza, l'un des oncles du Roi ; il nous a parfaitement reçus, et nous lui devons une grande reconnaissance pour la manière obligeante dont il a organisé notre voyage pour Kirman.

En sortant de Yezd, nous nous sommes dirigés vers le sud. La route que nous avons suivie et qui nous mena à Kirman est loin d'être agréable, car à peine avions-nous franchi la porte de la ville, que nous retrouvions le désert, qui ne nous abandonna plus jusqu'à Kirman. Le gouvernement et les marchands eux-mêmes ont fait tous les efforts imaginables pour adoucir les fatigues de ce voyage ; depuis vingt ans, on a réparé tous les vieux caravansérails et remplacé par des neufs tous ceux qui étaient par trop ruinés, et dans bien des endroits on a fait de grandes dépenses pour trouver de l'eau ; mais le succès n'a pas couronné ces travaux, et presque toute l'eau amenée ainsi à grands frais est salée et ne peut servir que pour les animaux. Les stations sont au nombre de dix.

Ser-Yezd, à 8 farsacks de Yezd. Le village se compose de deux ou trois caravansérails et d'une station de poste; l'eau y est salée et croupissante.

Kirmanshah, 11 farsacks. On ne rencontre sur la route ni un seul village, ni une seule goutte d'eau ; en revanche, la campagne est animée par d'innombrables troupeaux de gazelles et d'ânes sauvages; l'eau est salée, mais légèrement ; la station de poste et un caravansérail, voilà tout le village.

Enard, 12 farsacks. Au milieu du trajet, on trouve un caravansérail avec une source d'eau très-salée; nous étions si fatigués que nous nous sommes arrêtés dans cet endroit. Ce fut un de nos plus mauvais gîtes ; notre souper se composa de quelques alouettes que mon compagnon de voyage tua, tout en récoltant des insectes. Enard est un gros village, où nous avons pour la première fois depuis Yezd rencontré quelques cultures. Dans ce village, nous fîmes une heureuse rencontre : ce fut celle d'Azad-Khan, chef de toutes les stations de poste entre Cashan et Kirman. Il nous dit avoir reçu des ordres du gouverneur de Kirman pour nous accompagner jusqu'à cette ville. Je ne sais si c'était un mensonge officieux, mais toujours est-il qu'il s'acquitta de ces fonctions avec un soin et une prévenance sans pareils, et depuis le moment où nous le rencontrâmes jusqu'à Kirman, nous n'eûmes plus à nous occuper de rien. Au reste, c'était un singulier personnage que notre conducteur.

Il avait amené avec lui deux femmes pour le distraire pendant le voyage; mais elles avaient toujours une étape d'avance sur nous. Voici comment les choses se passaient : en arrivant, nous trouvions notre méhémandar, qui nous demandait si nous ne manquions de rien; il buvait le thé avec nous, puis s'esquivait pour expédier son harem, qu'il faisait voyager à franc étrier. Une fois débarrassé de ce souci, il revenait causer avec nous, puis la nuit arrivée, il partait lui-même, retrouvait ses femmes je ne sais où, se grisait abominablement avec elles, faisait un tapage infernal, et le lendemain à notre arrivée nous faisait les mêmes compliments que la veille et repartait à la même heure. Je ne sais vraiment pas où, ni quand il dormait, mais sa consommation de spiritueux était énorme : après avoir épuisé sa cave, il eut recours à la nôtre, que nous lui abandonnâmes bien volontiers pour le remercier des soins qu'il nous donnait. Son costume était aussi original que ses habitudes; il portait une espèce de bonnet en feutre brodé, ayant la forme d'un pain de sucre, que je n'ai vu qu'à lui, de grandes bottes en basane jaune, un pantalon large à la cosaque; quant à ses autres vêtements, il était impossible de les voir, car ils étaient recouverts ou plutôt renfermés dans une espèce de camisole en calicot blanc ouaté et piqué.

Baias, 5 farsacks. Baias est une charmante oasis, avec une superbe végétation et de l'eau excellente. En fait d'habitations, il n'y a que la station de la poste. Nous avons passé là une charmante journée.

Koushkou, à 6 farsacks. L'eau est salée, et comme toujours, nous avons trouvé une station de poste et un caravansérail.

Beyram-Abad, 8 farsacks. Dans un désert salé. Pendant ce trajet, j'ai observé les mirages les plus étonnants que j'aie jamais vus ; à la station, l'eau est saumâtre ; il y a un beau caravansérail bâti par Méhémet-Shah. Beyram-Abad a été une grande ville dont aujourd'hui on peut à peine distinguer les ruines.

Khiaboukter-Khan, 8 farsacks, très-longs. Il y a encore là un caravansérail bâti par Méhémet-Shah.

Baghin, 8 farsacks. Au milieu de la route, le gouverneur actuel de Kirman fait bâtir un très-beau caravansérail pour lequel il a amené de l'eau malheureusement très-salée. A Baghin même il y a un caravansérail bâti par un pèlerin venant de la Mecque.

Kirman, 6 farsacks. Au milieu de la route, il y a un beau caravansérail récent avec une citerne d'eau douce.

Le Kirman moderne n'est plus qu'un monceau de ruines, car nulle ville n'a soutenu plus de siéges et n'a été plus souvent détruite par les invasions. Les deux dernières secousses ont été si rudes, que cette malheureuse cité ne s'en est pas encore relevée. Vers 1740, elle a été prise et pillée par les Affghans, et à la fin du siècle dernier, elle a servi de théâtre à la lutte suprême d'Agha-Mohammed-Khan-Kadjar avec Louft-Ali-Khan-Zindhy, ce prince brillant et malheureux dont la puissance a été de si courte durée et qui cependant a laissé de si profonds souvenirs à la population. Quoique soixante-dix ans à peine nous séparent de sa mort, ce personnage est déjà légendaire. L'énergie qu'il déploya dans cette guerre sans merci, la fidélité de ses trop rares partisans et, enfin, le saut prodigieux qu'il fit faire à son cheval pour s'échapper de Kirman, alors que cette ville venait d'être prise d'assaut par les troupes d'Agha-Mohammed-Khan, saut dont on montre encore la place, ont frappé l'imagination des Persans, si facile du reste à exciter, et le Louft-Ali-Khan qu'ils se représentent aujourd'hui est peut-être aussi loin de la réalité que le Lafayette défenseur de la Charte et monté sur son cheval blanc, tel que le rêvent les boutiquiers de Paris, est loin du Lafayette que nous montrent les Mémoires de la fin du siècle dernier.

Lorsque le fondateur de la dynastie des Kadjar fut parvenu à s'emparer de cette ville, il la livra au pillage pour la punir de la fidélité qu'elle avait montrée à ses anciens maîtres. Les vainqueurs s'acquittèrent si bien de leur mission sanguinaire, qu'ils ne laissèrent pas pierre sur pierre ou, pour parler plus exactement, brique sur brique de cette ancienne cité dont Marco-Paolo donne une description si intéressante.

Pendant le règne de Feth-Ali-Shah les quelques habitants qui étaient restés à Kirman avaient toutes les peines au monde à se maintenir; ce prince avait peur, s'il laissait cette ville se réparer et se fortifier de nouveau, qu'elle ne devînt un centre de révolte pour les mécontents et que ses habitants ne créassent des difficultés à une dynastie encore mal consolidée dont le chef les avait traités si cruellement, sans compter que cette population guèbre pour la plupart devait joindre à la haine des Kadjar une haine non moins vive contre l'Islam.

Ces terreurs ne furent partagées ni par Méhémet-Shah ni par le souverain actuel, et la ville se répare peu à peu; mais les habitants sont pauvres, leurs ressources sont limitées et les progrès bien lents à venir; aussi y a-t-il dans le monde peu de lieux aussi désolés que celui-là. Cependant Kirman a une importance réelle au point de vue commercial et industriel. Elle est située sur la frontière du Seïstan et du Béloutchistan. On y apporte les laines produites par les nombreux troupeaux de ces deux provinces ; elles alimentent d'importantes fabriques de châles et d'étoffes.

Le climat de Kirman est vraiment merveilleux, grâce à sa latitude ; il n'y fait jamais froid, et les chaleurs de l'été y sont tempérées par une chaîne de montagnes dont les sommets, toujours couverts de neige, garantissent la ville du côté du sud et de l'est.

Un archéologue pourrait facilement passer un an à Kirman sans y craindre l'ennui. La plaine, à plusieurs lieues à l'entour, est couverte de ruines, et l'emplacement ayant depuis les temps les plus anciens été toujours occupé par un centre important, il est hors de doute que des fouilles, habilement conduites, produiraient des résultats extraordinaires. Il y a notamment les ruines d'un fort appelé Khalé-Daugter (forteresse de la Vierge), que la tradition fait remonter à une fille d'Artaxercès Longuemain. Mais, si j'en crois les assises qui sont bâties avec des blocs de pierres énormes et irrégulières, la tradition est au-dessous de la vérité ; la construction rappelle celle de monuments dits cyclopéens ; j'en ai vu un second exemple en Perse, dans une terrasse qui domine la petite ville de Demavend. Au sommet de ce fort se trouve un puits creusé dans le roc vif et qui est absolument semblable à celui que plusieurs voyageurs, Niebuhr, par exemple, ont décrit aux environs de Chiraz. Le travail rappelle également la taille des conduits souterrains de Persépolis et des tombeaux aériens de Nakshi-Roustem. Ces ruines sont remplies de débris de poteries, de briques émaillées. Un prêtre guèbre m'a affirmé qu'il en avait recueilli quelques-uns qui étaient revêtus de caractères cunéiformes. Je crois ce fait d'autant plus probable, qu'en 1864, M. Delaporte, consul de France à Bagdad, m'a envoyé différents objets trouvés dans un tombeau séleucide, dont il avait dirigé les fouilles, et parmi ces débris se trouve une petite brique bleu foncé, avec des caractères cunéiformes émail blanc ; cette brique est chez moi, et je suis tout disposé à la montrer aux personnes qu'elle pourrait intéresser.

Le gouverneur de Kirman est un jeune prince qui a pour ministre Ismaël-Khan-Vekil-el-Mulk, qui est un fort habile homme ; j'ai peu rencontré de Persans aussi instruits et aussi aimables que ce ministre.

En sortant de Kirman, nous nous sommes dirigés vers Bender-Abbas. La route que nous avons suivie pendant ce trajet est des plus intéressantes, tant à cause de la beauté du pays qu'à cause des populations qui l'occupent. Cette contrée est principalement habitée par des tribus persanes et beloutches ; ces dernières ne portent pas d'autre nom que celui de leur pays. Leur chef, Serdar-Ibrahim-Khan, ne reconnaît pas la domination du shah, mais ceux de ses sujets qui viennent faire pâturer leurs troupeaux dans ces montagnes payent un impôt annuel et se regardent momentanément comme tributaires de la Perse. Pendant leur séjour dans ces prairies, les Beloutches ont une conduite irréprochable. Comme ils sont en trop petit nombre pour se faire respecter de leurs voisins, ils sont obligés d'avoir recours aux autorités persanes, qui, en échange de leur protection, exigent une soumission absolue.

Il n'en est pas de même des tribus indigènes, dont les chefs sont trop puissants pour être complétement à la merci des gouverneurs. Les principales sont :

1° Les Affchars ; cette tribu est la même que celle qui est campée près d'Ourmiah ; la séparation des deux branches date de Nadir-Shah. Les Affchars du Sud sont certainement aussi puissants que leurs frères de l'Azerbaïdjan ; ils sont la terreur de caravanes, qu'ils pillent et rançonnent tant qu'il peuvent. Leur chef, Méhémet-Ali-Khan, déplore leur conduite et ne cesse de protester de son dévouement au gouverneur de Chiraz et de Kirman, mais on prétend qu'il est complice de tous ces méfaits et qu'il partage avec les voleurs. Le fait est au moins probable. Les Affchars ont conservé les habitudes des tribus du Nord, ils parlent turc, sont très-pillards, mais ils arrivent rarement jusqu'à l'assassinat.

2° La tribu des Dooulet-Abadi et celle d'Amédi, quoique parfaitement distinctes, sont réunies dans ce moment sous le même chef, Abdullah-Khan. Elles peuvent mettre sur pied deux cents cavaliers et trois mille fantassins armés de fusils à mèche ; l'histoire de ce khan est trop singulière et fait trop bien connaître les mœurs de ces peuplades pour que je la passe sous silence. Son père, Ibrahim-Khan, avait déjà réuni les deux tribus en épousant la fille du chef des Dooulet-Abadi et en tuant tous ses beaux-frères. Il fut assassiné à son tour par un de ses domestiques, qui, pour se maintenir, acheta l'appui de l'iman Maskat et se débarrassa de toute la famille de son ancien maître, excepté Abdullah-Khan, qui put se sauver et trouva un refuge à Dooulet-Abad. Petit à petit, il s'organisa, et lorsqu'il se trouva assez fort, il se rendit à Amédi et tua l'usurpateur de sa propre main, à la grande satisfaction des deux tribus ; mais l'iman prit mal l'affaire et se plaignit si haut, qu'Abdullah-Khan aurait infailliblement succombé si, par bonheur pour lui, il n'eût rendu dans ce même moment un grand service au gouvernement persan, en s'emparant d'une centaine de voleurs qui désolaient la route de Kirman. Le shah lui envoya un cadeau et un firman avec le titre de dousdghir (preneur de voleurs) ; maintenant il est bien établi, mais tout à fait sous la coupe du gouverneur de Kirman. Il passe sa vie à courir les montagnes, faisant la police, prenant et pendant tout ce qui ressemble à un délinquant; peut-être se trompte-t-il quelquefois et prend-il les caravanes pour des voleurs, mais qu'importe, ses intentions sont excellentes! et grâce à lui la route est plus sûre qu'elle n'a jamais été. Nous avons passé trois jours avec ce khan, soit à Dooulet-Abad, soit à Amédi; dans ces deux endroits, ses tentes sont dressées au pied d'un rocher, sur lequel un homme monte continuellement la garde, afin d'éviter toute surprise. Ses tribus le respectent et l'aiment infiniment; il est un peu fanfaron, un peu voleur et surtout ivrogne; mais, comme dirait Brantôme, au demeurant c'est le plus galant homme du monde. Parmi ces peuplades la vie est comptée pour rien, et je dois avouer que rarement j'ai vu des hommes plus courageux.

3° Les Lari. Ce sont de tous les Iliates, les plus importants et les plus disciplinés; ce sont eux surtout qui arrêtent sur les routes, ils reconnaissent plusieurs chefs, dont le seul considérable est le Déria-Beghi, le même qui commandait à Bouchir lors de la guerre anglaise; sa position est considérable, il habite la ville de Lar et sait parfaitement se faire respecter de ses sujets.

4° Les autres tribus Tchoubi-Badindjani, etc., sont peu considérables et sont toujours à la remorque d'un des trois chefs que je viens de nommer, à moins qu'elles ne soient directement dans la main des gouverneurs de Kirman et de Chiraz. Ces peuplades occupent le temps que leur laissent leurs querelles à tisser des tapis de différentes sortes et des étoffes dont quelques-unes sont fort jolies. L'agriculture tient peu de place dans leur vie; toujours en guerre les uns avec les autres, ils craignent les ravages qu'on pourrait faire dans leurs champs et préfèrent ne rien cultiver que de voir leurs moissons saccagées et brûlées. Leur richesse consiste en bétail ; les moutons les nourrissent et les habillent, les vaches leur donnent du laitage, et les ânes les aident à transporter les marchandises qui leur sont confiées par les négociants de Kirman ou de Yezd, qui n'ont pu trouver d'autre moyen d'éviter leurs déprédations que de leur payer cette sorte de tribut. Notre voyage jusqu'à Binder-Abbas a été fort singulier. Ismaël-Khan-Vekil-el-Mulk, qui a été si aimable pour nous, nous avait confié à un chef de voleurs de la tribu des Badindjani, auquel il avait récemment fait grâce de la vie ; cet individu nous a remis entre les mains d'Abdullah-Khan, lequel s'est chargé de nous jusqu'à Binder, où nous sommes arrivés sains et saufs, mais non sans transes et sans fatigues. Dans la première partie de la route, nous avons été obligés de traverser des montagnes couvertes de neige, et dans la seconde, quoique nous fussions à la fin de novembre, le soleil nous a vivement incommodés.

Khalé-Asker, Baft, Deshtab et Desard, sont des villages situés dans la montagne. Le dernier est habité par Méhémet-Ali-Khan, le chef des Affchars, qui nous a donné l'hospitalité.

Entre Amédi et Binder-Abbas, le gîte était si loin, que nous n'avons pu en profiter et que nous avons dû nous décider à passer deux nuits à la belle étoile. Binder-Abbas est une toute petite ville située dans le golfe Persique. Ce n'est pas un port de mer, mais une rade garantie des grands vents par un groupe d'îles dont la plus importante est Khishm, et la plus célèbre Ormouz. A l'époque où les Portugais jouaient un rôle sérieux dans le commerce des Indes, Ormouz était un de leurs comptoirs ; mais, à la suite d'une querelle avec Shah-Abbas-le-Grand, les Persans, aidés d'une flotte anglaise, parvinrent à les chasser de cette île, à s'emparer de la forteresse, à enclouer les canons et à faire une ruine de cette ville naguère si florissante. Cependant la destruction ne fut pas immédiate, et pendant toute la durée des règnes de Shah-Abbas Ier, Shah-Abbas II, et Shah-Soleiman, on pourrait même dire jusqu'à l'invasion affghane des négociants de toutes les nations continuèrent à habiter cette ville et à introduire toutes leur marchandises par la voie de Binder-Abbas. Aujourd'hui la destruction est consommée, et l'île d'Ormouz, pas plus que le port de Binder-Abbas, n'offre aucun mouvement; de temps en temps un vaisseau anglais ou quelque bâtiment de commerce hollandais vient troubler le silence de ce port, mais il est mort, et bien mort, et si jamais le commerce européen renoue des relations avec la Perse méridionale, ce sera par la voie de Boushir ou par celle de Bagdad. Je dois avouer que, pendant le cours de mes voyages, jamais spectacle ne m'a plus attristé que celui des ruines d'Ormouz; au lieu de cette ville florissante que Chardin, Tavernier et tant d'autres nous dépeignent si complaisamment, au lieu de ces rues tendues de soie, destinées à préserver les passants des ardeurs du soleil; au lieu de ces négociants, qui parvenaient, à force de luxe et de dépenses, à combattre les influences pernicieuses de ce terrible climat; au lieu de ce port rempli de vaisseaux pavoisés de tous les pavillons connus; au lieu de ces immenses entrepôts qui contenaient les marchandises les plus riches et les plus précieuses du monde; au lieu, dis-je de ce spectacle auquel cette belle mer des tropiques prêtait son charme inexprimable; au lieu de ces populations chamarrées de couleurs et dont le pittoresque aurait inspiré des pages délicieuses à M. Théophile Gauthier; en un mot, au lieu d'un rêve des *Mille et une nuits*, j'ai trouvé une île volcanique ne contenant pour toute richesse que des mines de sel et quelques tumulus indiquant les ruines de la grande cité ; pas un arbre, pas une herbe, pas un animal, excepté un moufflon apprivoisé qui nous regardait avec ses grands yeux hagards et semblait nous demander pourquoi nous venions troubler sa solitude : la marée était basse, et la mer, en se retirant, avait laissé quelques coquillages et quelques crabes qui se tordaient dans d'horribles convulsions sous les rayons d'un soleil impitoyable. Après avoir marché pendant une heure au milieu de cette nature désolée, nous atteignîmes la pointe qui ferme le port. Sur cette langue de terre se dresse majestueuse, mais triste et vêtue d'habits de deuil, l'ancienne forteresse portugaise au pied de laquelle se groupent quelques huttes en palmiers qui servent d'abri à une douzaine de misérables familles de pêcheurs ; la forteresse, bâtie en pierres volcaniques d'une couleur sombre, et dont un côté est exposé à la mer pendant la marée montante, est dans un état de conservation qui permet parfaitement de juger ce qu'elle devait être ; extraordinairement forte pour l'époque, elle était hors de l'atteinte des Persans, et il a fallu qu'une flotte anglaise en fît le blocus pour qu'elle se rendît. Les Anglais ne tirèrent aucun profit du concours qu'ils donnèrent à la Perse en cette occasion, car à peine la ville fut-elle prise, que Shah-Abbas refusa de remplir les clauses du traité qu'il avait conclu avec eux en vue de cette expédition et ne voulut jamais permettre qu'une nation européenne vînt s'établir et se fortifier, soit dans une des îles du golfe, soit sur un point de la côte.

Cette citadelle d'Ormouz renfermait le logement du gouverneur, des casernes, des magasins et des ouvrages de défense. Elle possédait en outre d'immenses citernes, taillées dans le roc, qui fournissaient l'eau à toute la ville et servaient de refuge aux habitants pendant les intolérables chaleurs de la canicule. Je n'ai rien vu parmi les travaux modernes qui donne autant que ces citernes l'idée de la grandeur et de la puissance.

Pendant toute la visite que nous fîmes à ces ruines, nous étions accompagnés par le gouverneur de la place, et nous étions si impressionnés, qu'à peine fîmes-nous attention aux ridicules de ce personnage ; c'était un vieillard de soixante ans, maigre et sec comme une allumette, la tête recouverte du turban maskatin et ayant pour tout vêtement une longue chemise en grosse mousseline ; sa ceinture, semblable à son turban, renfermait un poignard, de plus il tenait à la main une badine ; un des gens de sa suite portait son sabre et l'autre son bouclier. Cet homme avait un air si parfaitement sérieux et digne, et il s'encadrait d'une manière si parfaite dans le paysage, qu'il était impossible de se représenter l'un sans l'autre.

Nous quittâmes Ormouz le soir par un de ces clairs de lune que l'on ne voit que dans le Midi. Nous étions montés sur un de ces petits bâtiments arabes appelés bangalos, et conduits par l'équipage du gouverneur de Binder-Abbas, doucement bercés par le mouvement des rames, car l'air étant trop calme pour déployer la voile, nous cherchions à gagner un courant qui devait nous mener à la côte. Nous entendions, sans l'écouter, le chant monotone et triste de nos bateliers, qui récitaient je ne sais quelle complainte arabe, et nous admirions cette grande silhouette noire se découpant sur le ciel bleu, limpide et profond ! Ah ! que nous étions loin de l'Europe et de l'économie politique ! Un pauvre pêcheur assis sur la grève laissait flotter le bouchon de sa ligne sans trop s'en inquiéter et semblait, comme nous, abîmé dans la contemplation de ce sublime spectacle. Nous arrivâmes un peu avant le lever du soleil à Binder-Abbas, et le lendemain nous prenions à cheval la direction de Chiraz.

Il y a deux chemins entre Binder-Abbas et Chiraz, l'un passe par la montagne et Darab, mais il est presque impraticable et allonge de deux ou trois étapes; l'autre, par Laar, est meilleur et plus commerçant, mais on doit se résigner à traverser, pendant plusieurs jours, des contrées complétement inhabitées. C'est par cette route que nous sommes venus. La distance est de 103 farsacks.

Jusqu'à Laar, notre voyage a été horriblement pénible; nous sommes restés cinq jours sans voir un seul village, ni même un seul homme. Le pays est assez boisé, mais la végétation est rabougrie, et les arbres semblent protester par leurs contorsions contre le soleil qui les dévore. Les caravansérails et les citernes sont nombreux et en fort bon état, la plupart datent du temps de Shah-Abbas et sont entretenus avec le plus grand soin. Mais ils sont déserts, et l'on doit avoir avec soi toutes les provisions nécessaires et pour les hommes et pour les chevaux. Le transport des marchandises qui passent sur cette route est entre les mains des tribus nomades qui environnent la ville de Laar. Elles ont tellement pillé les caravanes, que les marchands ne trouvant plus de muletiers qui voulussent entreprendre ce voyage ont été obligés de confier leurs ballots aux voleurs eux-mêmes, qui, grâce à une rétribution assez forte, se chargent de les transporter jusqu'à Laar. C'est ce qui explique la solitude de tous ces caravansérails; ces individus, emportant avec eux et de chez eux les provisions nécessaires à leur route, n'ont besoin que de trouver un gîte et surtout de l'eau. Les citernes leur sont indispensables, et chaque fois qu'elles se détériorent, ils les réparent eux-mêmes avec grand soin. La présence des marchands dans les caravansérails est tout à fait inutile, sur une route où il ne passe pas dix étrangers chaque année.

La ville de Laar est assez importante, ses environs sont d'une fertilité merveilleuse et produisent outre les céréales et le coton, une quantité considérable de tombakou fort estimé ; chaque année on en exporte cinquante mille charges, soit près de quatre millions de kilogrammes ; on apporte en échange les épices et les cotonnades dont les tribus environnantes peuvent avoir besoin.

Laar est située à l'entrée de la province du Fars, dont Chiraz est la capitale. C'est la partie la plus fertile et la plus productive de toute la Perse; les cultures y sont variées et considérables et tous les produits d'une qualité supérieure; outre les céréales, qui tiennent une place importante, on récolte également du riz, du tombakou, du coton, et des fruits de toutes sortes.

De Laar à Chiraz, à l'exception d'une montagne que l'on est obligé de franchir, la route traverse des plaines aussi belles et aussi cultivées que peuvent l'être celles de la Beauce ou de la Brie.

Djarum est une ville de dix mille âmes dont le commerce est le même que celui de Laar, mais placée moins avantageusement. Son éloignement de la mer et sa proximité de Chiraz nuisent à l'accroissement des transactions.

Chiraz, ville de Saade et d'Hafez, Chiraz, centre des arts et de la poésie, ville de plaisirs et d'enivrements, Chiraz que les poëtes ont tant et si bien chantée, Chiraz dont les habitants parlent un langage si doux, que les dieux le leur envient, puissé-je ne jamais te revoir, car ta réputation est usurpée et tu ne possèdes aucune des vertus dont on te pare ! Ton climat est atroce, il ressemble à celui de la place Louis XV au mois de juillet ; tes habitants sont des ivrognes et des tapageurs. Au point de vue commercial, Chiraz est l'entrepôt général du sud de la Perse ; mais l'industrie y est morte comme la poésie. Autrefois on y fabriquait des armes, des émaux, et des porcelaines ; aujourd'hui la population est trop abrutie par l'ivrognerie et les désordres sanguinaires, qui chaque jour se répètent dans les bazars, pour penser à quelque chose de sérieux ; les gens riches, et il y en a quelques-uns, partagent leur temps entre les orgies et la chasse, les gens du peuple entre les querelles et le vin : il n'est pas rare de voir les habitants se diviser en deux bandes, et se livrer, hors des murs, un combat qui ressemble à une boucherie. Il y a à Chiraz deux partis bien marqués : celui de l'Ikhani ou gouverneur général des tribus et celui d'Hadji-Gawam ; ce dernier appartient à cette famille « qui semble n'avoir été créée de Dieu, que pour châtier les Persans. » Ce fut son père Hadji-Ibrahim qui donna le trône à Agha-Mohammed-Khan en livrant la ville de Chiraz, pour se venger de quelque injure qu'il avait reçue des Zindhys. En accomplissant cette trahison, il reculait la civilisation de son pays de plusieurs siècles et livrait sa ville natale à un homme dont il connaissait la cruauté féroce ; mais qu'importe, il avait reçu le fruit de sa trahison. Feth-Ali-Shah eut un jour l'idée de détruire cette famille. Il fit tuer Hadji-Ibrahim, fit couper son cadavre en morceaux et les fit bouillir dans une marmite. Deux de ses fils subirent le même sort. Toutefois ce prince n'acheva pas son œuvre et Hadji-Gawam fut sauvé ; à l'époque de ce massacre, il était si petit et si faible qu'il semblait impossible qu'il vécût. Mauvaise herbe croît toujours, dit le proverbe. Devenu jeune homme il acquit vite une grande notoriété parmi ses compatriotes. Possesseur d'une immense fortune, il l'employa à soudoyer le désordre de cette classe turbulente, connue en Perse sous le nom de Louti ; il fut l'auteur et l'instigateur de tous les crimes qui se commettent à Chiraz depuis soixante ans. Aujourd'hui vieux et cassé, il a renoncé à être chef des pertubateurs ; il a demandé et obtenu la place d'économe de la mosquée de Meshed ; mais avant de quitter Chiraz il a eu soin, comme s'il craignait de ne pas y avoir fait assez de mal, de laisser des fils, qui, dignes du sang qui coule dans leurs veines, ne laisseront échapper aucune occasion de susciter des troubles, et de faire massacrer une partie de la population par l'autre.

Je ne restai que quelques jours à Chiraz, où la réception que nous fit le docteur Fakergreen aurait bien certainement modifié la sévérité de mon jugement sur cette ville, si cet excellent homme n'eût été lui-même étranger ; ses qualités ne peuvent donc servir de compensation aux vices des Chirazi.

Malgré la brièveté de notre séjour, il fut encore trop long, car le matin même du jour que nous avions fixé pour notre départ, un tremblement de terre très-violent vint mettre le comble à notre mauvaise humeur ; je n'avais jamais assisté à ce spectacle, et n'avais nulle envie de faire connaissance avec l'émotion qu'il donne ; mais je n'avais pas le choix et, avant que mes préparatifs fussent tout à fait terminés, cinq secousses, dont trois très-violentes, me la firent éprouver dans toute son intensité.

Il faut être juste pour tout le monde, et quelque mauvaise que soit mon opinion des Chirazi, je ne pus m'empêcher d'admirer la résignation avec laquelle ils subirent ce fléau, et l'insouciance parfaite dont ils accueillaient la ruine de leurs maisons, enfouissant toutes leurs richesses sous leurs décombres. — Les mains tendues vers le ciel, ils imploraient Dieu, et le cri Allah ! Allah ! qui sortait de leur poitrine, avait un caractère sublime et touchant ; jamais je n'ai vu une population affirmer sa foi d'une manière si éclatante et si solennelle, et s'il est vrai qu'il suffise d'un instant d'amour pour arracher l'âme du plus grand criminel aux horreurs de l'enfer, beaucoup de Chirazi auront été sauvés dans cette heure d'angoisse, car ils ont adoré Dieu d'une manière très-absolue. Ce cri d'Allah n'était arraché ni par la douleur ni par la peur, mais était l'expression d'une foi profonde dans la puissance et dans la bonté de Dieu, qui par un regard pouvait arrêter cette horrible catastrophe, et ne manquerait pas de le faire dès que les prières des victimes arriveraient jusqu'à son trône éternel. — C'était du recueillement et de la résignation, et jamais la peur n'a engendré ni l'un ni l'autre.

En sortant de Chiraz nous reprîmes la route d'Ispahan ; ce trajet a été raconté par tant de voyageurs qu'il me paraît inutile d'en donner une description de plus. Après Chardin, après Niebuhr, après les relations modernes, il n'est plus permis de parler de Persépolis, non que le sujet soit épuisé ; mais aujourd'hui que l'on a décrit avec un soin minutieux toutes les sculptures, tous les bas-reliefs, toutes les inscriptions de ce splendide monument, il ne reste plus qu'une chose à dire : le mot de l'énigme, et avant de se risquer sur ce terrain, il faut être décidé à y consacrer plusieurs années de travail et d'insomnies.

Pour ceux qui comme moi ne jugent la question qu'au point de vue artistique, le mystère dont on se voit entouré augmente de beaucoup l'impression que produit ce mouvement. Partout ces inscriptions frappent les yeux, et partout elles demeurent lettre close. Ces processions de personnages et d'animaux qui couvrent les bas-reliefs ne sont pas moins mystérieuses ; vingt, trente explications s'offrent à votre esprit et peut-être restez-vous à côte de la vérité.

Quels étaient donc ces hommes qui pouvaient couvrir une plaine immense de monuments devant lesquels l'imagination moderne recule, et cependant, si nous en croyons la science et les savants, nous disposons de moyens inconnus aux anciens. Comment alors expliquer les tombeaux aériens de Nakch Rousten, desquels auraient pu sortir les pyramides d'Égypte ? Quelle puissance avaient donc ces hommes pour creuser un roc si dur que deux mille, trois mille ans peut-être n'ont pu parvenir à entamer puisque les inscriptions, et les sculptures sont aussi nettes que si l'on avait ôté hier les échafaudages ?

Cependant je ne saurais m'empêcher de conseiller aux gens qui n'ont rien à faire d'aller voir ces ruines splendides ; ce n'est pas acheter trop cher les souvenirs qu'on en rapporte que de les payer par deux mois de caravane et de mauvais gîtes. Ce n'est ni la Grèce ni l'Égypte, mais c'est quelque chose d'aussi grand que l'une, et d'aussi beau que l'autre ; c'est bien l'antiquité avec son ampleur et sa perfection, et il me semblait, en visitant ces ruines, que de nouvelles cases s'ouvraient dans mon cerveau. Pour pénétrer dans ce labyrinthe, on aurait besoin du fil d'Ariane, mais où est-il ? MM. Oppert et Rawlinson offrent leur peloton, M. le comte de Gobineau aussi le sien. A en juger par ce que je sais des habitudes et des tendances orientales, ce dernier doit être le bon, car il s'appuie sur le *talismanique*, qui de tout temps à joué un role extrêmement important parmi ces populations. L'argument le plus solide que M. le comte de Gobineau ait à son service est celui quil puise dans la série des monuments cunéiformes qu'il possède, série qui part des époques les plus reculées pour arriver jusqu'à nos jours; et puis le silence que ses adversaires observent à son endroit me paraît de mauvais augure pour eux. Étouffer n'est pas répondre, et il eût mieux valu pour ces Messieurs réfuter l'ouvrage de M. le comte de Gobineau que d'essayer de l'empêcher de se répandre. Tôt ou tard la vérité se fait jour, et son triomphe est d'autant plus certain qu'il aura été plus long à obtenir.

Nous restâmes quelques jours à Ispahan, car à notre premier passage nous avions fait des connaissances que nous désirions revoir d'abord, et, en première ligne, l'iman Djumé, qui montre une partialité très-flatteuse pour les Français.

Nous avons aussi fait la connaissance du patriarche arménien, Mgr Tathos; c'était un vieillard très-aimable qui, à force d'être polyglotte, avait fini par ne pouvoir parler aucune langue; mais, comme il avait beaucoup d'esprit, il savait tirer parti de ce langage bigarré et sa conversation était aussi vivante que pittoresque. Il nous donna un dîner qui faillit m'être fatal; on avait placé sous ma chaise un brasero, et probablement on n'avait pas eu soin de le laisser bien s'allumer avant de l'apporter; toujours est-il que je sentis peu à peu ma tête s'alourdir et enfin, sans trop savoir ce que je faisais, je me levai pour sortir de la chambre. Tout ce que je pus faire fut d'arriver jusqu'à la porte; là l'air froid me saisit et je tombai sans connaissance; heureusement un domestique montait l'escalier et amortit ma chute, sans quoi je me serais tué; quelques minutes suffirent pour me remettre, et j'en fus quitte pour de légères contusions.

En quittant Ispahan je me dirigeai vers Téhéran. Il ne restait plus que trois petites villes à explorer, l'une Natinz où l'on s'occupe de poteries; c'est une charmante petite bourgade, située au milieu d'un district fertile et boisé; la ville elle-même est toute petite, mais elle renferme une mosquée et un collége, qui sont deux merveilles : bâtis il y a environ 600 ans, ces deux monuments sont couverts à l'extérieur et à l'intérieur de briques émaillées d'un travail extraordinaire. Après Natinz j'arrivai à Cashan, dont les habitants, comme ceux de Yezd, sont obligés d'avoir recours à l'industrie pour se procurer une nourriture que le sol leur refuse. A Cashan, deux genres de fabrication dominent tous les autres, la chaudronnerie et les étoffes de soie. Cette ville était assez prospère à l'époque où Ispahan était la capitale du royaume, mais elle a suivi le sort de sa métropole et offre aujourd'hui à l'œil du voyageur plus de ruines que de maisons habitables : le climat y est horrible. Située dans un fond à l'entrée du grand désert, cette ville est pendant l'été à peu près inhabitable, car à la chaleur vient se joindre un autre fléau, celui des insectes venimeux. On ne peut pas soulever une pierre sans trouver dessous une famille de scorpions ou de ces araignées appelées en persan *rotaïl*, et en français *tarentule*. On raconte la légende suivante : Lorsque Dieu eut créé la terre, il envoya un ange avec un mouchoir rempli de toutes espèces d'œufs, pour féconder la terre où ils seraient déposés. Partout où cet ange passait, il recevait de nombreux cadeaux, pour ne déposer que des œufs d'espèces inoffensives ou utiles, de sorte que quand l'envoyé du Seigneur arriva dans la plaine de Cashan, le mouchoir ne contenait plus que des germes de scorpions et de phalanges. L'ange s'empressa de se débarrasser de son fardeau. Lorsque les habitants vinrent à lui, il était trop tard, mais pour les consoler il laissa tomber son mouchoir en promettant que les Cashi seraient les seuls à pouvoir en fabriquer d'aussi bons, et voilà pourquoi, ajoutait mon narrateur, la ville de Cashan est en été infestée de ces insectes, et pourquoi on y fabrique des mouchoirs excellents. Je donne cette explication comme je l'ai reçue; si les naturalistes trouvent cette doctrine erronée, qu'ils s'en prennent aux habitants de Cashan. Cependant, pour les satisfaire, je peux donner une autre version qui m'a été livrée par un médecin juif. Prenez, me dit-il, deux briques, faites au milieu de chacune d'elles une petite excavation; remplissez-la d'eau et liez les deux briques ensemble, puis exposez-les au soleil; après quelques jours, si vous rompez le lien, vous trouverez entre les deux briques un petit scorpion; je n'ai eu ni le temps ni la possibilité de tenter cette expérience, car je me trouvais à Cashan dans les premiers jours de janvier, et le soleil de juillet est nécessaire à cette éclosion. J'ai raconté à plusieurs personnes cette fable, et toutes m'ont répondu que c'était un fait connu dont j'avais tort de douter, que rien n'était plus vrai, et qu'elles en avaient été témoins.

Les habitants de Cashan sont réputés dans toute la Perse pour leur lâcheté, à ce point qu'ils sont exempts du service militaire ; ce manque de bravoure est le sujet d'une quantité innombrable d'anecdotes ; en voici quelques-unes.

Au temps des Séféwieh, il survint une occasion où, les troupes manquant, on fut obligé de faire flèche de tous bois, et on leva un régiment à Cashan. Les hommes armés, équipés, habillés, tout prêts à partir s'en furent trompette en tête camper aux portes de la ville ; quelque temps après, ne les voyant pas arriver, on envoya d'Ispahan pour savoir ce qui leur était survenu. Le fonctionnaire chargé de ce soin trouva le camp aux portes de Cashan, et s'adressant aux officiers leur demanda l'explication de ce retard. C'est tout simple, répondirent-ils, nous avons entendu dire qu'il y avait des voleurs à quelques farsacks d'ici, et nous attendions que le shah nous envoyât quatre ou cinq cavaliers pour nous escorter. — Une caravane partant de Cashan pour se rendre à Tauris, arrive un soir dans un village situé entre Kaswin et Téhéran, chacun dresse sa tente, soupe et s'apprête au repos. Quelques heures après, un des voyageurs réveille doucement ses compagnons et leur dit : Voyez-vous ces formes noires qui se dessinent dans les ténèbres ! bien sûr ce sont des voleurs ; à ce mot chacun se lève et s'enfuit du côté de Téhéran. Arrivés dans cette ville, les fuyards annoncent que la caravane a été pillée par cent cavaliers. Le gouverneur envoie aussitôt à la poursuite des maraudeurs, et cette troupe arrivant au village désigné se trouve en face d'un régiment venant de Kaswin. Étonnement, interrogations et enfin explication. C'étaient deux caravanes de Cashi, chacune ayant pris peur l'une de l'autre.

Ceux qui, comme moi, ont beaucoup fréquenté les caravanes ont la mémoire très-ornée de ces récits, que les muletiers se racontent entre eux pour tromper la longueur du chemin, et je pourrais déployer ici une grande érudition dans ce genre si je n'étais forcé de quitter Cashan pour vous conduire à Ghoum, une des villes saintes de la Perse ; c'est là qu'est enterrée Bibi-Fatmé, sœur de l'iman Reza, qui, de son vivant, était comme son frère un thaumaturge très-célèbre. Chardin donne la description de ce tombeau que cependant il n'a pu visiter lui-même ; plus heureux que ce voyageur, j'ai pénétré dans ce sanctuaire, dont la richesse est extrême ; le dôme et le portail sont recouverts de lames d'or, et la grille qui entoure la pierre sépulcrale est en argent massif. Les pèlerins, après avoir fait leurs prières, jettent de l'argent dans l'intérieur ; une fois par an l'économe de la mosquée fait ouvrir le sanctuaire devant lui et ramasser toutes les richesses qu'il contient. Les sommes ainsi produites sont consacrées aux embellissements de l'édifice. Ghoum est le Saint-Denis de la Perse ; j'ai vu le tombeau de quelques-uns des rois Séféwieh et ceux de tous les shah de la dynastie actuelle, ainsi que ceux de quelques princes du sang, comme Karaman-Mirza.

Quelques grands seigneurs qui, de leur vivant, ont rendu de grands services à la Perse, sont également enterrés dans cette mosquée ; de ce nombre est Motemed-ed-Dooulet, eunuque géorgien qui, après avoir embrassé l'islamisme, devint gouverneur d'Ispahan.

La ville de Ghoum est, au reste, une grande nécropole ; de tous les coins de la Perse on y apporte des cadavres, car il est réputé très-saint de se faire enterrer le plus près possible de Bibi-Fatmé ; cette coutume, jointe aux caravanes de pèlerins, donne un certain mouvement à la ville qui, sans cela, serait absolument déserte ; sans industrie, sans agriculture, les habitants seraient fort embarrassés s'ils n'avaient l'argent laissé par les pèlerins. Tous les environs de Ghoum sont déserts et recouverts d'une croûte de sel et de soude qui, détrempée par les pluies d'hiver, forme une sorte de marais dont il est fort difficile de sortir.

La ville est arrosée par une petite rivière qui prend sa

source dans les monts Elbours et va se perdre quelques vingtaines de lieues plus loin, dans les sables du grand désert. L'eau en est mélangée de parties salines et purgatives qui la rendent imbuvable, sauf pendant les quinze jours où elle charrie des neiges fondues. La profondeur est alors suffisante et le courant assez rapide pour empêcher que la surface de l'eau soit imprégnée de ces substances malfaisantes.

On raconte que l'iman Reza, le plus fameux thaumaturge de l'islam Chijite, passant par cette ville, fut prié par les habitants de faire un miracle en leur faveur et de rendre l'eau moins salée. L'iman répondit qu'il intercéderait le Seigneur, et le lendemain il leur annonça qu'il avait réussi, que Dieu lui avait envoyé l'ordre suivant : Que chacun creuse un puits, et que pendant l'hiver il le remplisse d'eau apportée du dehors, en criant, à chaque seau qu'il versera : Gloire à l'iman Reza! l'eau se maintiendra pure dans son puits, et pendant tout l'été il pourra puiser de l'eau douce ; mais aussitôt que la quantité apportée du dehors sera épuisée, l'eau redeviendra saumâtre. La personne qui me rapportait cette tradition me pria, pour me convaincre, de boire un peu d'eau de son puits ; je la trouvai aussi salée que celle des autres endroits, mais enfin pourquoi aurais-je troublé la foi et la quiétude de mon interlocuteur, qui était convaincu que l'eau qu'il buvait était parfaitement douce? J'affirmai donc que l'eau était excellente et que l'iman Reza avait rendu un grand service à la ville de Ghoum.

La distance entre cette ville et Téhéran n'est pas grande, mais ce trajet ne laisse pas que d'être fatigant, surtout pendant l'été où la traversée du désert est encore plus pénible.

En sortant de Téhéran on peut prendre deux routes pour

s'embarquer sur la mer Caspienne. La première par le Mazenderan, et la seconde par le Ghilan. Ces deux provinces ont un caractère tout différent du reste de la Perse. La végétation est aussi exubérante qu'ailleurs elle est rachitique; les arbres sont entassés les uns sur les autres, les plus hauts étouffant les plus faibles. Le peu d'espace libre qu'ils laissent est envahi par des lianes et des buissons épineux, si épais que le voyageur est entouré d'un mur de verdure. L'humidité est extrême dans ces deux provinces, il y pleut aussi souvent qu'à Brest, et lors même que la pluie ne tombe pas le ciel est toujours couvert de gros nuages blancs. Aussi, malgré la richesse de ces provinces, les Persans considèrent-ils un séjour dans ces parages comme un exil, car ils sont obligés de changer leurs habitudes et leur manière de vivre. Les villes principales du Mazenderan sont : Balferoush, Sari, Astérabad; aucune de ces villes n'offre d'intérêt archéologique; les maisons sont bâties en bois et recouvertes de tuiles creuses; le commerce est assez actif, mais le climat y est si mauvais que pendant six mois de l'année il est presque impossible d'y séjourner. La population abandonne alors les villes et va se réfugier dans les montagnes du Laridjan. Ce district, qui comprend l'ancienne Parthénie, a pour le voyageur un intérêt tout particulier. La ville de Demavend, l'une des plus anciennes du monde, est située dans une vallée qui, pendant huit mois de l'année, est un des endroits les plus délicieux que l'on puisse imaginer. C'est une vaste prairie dans laquelle les animaux de toutes sortes, domestiques ou sauvages, paissent une herbe qui les couvre jusqu'aux genoux. La ville ne possède pas de monuments, sauf un seul que peu de personnes ont observé, et qui cependant est d'un intérêt majeur : je veux parler de la terrasse maçonnée qui domine la ville; quand je dis maçonnée, je me sers d'un terme impropre, car cette bâtisse est faite en blocs de rochers inégaux de forme et de grosseur, et répond parfaitement à ce qu'on appelle un monument cyclopéen. C'est avec les fondations du fort de Kirman, les bâtisses les plus anciennes que j'ai vues. Cette plate-forme servait sans doute de temple, et c'est là que les Parthes venaient le soir, suivant la belle expression de M. Victor Hugo, contempler l'astre-roi se couchant, et le matin saluer ses premiers rayons.

Ask est également une petite ville du Laridjan ; elle est située sur les bords mêmes de la rivière le Laar, pittoresque au possible ; cette bourgade doit une importance relative aux eaux thermales qui sont dans ses environs et qui sortent des flancs du pic du Demavend, l'une des montagnes les plus élevées du globe. Pendant l'été l'ascension en est, sinon facile, au moins très-faisable ; plusieurs fois des membres des légations l'ont tentée avec succès, et les expériences pour en calculer la hauteur ont donné des résultats qui varient de 6,500 à 7,000 mètres. Les eaux qui sortent de cette montagne sont sulfureuses et brûlantes. Il y en a aussi, dit-on, d'alcalines, mais je crois que jusqu'à ce jour elles n'ont pas été soumises à une analyse bien rigoureuse ; chaque année elles sont fréquentées par un certain nombre de malades qui vont y chercher la santé, et l'on parle beaucoup des cures qui s'y sont faites.

Le Laridjan est la province où l'islamisme s'est introduit avec le plus de peine. Protégés par leurs montagnes et par un hiver rigoureux qui pendant sept mois en défend l'entrée, les habitants ont conservé, jusque dans une époque très-rapprochée, les croyances de leurs pères, et l'on montre encore aujourd'hui une quantité de petites grottes aux environs d'Ask qui servaient de refuge à cette population pendant les neiges.

L'hiver, ce district est presque désert; quelques habitants restent dans les villages pour y garder les maisons et balayer la neige qui s'amasse sur les terrasses. Quant au reste de la population, elle émigre dans le Mazenderan ou dans les plaines environnantes. L'été, au contraire, non-seulement toutes les maisons sont habitées, mais toutes les vallées sont remplies de tribus nomades, qui paissent leurs troupeaux dans ces gras pâturages. Le pays prend alors une activité et une vie qui rendent son aspect charmant. Autour des tentes en poil de chameau qui servent d'abri à ces peuplades, on voit les femmes occupées à fabriquer le beurre et le fromage qui doit les nourrir pendant l'hiver, et dont aussi elles approvisionnent les villes voisines. C'est un pêle-mêle d'enfants, de femmes, de chiens, d'agneaux, de bœufs, d'ustensiles de ménage, de guenilles rouges, noires, jaunes, le tout criant, chantant, bêlant, sous les rayons d'un soleil si limpide, qu'il semble avoir réservé ses meilleurs rayons pour éclairer cette scène; plus loin, et aussi loin que la vue peut s'étendre, ce ne sont que troupeaux de chèvres et de moutons, entre-mêlés de juments qui gambadent et de chameaux qui découpent leur silhouette grave et ridicule sur le bleu d'un ciel comme on n'en voit qu'en Perse; tous ces animaux semblent renaître dans ces prairies et apprécier d'autant plus les herbes parfumées qui sont autour d'eux, que pendant tout l'hiver ils ont été soumis au régime de la paille sèche.

Au reste, toutes les vallées de l'Elbourz sont ravissantes au printemps; la richesse de ce terrain est telle, que dès qu'un peu d'eau vient le fertiliser, il produit une végétation inconnue à nos climats sombres et gris.

De Trébizonde à Binder-Abbas la distance est longue, surtout lorsque, comme moi, on a pris à l'aller et au retour le chemin des écoliers. Je ne crois pas exagérer beaucoup en disant que j'ai fait trois mille lieues à cheval, j'ai donc acquis dans ce genre de voyage une certaine expérience, et je ne veux pas terminer cette partie de mon travail sans donner quelques renseignements à ceux qui seraient tentés de faire une semblable expédition. Il y a trois méthodes pour voyager en Perse : en poste à franc étrier, avec ses chevaux ou avec une caravane publique. Ce dernier mode est de tous le plus affreux, car on devient la chose du muletier, qui s'arrête où et quand il veut, et de plus a la singulière manie de ne marcher que la nuit. Or, on ne peut se figurer, quand on ne l'a pas éprouvé soi-même, quelle horrible souffrance occasionne le sommeil à cheval. Aller en poste, au contraire, est de tous les moyens, celui qui est le meilleur, lorsqu'on peut supporter la fatigue qui en résulte, et lorsque la route que l'on veut suivre est pourvue de relais. C'est ainsi que je suis venu de Trébizonde à Téhéran ; la distance est d'environ 1,550 kilomètres. Je l'ai franchie en quatorze jours, tandis qu'en caravane il aurait fallu au moins deux mois pour accomplir ce trajet.

En Perse, il n'y a rien d'intéressant entre les villes ; les déserts succèdent aux déserts, et quelquefois plusieurs kilomètres séparent un arbre d'un autre ; donc, plus on va vite, moins on a d'ennui. Un voyageur allemand dont le nom m'échappe prétend que la Perse est un grand désert entrecoupé de déserts salés. La description est sévère mais assez juste.

Quant au voyage avec ses chevaux, c'est celui qui est le plus généralement adopté par ceux qui ont le moyen d'avoir des chevaux. L'étape varie de quarante à cinquante kilomètres; on loue quelques mulets pour transporter les bagages, et on les expédie chaque matin d'un peu bonne heure. Le voyage ainsi entrepris peut paraître long et ennuyeux, mais il a deux avantages, d'abord celui de ne pas être fatigant, ensuite celui de permettre une certaine dose de confort ; il ne faut pas être bien difficile sur la nourriture, et l'on doit se contenter des provisions que l'on trouve partout, du riz, des poules et des œufs. Les viandes conservées et les spiritueux rendent de suite malade, et presque tous les Européens, qui ont été atteints par les dyssenteries, le doivent à ce régime. Lorsqu'on voyage avec ses chevaux, on couche tous les soirs dans son lit, et c'est un avantage inappréciable. La seconde fois que je suis allé à Ispahan, j'étais chargé d'affaires, et le Roi avait eu la prévenance de mettre une de ses voitures à ma disposition : c'était un grand coupé suspendu sur des courroies, traîné par six chevaux, conduits à la Daumont. L'équipage était burlesque, et je serais fort embarrassé d'en donner la description ; mais, tel qu'il était, il m'a rendu de grands services. Il m'arrivait bien de temps en temps de descendre pour passer à pied les trop mauvais pas, mais, grâce à l'habileté des postillons, cet accident était rare, et je n'ai eu que peu l'occasion de monter un cheval de main, que j'avais pris par précaution ; mais, outre que ce moyen de locomotion n'est pas à la portée de tout le monde, il y a beaucoup d'endroits où la route n'est pas carrossable.

Somme toute, le voyage en Perse est très-fatigant au moral et au physique ; les gîtes sont sales, froids en hiver, étouffants en été, et la nourriture insuffisante pour un estomac habitué à la cuisine de Paris ; mais lorsqu'on s'est décidé à passer par-dessus tous ces inconvénients, et surtout lorsqu'on est revenu, on est fort aise de l'avoir fait.

C'est un pays où tout est intéressant, les hommes et les choses. Je dirai même plus, lorsque l'habitude vous a fait oublier les privations, cette vie en plein air n'est pas sans charmes ; on est si loin des préoccupations mesquines et bourgeoises de notre vie moderne, que quelquefois on se demande si c'est la peine d'y retourner, et je comprends très-bien qu'un Persan, après avoir satisfait sa curiosité en visitant les diverses parties de l'Europe, n'éprouve aucun regret à rentrer dans son pays, et même que ce soit avec une vive satisfaction, qu'en quittant le paquebot il retrouve la vie nomade, avec ses fatigues et ses privations, mais aussi avec sa liberté et son laisser-aller. Il oublie en une heure tout ce qu'il a vu pour se replonger avec délices dans la vie inoccupée de son enfance.

Le voyage n'est pas très-coûteux en Perse, et quiconque veut se donner toutes ses aises, sans jeter l'argent par les fenêtres, doit compter 1,500 fr. par mois. Cette somme peut être beaucoup réduite, si l'on prolonge les séjours dans les villes et si, se contentant des ressources du pays, on réduit son bagage au strict nécessaire. Je conseillerai toujours à celui qui veut entreprendre un pareil voyage de s'arrêter dans la première ville qu'il rencontrera, jusqu'à ce qu'il ait appris suffisamment de persan pour s'expliquer lui-même, ce qui n'est pas très-difficile. Voyager avec un drogman, c'est faire du mouvement sans rien apprendre et sans rien voir.

VOYAGE EN PERSE.

CHAPITRE PREMIER.

Du Gouvernement.

La Perse passe en général pour le pays de l'absolutisme et le chech pour le potentat par excellence. Juge sans appel, on croit qu'il tient dans sa main la vie et la fortune de ses sujets, et qu'il dispose sans contrôle de toutes les richesses mobilières et territoriales du pays; ses désirs dit-on, sont des ordres, et personne ne l'approche qu'en tremblant, car sa colère est terrible, et les supplices les plus affreux sont réservés à ceux qui l'ont encourue. Si je devais peindre la cour de Chech-Pour après la défaite de Valérien, ou la vieillesse de Chech-Abbas lorsqu'ayant bâti Ispahan et couvert la Perse de caravansérails et de monuments de toutes sortes, il couronna une vie d'activité et si utile par quelques années dont le luxe, les folies et les violences firent l'admiration et la terreur de l'Europe du XVIIᵉ siècle, les termes dont je viens de me servir auraient quelque semblant de vérité; mais la Perse moderne est aussi éloignée des Chech-Pour et des Chech-Abbas, que l'époque actuelle peut l'être des Charles-Quint et des Philippe II.

L'invasion et l'occupation des Affghans, les conquêtes de Nader-Chech, la guerre de compétition entre les Zindhys et les Kadjars, et les massacres qui ont suivi les triomphes de ces derniers ont appauvri et détruit la population ; les palais sont pillés, les vases en métaux précieux fondus pour faire de la monnaie. Le luxe a disparu, et avec lui le prestige qui entourait la personne du chech.

S'il ne s'était agi que de relever quelques villes détruites, de remettre en culture quelques champs abandonnés, de rouvrir des basars fermés, en un mot de réparer les dégâts causés par une invasion ou une guerre civile, certainement la paix intérieure dont la Perse jouit depuis quarante années aurait permis d'obtenir ce résultat, si à cette crise politique n'était venu se joindre un reflet de la crise sociale qui, depuis le commencement de ce siècle, a changé la face du monde. La monarchie persane ressemble à une vieille étoffe à laquelle on remet des pièces, la trame usée tombe en poussière par le seul poids des morceaux ajoutés, et lorsqu'on examine cet édifice vermoulu, on ne peut s'empêcher de reporter sa pensée vers la France du XVIIIe siècle.

Le lendemain de son arrivée, les ministres et les grands dignitaires rendront visite à Son Excellence ; le surlendemain elle aura son audience solennelle chez le Roi, et le grand maître des cérémonies viendra lui annoncer, à l'heure convenue, que tout est prêt pour la réception.

L'ambassadeur se mettra alors en route avec le cortége suivant :

Les ferraches et coureurs du Roi ;

Ceux de l'ambassadeur ;

L'ambassadeur, monté sur un cheval de parade du Roi, précédé d'un écuyer ;

A droite de l'ambassadeur, ses secrétaires ;

A sa gauche, le grand maître des cérémonies ;

Derrière les ferraches du Roi et ceux de l'ambassadeur.

Les troupes qui seront placées en haie dans l'enceinte du palais royal, jusqu'à l'entrée des cours intérieures, présenteront les armes à l'ambassadeur; le grand maître des cérémonies, précédant Son Excellence, aura soin que tous ceux qui se trouvent sur son passage se tiennent debout.

L'ambassadeur mettra pied à terre à l'entrée des cours extérieures et sera conduit dans la tente du premier ministre, où il se reposera jusqu'à la sortie du Roi.

L'ambassadeur, avec sa suite, précédé du grand maître des cérémonies, entrera dans l'enceinte intérieure, ses domestiques resteront à la porte; le grand maître ayant annoncé Son Excellence au Roi, l'invitera de la part de Sa Majesté à entrer dans l'appartement ou dans la tente avec toute sa suite, et il ne sera exigé, dans aucun cas, ni de l'ambassadeur ni de ses secrétaires ou attachés, qu'il soit apporté aucune modification au costume dont ils seront revêtus; cependant ils auront soin d'être en uniforme et de se munir de galoches qu'ils déposeront avant d'entrer dans l'appartement du Roi.

L'ambassadeur sera prié par le Roi de s'asseoir sur une chaise: après l'audience, l'ambassadeur s'en retournera avec le même cérémonial et rendra le lendemain les visites qu'il aura reçues.

Le cérémonial sera le même pour la réception d'un ministre ou d'un chargé d'affaires, si ce n'est que les employés envoyés à leur rencontre seront d'un rang inférieur, et que la garnison ne sortira pas pour eux.

Les troupes qui occupent les corps de garde leur présenteront seules les armes, le premier ministre ne leur fera pas la première visite, mais il la leur rendra sans faute dès le lendemain.

Si l'ambassadeur, le ministre ou le chargé d'affaire est

porteur d'une lettre de son Souverain, Sa Majesté la recevra de ses propres mains.

Avant que ce traité ne fût venu régler les rapports du chech avec le corps diplomatique, on ne pouvait être admis en sa présence que revêtu de grands bas en laine rouge, suivant l'usage mogol.

Le roi de Perse, outre son premier ministre, cet *alter ego* des souverains absolus, a un cabinet dont il est assez difficile de décrire la composition. Il y a bien un Ministre des Affaires Étrangères et un ministre des finances, mais les attributions de ces fonctionnaires ne sont pas définies, et l'on s'explique difficilement pourquoi des titres comme ceux-ci, l'œil de l'État, le pied du gouvernement, la trompette du royaume, donnent l'entrée du Conseil ; quelques-uns, comme celui d'*Adyeb-ed-Dooulet*, le voile de l'État, sont attachés à des fonctions déterminées, mais la plupart sont purement honorifiques et donnent parfois lieu à des interprétations ridicules. Ainsi, supposons que dans la règle le Ministre de l'intérieur prenne le pas sur celui du Commerce, ce dernier obtenant le titre de glaive du royaume, prendra le pas sur son concurrent qui ne serait que le flambeau du gouvernement.

On pourrait croire d'après ce qui précède que la puissance est dans la main des ministres ; cela serait incontestable s'ils n'avaient derrière eux une nuée d'employés, de clients, de domestiques avec lesquels ils doivent compter. Nulle part la formule : Monsieur, je suis le cousin de votre apothicaire n'a plus de réalité qu'en Perse. Les grands personnages sans cesse occupés à intriguer, et méritant dix fois par jour la corde, ne peuvent se passer de complices. Il sort de cette situation des influences qu'on ne soupçonne pas et devant lesquelles tout doit plier.

Depuis le maître jusqu'au dernier palefrenier, tout le monde tripote, intrigue, agiote ; c'est là le caractère distinctif de la nation.

Le Conseil se compose des ministres et de tous les personnages ainsi titrés qu'il plaît au Roi de convoquer. Cette assemblée n'exerce qu'une faible influence sur les affaires ; à toutes les observations ou ordres du shah les assistants répondent : bien, très-bien ! mais une fois sortis n'en font ni plus ni moins. Lorsque le Roi veut sérieusement quelque chose il l'ordonne, dans un tête-à-tête, ou plus ordinairement dans un firman écrit dont il confie l'exécution à l'un de ses favoris.

A côté des ministres et des grands dignitaires viennent se placer les gouverneurs des provinces. La Perse est aujourd'hui divisée en 36 gouvernements.

Azerbaïdzan,	capitale	Tébris.
Kaswin,	—	Kaswin.
Khamsé,	—	Zindjad.
Ghilan,	—	Recht.
Téhéran,	—	Téhéran.
Hamadan,	—	Hamadan.
Kurtisdan,	—	Sennandjird.
Arabistan,	—	Cheuster.
Boroudjird,	—	Boroudjird.
Kirmanchah,	—	Kirmanchah.
Fars,	—	Chiraz.
Laridjan,	—	Laar.
Gherm-Sir,	—	Bender-Abbas.
Ispahan,	—	Ispahan.
Kirman,	—	Kirman.
Yezd,	—	Yezd.
Cashar,	—	Cashar.

Ghoum,	capitale	Ghoum.
Sawé,	—	Sawé.
Semman,	—	Semman.
Khorasson,	—	Neshed.
Khranhat,	—	Thabès.
Mazendéran,	—	Sari.
Astérabad,	—	Astérabad.
Demavend,	—	Demavend.
Véramine,	—	Véramine.
Guerrous,	—	Guerrous.
Ghulpaïgan,	—	Ghulpaïgan.
Lauristan,	—	Fébahân.
Ardebil,	—	Ardebil.
Talieh,	—	X...
Ourmiat,	—	Ourmiat.
Khoï,	—	Khoï.
Natinz,	—	Natinz.
Farahan,	—	Khonsar.
Maragha,	—	Maragha.

La position de gouverneur de province est toujours importante, et ceux de Meshed, de Tebris, de Kirman, de Chiraz, sont presque des souverains. Sauf de rares exceptions, ces gouvernements sont confiés à des princes du sang auxquels est adjoint, quand ils sont trop jeunes, un ministre qui gouverne en leur nom. Dans cette organisation on retrouve le manque d'attributions définies qui est un des traits principaux du caractère persan.

Dans le dernier désastre subi à Merw, chez les Turkomans, par les Persans, le gouverneur du Khorassan était Hamza-Mirza; il avait l'ordre de commander l'expédition et de conduire les troupes à la victoire, mais il lui était interdit de s'enquérir des moyens. Les soldats avaient-ils des armes, des munitions, des vivres, cela concernait son ministre Gawam-ed-Dooulet, dont l'avarice est proverbiale. Dénuée de tout, l'armée persane fut anéantie, et au retour, quand il s'agit de punir, personne n'était coupable ; le prince avait reçu l'ordre de s'en rapporter au ministre, et celui-ci l'ordre de suivre le prince.

Outre leurs ministres, les gouverneurs doivent avoir à Téhéran un fondé de pouvoirs parmi les membres du conseil ; cet agent est destiné à transmettre au Roi toute la correspondance ainsi que l'argent des impôts. De cette façon le Ministre de l'intérieur et celui des finances se trouvent dépouillés de leurs attributions, à moins qu'ils ne soient assez adroits pour obtenir, l'un les dépêches, l'autre l'argent. Quelle porte ouverte aux intrigues!

Parmi les gouvernements, quelques-uns sont héréditaires : celui du Kurdistan, celui de Guerrous, qui appartiennent à Hassan-Ali-Kan, ministre de Perse à Paris.

La royauté est héréditaire et la succession se poursuit de mâle en mâle ; le choix de l'héritier appartient au souverain, qui de son vivant désigne son successeur. Ce prince porte le titre de Veliat ; le choix du Roi est libre cependant ; l'usage l'oblige à ne choisir que parmi ceux de ses fils dont la mère appartient à la tribu royale. Le veliat, une fois nommé, il est impossible de le destituer ; depuis Feth-Ali-Shah, il est gouverneur de Tebris.

Les mutilations auxquelles étaient autrefois exposés les princes du sang et la séquestration dans laquelle ils passaient leur vie, sont des habitudes qui n'ont pas survécu à la dynastie de Séféwich, et les shah-zadeh actuels jouissent de la plus grande sécurité. Le gouvernement des grandes provinces est confié aux plus considérables d'entre eux, mais leur naissance ne leur donne aucune prérogative ni aucune autorité, et j'ai entendu dire que quelques-uns de ces princes, dénués de toute fortune, avaient embrassé des professions manuelles.

On a beaucoup parlé de l'étiquette orientale, et depuis le temps des Darius et des Xercès, elle a fait l'étonnement des peuples occidentaux ; il est vrai qu'elle est très-compliquée, très-pompeuse, je pourrais presque dire très-déclamatoire : les épithètes les plus sottement orgueilleuses sont prodiguées avec une facilité dont rien ne peut donner l'idée. Quant aux formes extérieures elles sont peut-être encore plus ridicules, surtout si l'on songe que tout cela n'est pris au sérieux ni par les auteurs, ni par les spectateurs, et qu'aussitôt la toile baissée, la familiarité la plus étonnante s'établit entre le shah et ses serviteurs.

Ainsi, par exemple, on ne parle jamais au Roi que de la poussière de ses pieds bénis, on l'appelle le Roi des rois, etc. Quelque temps avant mon départ de la Perse il a paru une ordonnance réglant le protocole employé par le cabinet du shah. Rien n'est plus bouffon et je demande la permission d'en donner ici quelques extraits.

1° Au Prince héritier, le shah écrit : Lumière du flambeau de mon âme, chef des portes qui s'ouvriront, branche de l'arbre de la royauté, rejeton d'un rang noble et sans égal, héritier du trône d'éternelle durée.

2° A ses autres fils : Belle perle de la cassette royale, étoile brillante, possesseur du monde, fils éminent, puissant et illustre.

3° Au premier ministre : Altesse, excellence, glorieux, heureux, honoré, prospère, courageux, colonne, doigt d'éternelle durée.

Puis les titres vont en diminuant suivant les degrés, et en descendant à la domesticité, nous trouvons :

1° Au chef des valets de pied, le Roi écrit : Sublime en dignité, possesseur de la grandeur, éminent, honoré du Roi des rois.

2° Au chef des chameliers : Appui d'une maison aussi élevée que la septième étoile, fortuné, honoré du Roi des rois.

Les relations entre la cour et le corps diplomatique sont également réglées par un traité dont voici les principaux articles :

Dès que le ministre persan aura reçu l'avis officiel de l'arrivée d'un ambassadeur, il fera choix, sans perdre de temps, d'un individu d'un rang correspondant à la dignité de l'ambassadeur, et il l'enverra à sa rencontre jusqu'à la frontière.

Du moment que ce nech-mandar aura rencontré l'ambassadeur, il devient responsable de sa sûreté personnelle ainsi que des honneurs et égards qui lui sont dus.

L'ambassadeur sera reçu à chaque station par une députation des notables de l'endroit, et si l'ambassadeur s'arrête dans un chef-lieu de province, le gouverneur se placera lui même à la tête de la députation pour le saluer et l'accompagner jusqu'au logement qui aura été choisi pour lui.

Si l'ambassadeur s'arrête dans une ville gouvernée par un des fils du Roi, le prince enverra son vizir à l'istika, et si Son Excellence lui fait une visite, l'ambassadeur et tous les secrétaires seront invités à s'asseoir.

Partout où il se trouvera des troupes sur le passage du cortége, elles prendront les armes et lui rendront les honneurs d'usage.

Le Méhémandar aura soin d'informer en temps opportun le ministère persan de l'arrivée prochaine de l'ambassadeur, afin qu'il puisse faire les préparatifs nécessaires à sa réception et à son entrée officielle.

Parvenu à la dernière station avant la capitale ou le camp royal, Son Excellence sera reçue par un personnage de marque au nom de son auguste maître et deux farsaks. Avant la capitale, l'ambassadeur sera rencontré par une députation conduite par un des grands personnages de la cour.

La garnison de la ville ou du camp présentera les armes et rendra les honneurs militaires d'usage, le chef de la députation conduira immédiatement l'ambassadeur à la demeure qui aura été préparée pour lui, et y trouvera une garde d'honneur.

CHAPITRE II.

De la Constitution civile et judiciaire.

Comme tous les peuples musulmans, les Persans reconnaissent le Koran pour base de leurs institutions; mais les lois que le Prophète avait pour la plupart tirées des livres juifs et des coutumes arabes étaient insuffisantes pour un grand peuple. Il a fallu de nombreux commentaires pour changer les prescriptions de ce code et pour les faire cadrer avec les usages des différentes nations qui adoptèrent cette religion. C'est l'ensemble de ces commentaires faits pour la Perse qui forme aujourd'hui le *cher'iet* ou la jurisprudence sur laquelle s'appuient tous les jugements.

Cela explique pourquoi le clergé se trouve dépositaire de la loi civile; lui seul pouvait, tout en restant orthodoxe, former avec les préceptes du livre saint un code répondant aux nécessités d'un gouvernement. Toutes les contestations sur les propriétés, les contrats de mariage, de vente, d'échange sont du ressort de ce tribunal. Les moushtehed, ou docteurs de la loi musulmane, auraient bien la prétention de faire rentrer également dans leurs attributions la justice criminelle, mais le Roi s'est réservé cette prérogative ainsi que le droit de cassation dans les affaires civiles de telle sorte qu'en dernière analyse le clergé n'a conservé d'une manière absolue que les fonctions de notaire et d'officier de l'état civil.

Les affaires criminelles sont jugées par le Roi lui-même ou par un tribunal qui ressort de son autorité et auquel le clergé a donné le nom d'Ourf (force). Il semblerait résulter de cette appellation une sorte de protestation de l'autorité ecclésiastique contre le jugement de ce tribunal.

Dans les provinces la justice est rendue par les moushtehed du lieu pour le ressort du cher'iet et par le gouvernement pour celui de l'ourf. Mais à moins d'une autorisation spéciale, accordée très-rarement, le Roi se réserve de statuer sur les condamnations à mort.

Pendant mon séjour à Kirman j'ai vu une application très-singulière de cette législation. Un certain nombre de voleurs s'étaient retirés dans une petite forteresse située sur les confins des provinces de Kirman et du Fars et arrêtaient toutes les caravanes qui passaient. Avertis de ce fait, les gouverneurs de ces deux provinces envoyèrent chacun de leur côté des ordres pour faire prendre ces brigands. Ces derniers après une résistance désespérée, furent débusqués de leur forteresse et obligés de se rendre. Ils mirent à leur capitulation la condition expresse qu'ils seraient menés à Kirman et non à Chiraz, le prince gouverneur de cette province ayant le droit de les tuer de suite tandis que celui de Kirman était obligé d'en référer à Téhéran. Ils avaient confiance dans la clémence royale; leurs espérances furent déçues, et dix-huit d'entre eux furent passés par les armes. Un seul obtint sa grâce et voici dans quelles circonstances : les condamnés furent fusillés dans une grande fosse, de sorte que l'exécution terminée, on n'eût qu'à recouvrir de terre les cadavres. Par miracle un de ces voleurs avait essuyé la première décharge sans recevoir de blessure, et garanti par les cadavres de ses camarades, il avait également échappé aux suivantes. Lorsque l'exécution fut terminée, il chercha avec ses mains à s'ouvrir un passage et y parvint après trente-six heures de travail, mais ses force s'étaient épuisées, et une fois libre il ne put se sauver. Le gouverneur de Kirman, averti de ce fait, fit amener cet homme et lui fit grâce, ajoutant qu'il ne pouvait lutter contre une protection si évidente de la Providence.

La loi civile a pour base le serment, que le juge accorde à celle des deux parties qu'il en croit la plus digne. Ce serment est prêté sur le Koran, mais si, ce qui arrive souvent, les deux parties n'appartiennent pas à la religion musulmane, le Koran est remplacé, suivant les circonstances, par l'Évangile ou par la Bible.

Le serment prêté, les juges en donnent acte et la partie adverse n'a plus le droit d'inquiéter le jureur, à moins qu'il ne puisse se procurer une preuve matérielle tel qu'un écrit autographe, mais tout témoignage est effacé par le serment. La quantité de faux témoignages et de sacriléges est telle que les juges, avant de déférer à l'une des parties cherchent tous les moyens possibles de savoir la vérité.

La loi criminelle est la loi juive. Tout meurtrier doit être livré aux parents de la victime, qui peuvent exiger le prix du sang en nature ou en argent. Le vol est puni de mort; mais en général on se contente de couper le poignet ou les oreilles, et dans les cas moins graves, de la bastonnade. Tout délit de police entraîne le bâton ou l'amende; enfin toute religion est égale devant le crime. Qu'un Juif tue un Musulman ou un Musulman un Juif, la peine est la même.

La peine le plus souvent appliquée est l'amende, et quoique la loi reconnaisse le principe du talion, il est très-rarement appliqué. Les Persans, comme tous les peuples germains, remplacent presque toutes les peines corporelles par des peines d'argent qui leur sont beaucoup plus pénibles, et ne privent pas la société d'un membre dont on peut avoir besoin.

Tels sont les principes d'une législation qu'on pourrait croire absolue puisque le Roi juge sans appel, que l'exécution suit immédiatement la sentence, et que les attributions du cher'iet et de l'ourf sont si bien définies qu'il n'y a aucune discussion possible entre les deux pouvoirs. Cela serait incontestable si les deux institutions suivantes n'existaient pas : 1° le best que nous traduirons par le mot asile, quoiqu'il ne rende pas parfaitement le sens du mot persan, c'est-à-dire l'empêchement dans lequel se trouvent les autorités civiles de poursuivre les coupables en certains lieux. Il y a des asiles plus ou moins respectés ; mais le sanctuaire de quelques grandes mosquées comme Ghoum et Shah-Abdoul-Azim, ou bien encore l'écurie du Roi et celle des légations étrangères, sont des lieux si sacrés qu'il n'y a aucun exemple qu'on en ait arraché quelqu'un. Cette institution n'est pas sans utilité dans un pays où la justice est si rapide qu'elle est sujette à de graves erreurs, et où les fonctionnaires sont exposés à des disgrâces subites qui peuvent entraîner leur mort. Cependant les abus du best sont tels, qu'à plusieurs reprises l'autorité royale a pu retirer cette prérogative à certains lieux sans que la population en ait été émue. Au commencement du règne de Nasser-Ed-din-Shech, le nombre en a été considérablement restreint. Le second obstacle qui entrave l'autorité des deux tribunaux, c'est le droit de haute et basse justice que tout grand seigneur exerce dans sa maison, et que tout chef de tribu possède sur ses sujets. Personne ne peut arrêter le domestique d'un ministre sans le consentement de son maître, ni un homme de tribu sans le consentement de son chef; ce serait l'injure la plus sanglante que l'on pût recevoir que d'accepter une infraction à cet usage, qui est si enraciné qu'il est presque devenu un droit. Le Roi seul pourrait s'y permettre une dérogation, mais encore pas avec tout le monde. Et même, dans le cas de flagrant délit, il hésiterait sans doute avant de faire arrêter un homme appartenant à une des légations étrangères, sans en avoir préalablement reçu l'autorisation. Cette coutume est un reste de la féodalité qui a existé en Perse pendant si longtemps, et qui subsistera tant que les tribus ne seront pas absolument détruites.

Sous les ordres du Roi à Téhéran, et en province sous ceux des gouverneurs se trouvent des fonctionnaires chargés de veiller à la sûreté des citoyens, et de faire observer les règlements de police. Chaque ville possède un kalenter ou préfet de police, ayant sous ses ordres autant de khedkhoda ou commissaires, qu'il y a de quartiers. Les simples agents sont divisés par dizaines ayant chacune un chef appelé dâ-bachi ou chef de dix, qui est responsable des délits et des vols qui se commettent dans la subdivision dont la police lui est confiée. Rien de plus simple et de meilleur que cette organisation. La nuit des gardes sont disposés de loin en loin, et s'avertissent mutuellement du passage des citoyens attardés, par un cri prolongé.

Cette responsabilité attribuée aux chefs de police rend les vols extrêmement rares, car les kalenter et khedkhoda, sachant qu'ils seront obligés de désintéresser les victimes, à moins qu'ils ne puissent prouver que leur vigilance n'a pas été mise en défaut, prennent toutes les précautions désirables pour s'éviter de pareils désagréments. Aussi, pendant un séjour de quatre ans n'ai-je vu qu'un petit nombre de vols importants, et pas une seule fois les coupables n'ont pu échapper à la police, et cependant, chose difficile à croire, une police aussi bien faite n'est nullement vexatoire; les agents, les dâ-bachi, et même les khed-khoda sont aimés de tout le monde; ils passent leur vie dans les bazars, causent avec l'un, fument le ghalioun avec l'autre, jouent avec les enfants, plaisantent avec les femmes; par ce système ils connaissent bientôt tout le monde, de telle sorte que leur devoir, si rigide en apparence, finit par s'adoucir.

Ces agents n'ont aucune morgue et adressent toujours la parole avec la plus grande politesse. Cette organisation est complétée par les gardiens des portes de la ville qui sont là surtout comme préposés à l'octroi et à la douane, mais qui cependant savent parfaitement qui entre et qui sort, et dans bien des cas ils éclairent, par leurs rapports, la conscience du kalenter. Aucun de ces employés ne porte d'uniforme, ni aucune marque distinctive. La tâche de la police est au demeurant très-simplifiée par le caractère doux et maniable de la population. Quelle que soit l'intensité de la foule dans les bazars ou sur les places publiques, personne ne pousse ni ne crie, mais chacun étant parfaitement convaincu qu'il n'y a pas moyen de faire autrement, attend avec la plus grande patience que son tour arrive.

Dans les villages l'administration est entre les mains d'un khed-khoda nommé par l'État, ou, à son défaut, il est remplacé par un rich-sefid, littéralement barbe blanche, qui est élu par ses concitoyens et se constitue le garant de leurs actes. Cette organisation a tant de rapports avec la propriété que je dois d'abord dire sur quelles bases repose la possession du sol. Commençons par la propriété urbaine : elle est assise sur les mêmes principes que la nôtre ; le terrain se vend au mètre carré, et l'acte passé entre le vendeur et l'acheteur est rédigé par le moushtehed, seulement le vendeur est obligé de remettre à l'acheteur l'acte qui l'a rendu lui-même propriétaire, toute vente n'est parfaite que lorsque l'acquéreur peut justifier de ces deux pièces.

Lorsqu'on veut emprunter sur sa maison on donne ces titres en gage au bailleur de fonds; c'est une garantie suffisante, puisque le propriétaire ne peut vendre sans l'autorisation de celui qui possède les titres; c'est une espèce d'hypothèque sans garantie légale. Ces prêts sont la ruine du pays, dans ce sens que personne n'est jamais sûr de ses propriétés, puisque chaque moushtehed a le droit de faire un acte de vente et que c'est à l'adversaire à prouver sa fausseté.

Il n'y a pas d'intérêt légal en Perse, le capitaliste peut prêter au taux qu'il veut son argent, cependant l'usage a consacré celui de 12 p. 100, et les marchands prennent tout l'argent qu'on veut bien leur prêter à ces conditions. Entre particuliers et suivant la garantie et l'importance des sommes, l'intérêt varie de 12 à 18 p. 100; ceux qui empruntent au delà de ce taux n'offrent plus aucune sécurité, et une fois dans cet ordre d'idées on arrive à des faits presque invraisemblables. J'ai connu des gens du peuple qui payaient presque 100 p. 100 par mois; il s'agissait, il est vrai, de sommes très-minimes.

Il existe un autre mode de transactions fort en usage; c'est le prêt sur hypothèque sans intérêts, mais avec jouissance du gage par le prêteur, en cas de non-remboursement. Le dépôt devient la propriété du bailleur de fonds.

Le prêt sur gages mobiliers est également très-usité et n'entraîne de honte ni pour celui qui l'offre ni pour celui qui l'accepte. La loi persane est toujours en faveur du débiteur, et si l'on trouve le moindre biais pour ne pas payer ses dettes, on est sûr d'avoir les juges de son côté. La contrainte par corps n'existe pas et paraîtrait d'autant plus exorbitante qu'on ne peut arriver même à l'expropriation des biens du débiteur. L'échéance à jour fixe n'est pas très-rigoureuse, mais les négociants se piquent d'être toujours exacts.

Avec cet état de choses il n'est pas étonnant que, surtout dans les transactions des petits avec les grands, des faibles avec les forts, les premiers prennent toutes les garanties possibles contre les seconds, qui emploient toute leur influence pour éviter le payement de leurs dettes ou tout au moins le retarder.

Le Koran défend de prêter de l'argent à intérêts, et cette défense ayant force de loi au tribunal du cher'iet, jamais on ne parle du taux de l'argent dans la rédaction d'un billet, mais au lieu de souscrire un effet de mille francs, le débiteur contracte pour 1120 ; les gens scrupuleux ne veulent pas se prêter à cette manœuvre et préfèrent beaucoup prêter leur argent sans intérêts, mais avec un gage dont ils jouissent.

Il est assez difficile de bien définir ce qui constitue la propriété rurale et quels sont ses droits ; c'est un ensemble résultant de la possession de l'eau et d'une part sur le revenu de la terre, part fixée au tiers des fruits, à quelques journées de corvée et à quelques redevances en nature, telles que beurre, lait, agneaux, charbon, etc. Dans l'origine ces droits ont été concédés volontairement par les paysans à leur chef en échange de leur protection ou d'une dépense considérable, comme celle de creuser un canal ; ou bien encore, ces droits ont été accordés par le Souverain, après la conquête, à ces mêmes chefs comme récompense de leurs services. Quoi qu'il en soit, ces droits qui, dans le principe, étaient personnels, sont devenus transmissibles, et il n'y a aucune objection à ce qu'un habitant de Chiraz possède des villages dans l'Azerbaïdzân.

L'eau appartient en propre au propriétaire, parce que les canaux ont été construits par lui et qu'ils sont entretenus à ses frais. Elle est nécessaire à l'agriculture, car sans arrosage il n'y a pas de récolte possible, et le désert reprend bien vite ses droits.

On pourrait craindre qu'entre des mains peu bienveillantes cette propriété devînt une arme très-lourde, mais il faut observer que si l'eau est indispensable à l'agriculture, les bras ne lui sont pas moins nécessaires, et quelqu'un qui voudrait imposer des conditions trop dures aux cultivateurs de ses villages ou même changer le détail le plus minime à leurs habitudes, les verrait tous émigrer sans qu'il eût aucun moyen de les retenir.

Les paysans persans peuvent être comparés à certains tenanciers du moyen âge, leurs maisons et leurs bestiaux sont à eux, ils cultivent leurs champs comme ils l'entendent et sont maîtres de la récolte moyennant une redevance au seigneur qui, de son côté, est obligé de les protéger, de les défendre et de les aider dans les temps de misère. Il ne serait pas sans intérêt de rechercher les analogies d'origine entre la propriété persane et la propriété européenne et de voir comment toutes deux elles sont sorties de l'épreuve de la féodalité. La Perse a fait une étape de moins que l'Europe, elle a dépassé la protection, mais n'en est encore à la possession du sol que dans les villes ou dans de rares exceptions; cependant ses tendances la poussent dans ce sens et dans peu de temps nous verrons les paysans racheter les droits qui pèsent sur leurs villages, non parce qu'ils sont trop lourds, mais parce que les hommes cherchent toujours et partout à déterminer le plus minutieusement possible la différence entre le tien et le mien.

Les environs de Téhéran sont, sous ce rapport, beaucoup plus avancés que les autres parties de la Perse; presque tous les villages de la plaine de Shiméran n'ont plus de seigneurs, et chaque paysan est propriétaire d'une parcelle. Cela tient à une circonstance toute particulière.

La poussière, la chaleur et les insectes rendent le séjour de la capitale intolérable pendant les quatre ou cinq mois d'été. La température des environs est toute différente, et les gens aisés ont pris l'habitude de quitter la ville pendant les grandes chaleurs et d'aller s'établir à la campagne. Naturellement on a cherché à rendre ces lieux de plaisance le plus agréables possible; on a planté des arbres et clôturé des jardins; pour ne pas être troublé dans la jouissance de ces établissements, on a dû s'en rendre acquéreur en indemnisant l'ancien seigneur. Les nouveaux propriétaires se sont partagé l'eau; ainsi tel jardin est arrosé deux fois par semaine, le lundi et le vendredi, tel autre le mardi et le samedi, et ainsi de suite. Pour une cause ou pour une autre, les parts d'eau sont inégales et la propriété se trouve constituée sous une forme toute nouvelle: le sol et une partie des eaux de la communauté. Mais il est arrivé quelque chose de plus concluant encore: quelques richards, peu satisfaits de leur part d'eau ont cherché et trouvé de nouvelles sources dans les montagnes et les ont amenées à leurs frais; ceux-là n'ont plus rien de commun avec leurs voisins et leur propriété est tout à fait constituée selon nos idées.

L'État possède un grand nombre de villages; les origines de ce domaine ne sont pas parfaitement claires, il y a tout lieu de croire que la plus grande partie provient des confiscations. Mais il est bon d'observer, 1° que le shah ne possède rien en propre ; 2° que les confiscations ne s'adressent qu'aux fonctionnaires, et sont pour la plupart du temps de justes représailles.

Les successions suivent l'ordre naturel, c'est-à-dire que les enfants héritent de leurs parents par portions égales et sans distinction de mère. L'aîné reçoit le Koran et les armes du défunt ; cette loi n'est applicable qu'en l'absence de testament, car chacun a le droit de disposer de son bien à sa fantaisie. L'État n'a rien à voir dans les successions et ne prélève aucun droit ; cependant il est d'usage que l'argent comptant trouvé chez un grand seigneur après sa mort fait retour au trésor, toujours à titre de représailles. Les filles reçoivent seulement demi-part. Toute condamnation à mort entraîne la confiscation des biens ; il arrive cependant souvent que le Roi rend aux enfants la plus grande partie de la fortune du défunt.

Les Européens ne peuvent pas posséder en Perse, non pas comme on l'a beaucoup dit, à cause de leur religion, car je connais des Juifs, des Arméniens et même des Guèbres, qui sont légalement propriétaires de jardins et de villages, tandis que des Musulmans, Français ou Anglais n'ont jamais pu être autorisés à le faire. La sujétion persane est obligatoire pour avoir le droit de posséder le sol ; et le fanatisme religieux est tout à fait étranger à cette interdiction. Les Européens ont seulement le droit de posséder des maisons d'habitation, des boutiques, des caravansérails, mais ne peuvent posséder aucune propriété rurale. Cette jurisprudence est fatale à notre commerce, auquel elle ôte une des meilleures garanties que pourraient lui offrir les indigènes pour obtenir un crédit favorable aux deux parties.

En résumé, nous voyons que les Persans jouissent de deux libertés que quelques-uns des États les plus civilisés peuvent leur envier, la liberté de tester et l'absence de taux légal dans les prêts. En prenant une à une les différentes branches des institutions comme nous allons le faire, nous aurons à relever à la fin de chaque chapitre quelque fait analogue.

CHAPITRE III.

Des finances.

Nous venons de voir qu'elle était l'organisation politique et judiciaire de la Perse ; nous allons maintenant examiner son système financier ; nous aurons à signaler les mêmes anomalies.

Les revenus de l'État sont de trois sortes, l'impôt, le domaine et les cadeaux ; les dépenses se divisent en deux branches, le trésor du Roi et le trésor de l'État. Chaque année à l'époque du No-Rouz, le Roi indique le chiffre de l'impôt qu'il réclame de chaque province. A moins de circonstances particulières ce chiffre varie peu ; dans un pays où il n'y a ni cadastre, ni registres de l'état civil, ni aucun moyen de contrôler le rendement de la terre, on ne peut s'appuyer sur d'autre base pour asseoir l'impôt, que sur le bon plaisir du Souverain et sur la tradition. En Orient, les gouvernements et les populations entendent leurs devoirs réciproques d'une façon toute spéciale, les premiers considèrent le territoire qui leur est soumis comme une propriété dont ils doivent retirer le plus grand revenu possible, quant aux seconds, ils envisagent le gouvernement non comme le tuteur indispensable d'une société, mais comme un fléau qu'ils n'ont pas la force de détruire ; ils le subissent comme les bergers subissent les loups.

Le total de la somme demandée par le shah s'élève à

8 khourour, 48 millions de francs, mais le trésor n'en encaisse guère plus de cinq, soit 30 millions de francs.

Le domaine de la couronne est très-considérable, et le fixer au cinquième du sol cultivé, c'est être à peu près dans le vrai. Il est fort difficile de savoir au juste ce que rapportent ces immeubles, le Roi en ayant donné la plus grande partie en teyoul, c'est-à-dire à l'entreprise. Les fonctionnaires reçoivent ainsi une partie, et souvent même la totalité de leurs appointements. Il faut observer que les teyouls s'appliquent non-seulement aux villages, mais également aux autres impôts. Les Juifs, par exemple, sont donnés à un des médecins du Roi, et les Guèbres au ministre des Affaires Étrangères.

Les cadeaux sont loin d'être une ressource insignifiante; mais il est absolument impossible de savoir à quel chiffre ils s'élèvent, le Roi ne se souciant nullement de rendre public tous les petits trafics qui se font autour de sa personne. L'opinion généralement admise, est qu'il reçoit de cette façon 6 millions de francs par an.

Il n'y a aucun rapport entre les recettes et les dépenses, et l'impôt n'est point en raison directe des besoins; on tire du peuple tout ce que l'on peut, l'impôt d'après la loi musulmane, ne doit jamais dépasser 10 0/0. Cet usage est antérieur à l'Islam; les Chananéens, les Juifs, les Sassannides, avaient sur cet article la même constitution, et Mahomet n'a fait que maintenir un usage déjà admis. Quant aux dépenses, le Roi les voudrait aussi faibles que possible, mais son gouvernement le pousse toujours dans la voie contraire. Le shah n'a pas de liste civile, et l'idée d'une pareille organisation lui paraîtrait aussi ridicule qu'irrévérencieuse. Il prend dans les caisses tout ce qu'il lui plaît, si à la fin de l'année il a pu réaliser quelques économies, il les enfouit dans son trésor sans s'apercevoir que plus ce capital improductif augmente, plus son pays s'appauvrit.

Le Roi a fixé le chiffre de ses dépenses à 400,000 tomans, soit environ 5 millions de fr., auxquels il faut ajouter la consommation en nature, telle que riz, blé, orge, paille, et une somme de cinquante mille tomans, (600,000 fr.,) qui forme le douaire de sa mère. Ce chiffre est assurément très-considérable, en vue des ressources de l'État, mais il faut tenir compte du personnel immense qui vit sur cet argent avec le harem et les domestiques des domestiques ; il y a bien près de 10,000 personnes qui sont à la charge du Roi.

Le shah donne 400 fr. par jour pour sa table. Et chacune des femmes du harem, on dit qu'il y en a une trentaine, reçoit 120 francs par mois plus sa consommation de thé, de sucre et de tabac. Il ne faut pas croire que cette somme suffise, mais ces dames appartiennent aux plus grandes familles du pays, et leurs parents pourvoient à leurs dépenses. Les quatre épouses que la loi musulmane permet, ainsi que celles des ciguèh qui ont des enfants, sont traitées différemment.

Les pich Khetmet qui font traduire ce titre par celui de chambellan, mais dont le service est réel et qu'il vaudrait mieux comparer aux écuyers et aux pages du moyen âge, reçoivent de 3 à 6,000 fr. par an.

Chaque année le Roi donne pour 300,000 fr. de châles, de décorations et d'armes. Tous ces chiffres sont fort mesquins ; on ne peut donc s'expliquer le total que par le nombre des serviteurs et par le gaspillage.

Les grands officiers de la couronne, qui sont au nombre de huit, savoir : 1° le grand intendant ; 2° le grand bourreau ; 3° le grand maître des cérémonies ; 4° le capitaine des gardes ; 5° le grand écuyer ; 6° le chef des valets de pied ; 7° le grand maître de la maison ; 8° le grand veneur, sont payés par l'État et reçoivent, outre leurs appointements, qui varient suivant leur faveur, un certain nombre de rations. L'armée et les travaux de l'arsenal sont donnés en adjudication au Ministre de la guerre.

Le clergé a son budget à part ; nous y reviendrons tout à l'heure.

Il serait difficile de trouver une situation financière plus sommaire, car à part les dépenses des arsenaux militaires, que l'on peut évaluer à 2,500,000 fr., les autres charges de l'État ne consistent qu'en appointements, qu'il est facile de diminuer et même de supprimer tout à fait ; car en Perse il n'y a pas d'administration, et un fonctionnaire n'a jamais de fonctions définies à remplir. Ses appointements ne sont ni la rémunération de ses services, ni l'apanage de son grade, ils sont personnels et ressemblent à ces pensions que pendant les XVIIe et XVIIIe siècles les rois de France accordaient à toutes les personnes qui, de près ou de loin tenaient à la cour.

Les fonctionnaires civils sont de deux classes, les mustofi et les mirza. Les mustofi composent le conseil d'État et la cour des comptes ; les uns délivrent les berats ou bons du trésor à ceux qui y ont droit, et les font revêtir des signatures du Roi et des ministres ; les autres font les comptes des gouverneurs des provinces, des ministres d'État et de l'armée ; ils vérifient également les berats délivrés et s'assurent qu'ils ont été revêtus de toutes les formalités d'usage. Ils doivent dépouiller les dossiers contentieux et éclairer les jugements du Roi ; ils sont censés préparer les projets de réforme et les ordonnances royales, et enfin contre-signent le sceau du Roi sur les brevets de nomination.

Ces fonctionnaires sont un reste des vieilles institutions sassannides. A l'époque de leur formation ils jouaient un rôle très-important dans l'organisation financière de l'Empire. Leur pouvoir était réel, et comme les diverses branches de l'administration étaient engrenées entre elles de la même façon qu'elles le sont aujourd'hui chez nous, il était impossible que les fonctions de vérificateur et de contrôleur des deniers publics n'eussent pas une très-grande influence.

A cette époque l'empire persan était immense; le luxe de la cour de Suze ou de Ctésiphon, la force et le nombre des troupes régulières opposées aux armées romaines, l'entretien des routes, des canaux et des monuments de toutes sortes, et enfin les dépenses d'un clergé aussi puissant qu'avide et intolérant, nécessitaient une grande exactitude dans la perception des revenus de l'État. Il ne s'agissait pas, comme aujourd'hui, de discuter avec le fisc. Des dénombrements périodiques, des renseignements rigoureusement exacts sur l'état de la production, et un personnel nombreux ne laissaient aucune place à la fraude, et quoique la centralisation ne fût pas aussi absolue qu'on le croit généralement, car les souverains n'avaient pu, malgré tous leurs efforts, détruire complétement l'esprit provincial, ni l'autorité des situations acquises sous les Arsacides. Je n'en veux pour preuve que la facilité avec laquelle la féodalité se rétablit après la chute de l'empire persan et les conquêtes arabes. On ne saurait nier cependant les traces de cette organisation si profonde, que les différentes invasions tartares, mongoles et affghanes n'ont pu déraciner; il s'en est suivi une sorte de système bâtard, qu'on ne trouve nulle part ailleurs, dont les effets sont surprenants. Ainsi, à côté d'un monarque absolu, nous avons vu des gouverneurs à peu près indépendants; à côté de l'ourf et du cher'iet, la justice seigneuriale, et dans l'administration, à côté du mustofi qui représente la centralisation et l'ordre, nous trouvons les teyoul, qui constituent un privilége. Je ne saurais affirmer que ce soit à ce phénomène que le gouvernement persan doive son existence, mais un abus corrigeant un autre abus, n'est pas plus absurde en politique qu'en médecine; en résumé, une royauté entravée par une aristocratie battue en brèche elle-même par une administration démocratique, dont le pouvoir réel est nul, mais dont la situation est immense, tel est le tableau de la constitution persane.

Les mirzas sont les employés subalternes, quelques-uns sont fort riches, car ils sont la cheville ouvrière de toutes les intrigues. Cette classe de fonctionnaires est la plaie de la Perse et la cause de bien des gaspillages.

Lorsque l'impôt d'une province a été décrété par le Roi, il est perçu, suivant les circonstances, par des hommes dépendant du grand trésorier ou par les agents des gouverneurs; mais peu importe les percepteurs, car la méthode de percevoir est la même. La personne chargée de cette mission se rend sur les lieux accompagnée de quelques féraches et de quelques soldats, puis elle appelle le khed-khoda et lui ordonne de remettre l'impôt. Si le chiffre n'a pas varié, le khed-khoda se contente de gémir sur la dureté des temps; les récoltes sont mauvaises, l'épizootie a détruit les troupeaux, puis il conclut à une remise d'une partie des impôts; après le chapitre des lamentations il épuise celui des promesses, et si rien ne réussit il se décide à compter la somme demandée, mais non avant d'avoir reçu quelques coups de bâton, afin de bien prouver à ses administrés qu'il ne pouvait faire mieux. Mais si un accroissement de population, une dénonciation, ou toute autre cause, amène un changement dans le chiffre habituel, la conversation change de ton, les plaintes deviennent violentes et le rôle du bâton très-actif; il est bien rare cependant que le gouvernement sorte vainqueur d'une pareille entreprise, car les populations ont un moyen certain d'éluder les violences ; elles s'en vont ailleurs chercher de meilleures conditions. Il ne faut pas croire qu'une pareille fuite soit difficile ou coûteuse; les émigrants sont toujours sûrs d'être bien accueillis dans toute autre province, et par les habitants et par l'autorité. Quant à ce qu'ils laissent, il est inutile d'en parler, car chacune des huttes qui composent un village persan ne vaut pas cinq francs.

Les villages dont les maisons, les jardins et les cultures ont une valeur réelle ne sont jamais exposés à de pareilles avanies, en effet ils appartiennent toujours à quelqu'un d'assez puissant pour les protéger.

Voici un fait dont j'ai été témoin : un gros village appelé Yezd-Kast, situé sur les frontières du Fars, fut accusé et convaincu d'avoir prêté les mains à un vol qui fut commis au préjudice d'un négociant d'Ispahan. Ce dernier obtint des ordres du gouverneur, de l'iman Djummé et même du propriétaire du village, pour faire payer aux habitants les pertes qu'il avait subies. C'était en hiver; les villageois avertis se retirèrent sur la montagne voisine emportant avec eux leurs troupeaux et leur mobilier; ils ne laissèrent dans le village qu'un vieillard chargé de garder leurs maisons. Après six mois les récoltes étaient prêtes, et le gouverneur de Chiraz vit avec inquiétude que personne ne revenait. J'ai dit que c'était un gros village, dont par conséquent l'impôt était important. Ce prince se décida alors à ouvrir lui-même les négociations, et d'accord avec le propriétaire, il contraignit le marchand à se contenter d'une médiocre compensation,

Les habitants revinrent et personne ne songea à les inquiéter, tant on avait eu peur des conséquences de leur émigration!

Il suffit de parcourir la Perse pour se convaincre de la facilité avec laquelle émigre un village. On rencontre dans le Sud des paysans venant de l'Azer-baïdjan et dans le Kurdistan des habitants du Kirman qui se sont expatriés pour des motifs presque futiles; au reste le changement de place est tellement dans le caractère persan que, même dans les villes et dans les classes les plus élevées, il est fort rare que le fils conserve la maison de son père, et ne s'en bâtisse pas une spécialement pour lui.

Aux environs de la ville de Yezd, j'ai rencontré un homme qui demandait l'aumône et qui pendant plusieurs jours a suivi ma caravane; mes domestiques lui donnaient à manger, et en revanche il les aidait dans les travaux pénibles. Voici son histoire : il appartenait à un des régiments kurdes qui furent envoyés dans le Khorassan pour faire campagne contre les Turkomans; fait prisonnier, il était parvenu à s'échapper, et après mille dangers et mille souffrances, il était arrivé à Bouroudgird, capitale de son district. Ses parents et ses amis lui dirent qu'il n'était pas en sûreté, et que si l'on apprenait son retour, comme il n'avait pas reçu son congé, il serait incorporé de nouveau dans un régiment. La peur le prit, et il décampa sans ressources, sans argent, sans habits, à la grâce de Dieu; c'est ainsi que je le rencontrai à deux ou trois cents lieues de chez lui. Il me suivit jusqu'à Kirman, et quelques jours après, me promenant dans les basars de la ville, je le trouvai établi chez un boulanger et aussi à son aise que s'il eût été chez lui, quoiqu'il fût dans un pays différent du sien à tous égards.

Je pourrais citer bien d'autres faits analogues, et plusieurs fois dans le cours de cet ouvrage nous aurons occasion de revenir sur ce sujet. Cette facilité de déplacement que les Persans possèdent à un si haut degré, cesse dès qu'il s'agit pour eux d'aller en Turquie ou dans le Turkestan, pays pour lequel ils professent le mépris le plus profond.

L'émigration est l'arme la plus puissante qu'aient les populations agricoles pour se défendre contre les entreprises de l'autorité. Le moyen est infaillible, et les résultats en sont trop connus pour que les gouverneurs risquent jamais d'en venir là; il est rare qu'un village donne le 10 p. 100 légalement dû, et loin de chercher à dépasser ce chiffre, il est à peu près impossible au Roi d'arriver à celui de sept. Ce n'est pas sur les populations agricoles que se font les grosses exactions, car souvent même elles sont les complices de ceux qui volent l'État.

Ainsi, par exemple, il est d'usage lorsqu'un grand seigneur voyage que le Roi, ou même le gouverneur de la province lui donne un officier appelé méhémandar, chargé du soin de l'accompagner et de lui faire fournir par les villages les provisions dont il peut avoir besoin, bien entendu aux frais de l'État. La scène se joue ainsi : Le méhémandar demande cent fois plus de choses qu'il n'est nécessaire et fixe un prix bien inférieur au cours. Les villageois se récrient, discutent, et la conclusion est toujours la même : le méhémandar donne quittance, non pas des objets fournis, mais de ceux qu'il a demandés, et la différence est partagée entre le village et lui. Si l'on a fourni dix poules, il en marque trente, et reçoit en argent le prix de dix. C'est de cette manière que les fonctions de méhémandar entre Tauris et Téhéran rapportent une dizaine de mille francs. Ce qu'il y a de plus singulier, c'est que le Roi donne son consentement tacite à cet état de choses qu'il connaît parfaitement, dont souvent même il plaisante, et que lorsque quelqu'un est mal dans ses affaires, il est choisi de préférence pour remplir ces fonctions. Cependant quand les villageois apprennent l'arrivée d'un méhémandar, ils se retirent toujours par prudence ; car s'ils sont sûrs des avantages qu'ils retireront du maître, ils ne sont pas aussi certains du traitement qu'ils recevront des domestiques dont le nombre garantit l'impunité.

Les villageois ont encore une autre ressource pour se soustraire à l'impôt, celui de se procurer, en échange de quelques sacs de blé et d'orge, un protecteur étranger qui se charge, moyennant ce tribut volontaire, d'arranger leurs petites affaires.

L'État est un personnage fictif que chacun se croit en droit de frustrer, et l'on pourrait presque dire que le vol est la seule administration réglée que l'on puisse observer en Perse. Ainsi le ministre de Téhéran afferme 3,000 fr. le droit de voler sur les poids officiels. Il prend 5,000 fr. d'impôt sur les voleurs d'ânes, et lorsque j'ai quitté la Perse il était question même d'exiger une taxe des voleurs d'enfants. Voici du reste comment ces deux dernières industries se pratiquent : un âne qu'on vient de décharger s'écarte de quelques pas, ou un enfant joue seul dans une rue, on s'en empare, et lorsque les propriétaires ou le père viennent réclamer leur enfant ou leur âne, ils doivent donner une récompense à celui qui les leur rend.

L'impôt foncier est établi, non pas sur la propriété, non pas sur le sol, mais sur les fruits de la terre ; de cette façon tout jardin d'agrément est exempt par la raison qu'il ne produit rien. Les maisons sont dans le même cas, et c'est ce qui explique la facilité avec laquelle une ville persane s'accroît rapidement, la population n'étant soumise ni à l'impôt mobilier, ni à celui des portes et fenêtres, ni même à la cote personnelle. L'habitant des villes est soumis à moins de charges que le cultivateur, tout en ayant plus de facilité pour gagner sa vie. Les marchands au détail sont cependant frappés d'une patente, il est vrai fort minime, puisqu'elle ne dépasse jamais 12 à 15 francs par mois. Les gens de métier sont également soumis à la corvée, mais ce droit est rarement appliqué dans la pratique.

Les gros marchands ne sont redevables que de la douane qui est de 5 p. 100, à l'entrée et à la sortie pour les négociants européens et environ de 8 p. 100 pour les indigènes.

Ainsi, à proprement parler, il n'y a que trois impôts : 1° celui sur les produits de la terre; 2° les douanes; 3° les patentes et les corvées. Nous avons observé, en outre, que jamais l'État ne peut exiger plus de 10 p. 100 du produit brut; il ressort de tout cela qu'il serait difficile de trouver ailleurs un gouvernement aussi bon marché, et que si le Roi employait une certaine énergie pour arrêter les dilapidations, on trouverait difficilement un État qui, proportion gardée, disposât d'autant de ressources que la Perse.

Avec l'organisation actuelle le domaine rapporte très-peu à l'État, car les fonctionnaires qui acceptent des téyouls ne le font que parce qu'ils y trouvent des avantages et que les villages leur sont loués très-bon marché, et les villages qui restent au Roi sont très-mal administrés et ne rapportent presque rien. La première réforme à introduire serait donc la vente du domaine de la couronne; avec l'argent qu'elle produirait on pourrait facilement terminer tous les travaux d'utilité publique sans que les ressources de l'État diminuent en rien, puisque l'impôt de ces villages, réparés et repeuplés, serait presque égal au produit actuel.

Si les ressources du gouvernement sont faibles, ses dépenses sont également faibles, son armée n'entraîne pas de grands frais, il n'a pas de marine, son corps diplomatique se compose de quatre légations; quant aux consuls, ils sont honoraires et à la charge des Persans établis à l'étranger.

Le gouvernement persan n'a pas d'intérêt à payer, car s'il a une dette flottante il lui serait tout à fait impossible de la consolider, c'est une idée tout à fait opposée à la défiance orientale. En Perse on consent à prêter à un individu, mais au Roi jamais, car non-seulement on trouve qu'il a trop de moyens à sa disposition pour ne pas payer ses dettes, mais encore on considère comme dangereux de laisser entrevoir que l'on a de l'argent.

Les travaux d'utilité publique ne peuvent être considérés comme une dépense pour le gouvernement, quand bien même le shah leur donnerait une plus grande extension, ils ne pourraient jamais être une charge gênante, car dans un délai très-court ils rendraient, augmenté de très-gros bénéfices, l'argent qu'ils ont coûté.

Les arts et les sciences se protégent eux-mêmes, et les savants n'ont ni le besoin ni même le désir d'être aidés par l'autorité. Cependant le collége du Roi est à la charge de la liste civile, mais il est à peine besoin de faire mention de cette dépense, puisque cet établissement ne renferme que 100 élèves.

Les charges de la liste civile ne sont pas beaucoup plus fortes; tout ce qui est nécessaire à la consommation de la maison royale est fourni en nature par le pays. Outre les 400,000 tomans qui sont consacrés à l'entretien de sa maison, le Roi emploie chaque année une somme à peu près égale à l'achat d'armes de guerre, d'armes de chasse, d'instruments scientifiques, de livres, de gravures, et de diverses fantaisies qu'il fait venir d'Europe. Le palais renferme des magasins de toutes sortes d'objets mobiliers, et c'est l'ensemble de tous ces dépôts qui constitue le trésor royal, l'un des plus riches du monde. J'ai visité ces différentes salles, et celles qui contiennent les porcelaines et les armes sont de véritables musées; mais la plus importante, au point de vue de la valeur matérielle, est celle où sont conservés les bijoux de la couronne. Plusieurs de ces joyaux représentaient un capital immense. Les souverains asiatiques ont toujours considéré les pierreries comme un apanage de la royauté et comme un moyen infaillible de rehausser l'éclat de leur personne. Dans les occasions solennelles, le roi de Perse est couvert de joyaux; ses habits sont brodés avec des perles ou des diamants, et son bonnet est orné d'une aigrette, signe du commandement.

Parmi les joyaux, les trois pièces principales sont : 1° le déria-è-nour, ou mer de lumière; ce diamant a été rapporté par Nader-Chah, de la conquête de Delhi, et faisait le pendant du Kou-è-Nour (montagne de lumière), qui appartient aujourd'hui à la couronne d'Angleterre; 2° Un rubis dont la couleur est aussi foncée que celle d'un grenat et dont la grosseur est presque égale à celle d'un œuf de pigeon (cette pierre est historique et faisait déjà l'admiration de Chardin dans la seconde moitié du XVII° siècle); 3° six gros diamants qui servent de boutons à l'uniforme de cérémonie. Il faudrait un volume pour cataloguer toutes les pièces de ce trésor, qui, outre les pierreries, renferme un nombre considérable de lingots d'or et d'argent.

CHAPITRE IV.

Des Tribus.

Les tribus jouent un rôle important dans la société persane : c'est la partie militaire de la nation; et, sans compter l'armée régulière qui sort presque en entier de leurs rangs, elles pourraient, en cas de besoin, fournir des troupes irrégulières en quantité suffisante pour arrêter une invasion. Les tribus possèdent, en outre, presque tous les troupeaux et presque tout le sol cultivé de la Perse.

Ces tribus forment l'aristocratie du pays, et peuvent se diviser en quatre grandes familles : les Turcs, les Arabes, les Lours et les Beloutches. Leur organisation est à peu près la même; cependant chacune possède quelques institutions spéciales :

1° Les tribus turques viennent du Turquestan, mais n'ont pas toutes suivi le même chemin; les unes, c'est le plus petit nombre, se portant du nord au sud-ouest, ont traversé les steppes de la Turcomanie, et se sont de suite dirigées vers la Perse; les autres ont envahi l'Anatolie, l'Arménie, la Tauride, puis, après plusieurs siècles, sont revenues sur leurs pas pour échapper à la domination de la maison d'Osman, qu'elles trouvaient indigne de leur commander.

Aujourd'hui ces tribus sont établies dans l'Azer-baïdjan, le Khorassan, une partie de l'Irack et le Mazenderan; quelques-unes sont allées jusque dans le sud, soit dans le Kirman, soit dans le Fars; il n'est pas rare d'en rencontrer, et sans cesser d'être véridique, on peut presque affirmer qu'il n'y a pas de district où l'on ne puisse en trouver quelques-unes. Leur nombre est immense, et il serait assez difficile de se procurer le nom de chacune, tant à cause de l'ignorance réelle que de l'ignorance affectée des membres du gouvernement sur ce sujet.

La politique de la maison régnante a été de détruire autant qu'elle l'a pu l'influence de ses rivales, et quant aux tribus turques, elle a à peu près obtenu son but. Les Affghans, les Shah-Sevend, les Kurde-batcha, les Seïl-Sepour, les Nahavend ne sont plus que l'ombre d'eux-mêmes; leurs chefs habitent les villes et sont devenus fonctionnaires.

Une erreur assez généralement répandue, c'est de considérer les tribus comme nomades; rien cependant n'est plus régulier, plus mathématique, je pourrais presque dire plus routinier que leurs habitudes. Leur établissement principal est dans la plaine; c'est là qu'elles passent les trois quarts de l'année à s'occuper de travaux agricoles. Pendant les grandes chaleurs de l'été, lorsque la campagne est desséchée et que les troupeaux trouveraient difficilement à se nourrir, elles vont passer quelques semaines dans la montagne où l'herbe est plus abondante. Comme la distance qui sépare leur campement d'hiver ou *khish-lakh* de leur campement d'été ou *yekh-lakh* est en général assez longue, ce changement de résidence constitue une sorte de voyage qui s'effectue à petites journées : telles familles partent les premières et sont suivies par telles autres sans que jamais l'ordre puisse s'intervertir. La même régularité existe dans la division des étapes et dans le choix des endroits où l'on dresse les tentes.

L'organisation de ces tribus est complétement féodale; chacune possède un chef héréditaire ou khan, qui a droit de vie et de mort sur ses administrés, qui reçoit d'eux un revenu annuel, et, en échange, leur doit sa protection. En cas de guerre, lorsque la tribu est requise par le Roi, elle doit être conduite par son chef; quant au contingent qu'elle fournit à l'armée régulière, il est commandé par des officiers appartenant à la tribu, et quelques-uns même sont à la nomination du khan.

La tribu est composée de deux éléments : le premier, que l'on peut appeler la noblesse, comprend la race conquérante : ces individus doivent le service militaire, mais seulement dans la cavalerie; accompagnent leur chef, soit dans ses expéditions, soit à la cour; portent le titre de beys et sont tous parents. La seconde classe comprend les vaincus : elle doit le service militaire, mais seulement dans l'infanterie; est généralement chargée des fonctions serviles, et, quoique bien traitée, l'infériorité de sa situation est parfaitement accusée.

Lorsque le chef a forfait, il peut être déposé par la tribu, qui se choisit un autre khan dans la même famille; mais ce cas est extrêmement rare dans la pratique. Il est beaucoup plus simple de tuer le félon; mais en revanche, si le chef est fait prisonnier ou s'il a dérangé ses affaires dans l'intérêt commun, il doit être racheté ou aidé par les siens.

Les hommes qui composent ces populations ont leurs défauts et leurs qualités; militaires par naissance, ils poussent la bravoure jusqu'à la folie; cavaliers et chasseurs intrépides, leur hardiesse va jusqu'à la témérité ; généreux jusqu'à la ruine, leur hospitalité ne connaît pas de borne. Quant à leur intelligence elle est très-vive, mais ils ont plus d'imagination que de raison, et sont plus guerriers et poëtes que philosophes et administrateurs. Leurs femmes emploient le temps que leur laisse les occupations domestiques à tisser des étoffes, et surtout des tapis. Leur défaut principal est un goût inné pour la maraude et pour les aventures.

Chacune de ces tribus, prise isolément, n'a qu'un pouvoir médiocre; mais vouloir retirer ses priviléges à l'une d'elles ce serait attenter à l'organisation générale du corps : toutes les tribus turques se réuniraient alors pour défendre celle qui serait ainsi inquiétée, et le gouvernement sortirait difficilement vainqueur d'une pareille entreprise. Aussi n'est-ce que par la ruse que le shah arrive à son but. On s'explique du reste assez facilement les craintes que ces tribus inspirent au Souverain lorsque l'on considère que, depuis la fondation du royaume persan jusqu'à nos jours, le pouvoir a toujours été dans les mains d'une tribu turque, sauf pendant la période assez courte où Alexandre le Grand et ses successeurs ont dominé le pays, et pendant celle plus courte encore de la conquête arabe. Chaque dynastie a commencé peut-être une tribu, petite et sans importance, mais qui, tombant entre les mains d'un chef capable et ambitieux, s'agrandit peu à peu et finit par englober toutes les tribus voisines et jeter par terre la tribu régnante.

2° Les tribus Lours comprennent toutes les tribus persanes proprement dites ; évidemment elles aussi ont conquis le territoire qu'elles occupent, mais cette conquête remonte à une époque si reculée qu'il faudrait une érudition gigantesque pour dépouiller ses origines.

Les premières parmi ces tribus sont les Bakhtiaris et les Mamasseni. Elles sont installées dans le Kurdistan, dans la province d'Ispahan, dans le Fars et dans le Kirman. Leur éloignement de la capitale a sauvé leur indépendance ; chaque fois qu'on veut leur faire payer l'impôt, c'est une grosse affaire, et il n'est pas absolument simple d'aller se promener au milieu d'elles, si l'on n'a comme recommandation qu'un firman royal. Je n'ai jamais eu de rapport avec ces grandes tribus, mais j'ai passé plusieurs semaines parmi celles qui habitent entre Kirman-Bender, Abbas et Chiraz, et j'ai été vraiment étonné de la noblesse de leurs sentiments, de la beauté de leur race et de l'ampleur de leur vie. J'ai raconté plus haut les rapports que j'avais eus avec un de leurs chefs, appelé Abdoullah-Khan.

J'ai rarement vu des hommes d'un courage plus brillant que les gens appartenant à cette race ; ils sont capables du dévouement le plus absolu et comptent leur vie pour rien. Ces tribus, quoique indépendantes en fait, sont cependant assez dévouées au roi de Perse, qu'elles considèrent comme le chef de leur religion, et tiennent beaucoup à leur titre de sujets persans, qui les garantit contre les invasions des Beloutches et des Affghans ; cependant le sentiment qui domine tous les autres est l'intérêt de la tribu, le dévouement au Roi ou au pays ne sont que secondaires ; le but principal est que la tribu soit puissante et respectée et que tous ses membres aient la plus grande dose de bien-être possible.

3° Les tribus Beloutches. Une partie de ces tribus habite la contrée que nous connaissons sous le nom de Beloutchistan ; le reste est établi dans le Seïstan et dans les provinces du Gherm-sir et de Kirman. Les Beloutches sont divisés en deux grandes familles, les Chyïtes et les Sunnites; cette différence dans leurs croyances religieuses est la cause de la haine qui les divise. Les Seïstani reconnaissent la suprématie du roi de Perse, dont ils se considèrent comme les vassaux; leur chef rend hommage au shah et lui est très-fidèle, mais il ne paye pas d'impôts et gouverne ses sujets sans l'intervention d'aucun fonctionnaire persan. Leur organisation est celle qui se rapproche le plus des institutions germaniques; ils ont une race dont le sang est si pur qu'ils la considèrent comme divine. C'est parmi les membres de cette tribu qu'ils choisissent leur chef; elle s'appelle Serbendi. Outre cette tribu, la nation se divise en huit autres dont voici les noms : 1° Mish Kari, 2° Poudnè, 3° Cassack, 4° Kamiri, 5° Rassi, 6° Kerkaï, 7° Ramsaïdi, 8° Cheriki. Leur chef porte le titre de Serdar; celui qui gouverne actuellement s'appelle Serdar-tadj-Mehemet-Khan. Sa capitale s'appelle Sékoué et est située dans une île ou sur les bords du lac Seïstan. Il peut disposer de cinq mille cavaliers, dix mille piétons, deux pièces de canon; toute l'infanterie est armée de lances et de fusils de chasse anglais à deux coups.

Ces troupes ne sont pas régulières, elles se rendent à l'appel de leur chef, et, l'expédition terminée, chacun retourne à ses affaires. Les armes sont la propriété des individus et personne ne les quitte jamais, même pour se livrer aux travaux agricoles, qui tiennent une grande place dans leur vie.

Comme dans toutes les tribus, cette population est divisée en gentilshommes et en vilains; les nobles parlent persan et affghan, le peuple se sert d'un dialecte persan. Chacune de ces tribus a un chef choisi à l'élection, mais dans la même famille; le serdar donne l'investiture. Le khan qui a démérité est jugé et exécuté par les nobles de sa tribu. Lorsque le serdar commande une expédition, il est suivi de toutes les tribus, conduites chacune par leur khan, et lorsqu'un d'eux veut faire une expédition particulière il demande l'agrément du serdar; tous les nobles de sa tribu lui doivent le service militaire. Ils n'ont pas d'esclaves, et pour cette cause ne font jamais de prisonniers. L'impôt est organisé de la manière suivante : le khan de chaque tribu prend un cinquième des grains et des nouveau-nés des troupeaux, mais il répare les canaux à ses frais et fournit la semence; il doit le quart de tout ce qu'il reçoit au serdar; de plus il a droit à des redevances d'étoffes, de tapis, etc. Quant à l'argent monnayé, il est fort rare; dans un cas d'absolue nécessité, on va vendre les troupeaux à Kirman ou à Hérat, ou plus simplement encore arrêter une caravane sur la route.

Les sujets n'ont jamais besoin d'argent et tout se fait par échange. Chez eux, j'ai souvent entendu raconter l'anecdote suivante. M. de Kannikow, voyageant dans ces contrées avec un personnel nombreux, faisait continuellement de semblables échanges; un jour entre autres il s'agissait d'acheter une cruche de lait caillé. Que donner en retour? c'était très-difficile. Le domestique s'imagina d'offrir une aiguille : N'est-ce pas honte, lui répondit le Beloutche, de m'offrir un si petit objet pour une si grosse cruche? Sans se déconcerter, le domestique enfila dans l'aiguille un long morceau de fil et l'offrit à son interlocuteur en ajoutant : « Si ta cruche est plus grosse, vois combien le fil est plus long. » L'histoire ajoute que le lait caillé resta au Persan.

La propriété n'a d'autre titre que la tradition; il est bien rare que le fils n'hérite pas de son père; mais le droit d'aînesse existe dans toute sa rigueur, et les cadets n'ont que ce que leur père leur a donné de son vivant.

L'aîné est choisi par le père parmi ceux de ses enfants dont le sang est le plus noble du côté maternel.

Les Seïstani sont très-fanatiques en matière de religion, et les mollah ont une grande influence sur eux. Chaque tribu en a un certain nombre qui sont tous descendants du Prophète, et par conséquent étrangers. Lorsqu'ils menacent de devenir trop nombreux, on en tue un certain nombre pour rétablir l'équilibre.

Toutes les affaires de l'État sont discutées en conseil par le serdar, assisté des khans de chaque tribu et de quelques mollah; toutes celles de la tribu par le khan, assisté de quelques nobles et de quelques mollah de sa tribu.

Ces peuplades ne reconnaissent que la peine du talion : qui a tué mérite d'être tué, et tout meurtrier est livré aux parents de la victime qui ont le droit ou d'exiger la mort du coupable, ou de se contenter du prix du sang, qui consiste en un certain nombre de jeunes filles parentes du meurtrier que l'on marie aux plus proches parents de la victime; c'est ce qu'on appelle lier le sang.

Il existe une singulière coutume dont je n'ai pas été témoin, mais qui m'a été racontée par des personnes du pays. Si quelqu'un est tué, son frère (mais seulement lui) a le droit de se rendre dans la maison de l'assassin, et s'il peut entrer dans l'appartement des femmes et les mettre dehors, il devient maître de tous les biens du meurtrier, qui, déchu de son rang, descend, lui et ses enfants, dans la domesticité.

Les Seïstani sont très-unis entre eux; c'est ce qui leur permet de résister aux tribus Beloutches, qui, bien que plus nombreuses, sont toujours en guerres intestines. Les Beloutches sont divisées en cinq grandes tribus subdivisées en un nombre infini de petites tribus; ils ne reconnaissent pas la suprématie du shah, et n'ont par conséquent rien à faire dans ce travail.

Les Beloutches et les Seïstani que j'ai vus m'ont vivement intéressé au point de vue de leurs institutions ; mais je dois avouer qu'individuellement ils ne me sont pas très-sympathiques ; leur sang m'a paru très-mélangé de sang nègre, et si leur courage est incontestable, il n'en est pas moins pénible de voir une société ne connaissant que le meurtre et l'assassinat comme punition ou comme défense ; leur civilisation, qui est si ancienne qu'on pourrait presque dire qu'elle précède les temps historiques, n'a jamais pu adoucir la férocité de leur caractère que des mélanges de sang continuels ne faisaient qu'augmenter.

4° Les Arabes habitent la province de l'Arabistan, dont Shouster est la capitale, et se répandent dans le Ghermsir, dans le Laridjan et aux environs de Chiraz. Ces tribus sont encore inférieures aux Beloutches ; leur sang est tellement mélangé qu'on les prendrait pour des nègres. J'ai peu eu l'occasion d'étudier ces tribus ; mais je n'ai pas trouvé de différence bien sensible entre leur constitution et celle des tribus turques ou persanes. Comme les premières, elles sont plus agricoles que pasteurs, et les immenses plaines du Fars, qui sont d'une fertilité biblique, sont en grande partie cultivées par ces peuplades qui se livrent également à l'élevage des **chevaux sur une grande échelle et approvisionnent le marché de Bombay.**

CHAPITRE V.

De l'armée.

L'armée est presque entièrement composée d'hommes de tribu; il y a cependant quelques exceptions, car le recrutement se fait de la manière suivante : par chaque dix tomans d'impôt l'État prend un homme; or, comme tous les villages ne sont pas habités par des hommes de tribu, il en résulte qu'une partie de l'armée est recrutée parmi les populations tadjick. Les villages de la couronne sont exempts du service militaire. Les Chrétiens, les Juifs et les Guèbres sont également exclus; mais par un autre motif, la loi religieuse s'oppose à leur admission dans les armées des vrais croyants, et ils sont soumis à un tribut.

Les premiers essais d'armée régulière datent du règne de Feth-Ali-Chah, et ont été faits par son fils Abbas-Mirza; les premiers instructeurs furent des Français : MM. Trezel, Bernard, Lamy, Bontems, Fabvier, Reboul, Verdier; ils ont laissé un grand souvenir, et quelques-uns de leurs règlements sont encore en vigueur; mais les Persans ont si peu de suite dans leurs désirs, et les idées d'ordre et d'organisation leur sont si étrangères qu'ils ne comprirent pas qu'il leur fallait du temps pour organiser une armée, et semblables à certains malades qui, surpris que le remède qu'ils viennent de prendre n'opère pas immédiatement, envoient chercher un autre médecin et avalent une seconde potion, sans plus s'inquiéter de la première. Les Persans firent le tour de l'Europe pour se procurer des inspecteurs : Français, Anglais, Russes, Autrichiens, Italiens se succédèrent et se remplacèrent pendant la dernière période de cinquante ans que nous venons de parcourir sans avoir pu ni les uns ni les autres obtenir de résultats sérieux.

L'armée actuelle se compose de 85 régiments d'infanterie, ayant 835 hommes sur le papier ; mais en réalité ne dépassant pas le chiffre de 500. La cavalerie se compose d'un régiment de 500 hommes et de la garde particulière du Roi comprenant environ 2,000 hommes.

Voici l'organisation de chaque régiment :

1 colonel ou serhingue ;
2 majors ou iaours ;
8 capitaines ou sultâres ;
1 adjudant ;
1 porte-drapeau ;
1 officier payeur ;
1 écrivain ;
1 médecin ;
1 chirurgien ;
1 chef de musique.

Sous-officiers :

1 sergent major ;
3 beyzade ou approvisionneurs ;
1 tambour-major ;
1 chef de fifres ;
1 chef de trompettes ;
3 sergents pour escorter le drapeau ;

40 sergents pour le service des compagnies;
32 caporaux;
1 armurier.

Chaque régiment possède une musique de 40 instruments. Quant aux appointements, les renseignements que j'ai pu recueillir m'ont donné deux versions :

GRADES.	APPOINTEMENTS.		RATIONS.		
	1re VERSION.	2e VERSION.	ORGE.	PAIN.	PAILLE.
	tomans.	tomans.	kilog.	kilog.	kilog.
Colonel.	500	500	45	15	90
Major.	150	130	18	9	36
Capitaine.	60	60	15	4	30
Porte-drapeau.	40	40	15	4	30
Adjudant.	70	30	15	4	30
Officier payeur.	30	20	6	4	15
Écrivain.	80	70	3	3	»
Médecin.	70	70	50		
Chirurgien.	40	40	50	tomans de subvention.	
Chef de musique.	35	20	50		
Sergent-major.	18	18	6	3	»
Beyzadi.	20	20	»	2	»
Tambour-major.	14	12	»	2	»
Chef des fifres.	12	12	»	2	»
Chef des trompettes.	12	12	»	2	»
Sergent.	10	8	»	2	»
Sergent 2e.	8-9-10	9	»	2	»
Caporal.	8	7 1/2	»	2	»
Musicien.	11	8	»	2	»
Soldat.	7	7	»	1 1/2	»
Artilleur.	12	11	»	2	»

L'état-major de l'armée persane comprend
1° Le sepeh-salar, ou ministre de la guerre, dont les appointements varient suivant la faveur royale;

2° Les serdar, ou généraux en chef, dont les appointements varient de 48 à 72,000 fr.;

3° Les émirs-toman, correspondant au grade de général de division, reçoivent 36,000 fr., plus 60 kil. de pain, 180 d'orge et 420 de paille par jour;

4° Viennent ensuite les sertips, qui se divisent en trois classes; par courtoisie on traduit leur titre par celui de général.

1re classe 1,500 tomans, 45 kil. de pain, 90 kil. d'orge, 390 kil. de paille.
2e classe 1,200 tomans, 30 kil. de pain, 90 kil. d'orge, 270 kil. de paille.
3e classe 1,000 tomans, 24 kil. de pain, 72 kil. d'orge, 210 kil. de paille.

Il y a une assez grande quantité de personnages qui ont le titre de sertips, mais qui, soit par manque de faveur, soit par telle ou telle autre éventualité, ne reçoivent que des appointements inférieurs.

Le corps d'état-major se compose : 1° d'un adjudant bachi, qui a 36,000 fr. d'appointements et le rang d'émir-toman ; 2° d'un certain nombre d'aides de camp qu'on divise en trois classes : la 1re reçoit 6,000 fr., la 2e 5,000, la 3e 2,000.

L'adjudant-bachi est un gros personnage, mais les aides de camp sont dans la domesticité du ministre de la guerre.

Les aides de camp du Roi sont tout à fait à part ; les uns sont généraux, les autres colonels.

En dehors de leur solde régulière les militaires décorés jouissent d'une pension ; cette mesure n'est pas applicable aux officiers.

Médaille d'or, 10 tomans, 120 fr.
Médaille d'argent doré, 5 tomans, 60 fr.
Médaille d'argent, 2 tomans, 24 fr.

L'armée est habillée aux frais de l'État ; chaque soldat reçoit deux habillements complets par an, et presque chaque fois l'uniforme change. Rien ne peut donner l'idée du contraste des couleurs, des formes et même des matières. Les uns ont une sorte de pantalon à la zouave en toile grise avec une veste de jockey en drap rouge, orné de galons blancs; les autres ont un pantalon étroit à bandes avec une tunique en coton de couleur voyante.

La cavalerie de la garde n'a, pour ainsi dire, pas d'uniforme, et porte des habits de différentes couleurs; mais le harnachement du cheval et celui du cavalier étant donnés par le Roi, sont tous identiques.

Les officiers inférieurs sont habillés par l'État et reçoivent un costume par an, se composant d'une tunique et d'un pantalon en drap et d'un bonnet en peau de mouton.

Le soldat persan est sobre, intelligent, courageux et capable des plus grandes choses étant bien commandé. Les officiers manquent généralement d'instruction et sont trop préoccupés de leurs intérêts personnels.

CHAPITRE VI.

Du clergé.

Le clergé persan est une nation dans la nation; il a son aristocratie, son armée, son commerce; il peut disposer de richesses immenses, car outre ses biens propres, qui sont très-considérables, il reçoit environ 4 millions de francs de subvention de l'État. Quant aux biens propres du clergé, ils proviennent de la générosité des Rois ou des legs pieux des particuliers, et sont tous soumis à un emploi spécial par les donateurs : celui-ci a laissé un village à la mosquée de Meshed; celui-là un basar pour l'entretien d'un collége; il en résulte, que ces biens appartiennent à tel ou tel établissement et qu'ils sont administrés par un moutevelli ou économe, nommé généralement par le Roi.

Parmi ces richesses il y a de grosses sommes attribuées à la nourriture des pauvres. La mosquée de Meshed qui est la plus riche de la Perse, car son trésor s'augmente continuellement, nourrit chaque jour un nombre considérable de pauvres, et les aliments sont cuits dans d'immenses cuisines attenant à la mosquée.

Il ne faudrait pas croire que cette administration fût sans abus; il arrive souvent que le moutevelli se considère comme le premier pauvre et s'adjuge la plus grande partie des deniers qui lui sont confiés; un moutevelli de

Tauris mettait périodiquement sa famille à la porte la veille du jour où il distribuait les aumônes, dans lesquelles il faisait le lendemain une large part à la femme abandonnée ou aux enfants délaissés.

Chacune des grandes villes de la Perse possède un iman-djumè, dont les fonctions consistent à réciter la prière dans la principale mosquée ; c'est une charge considérable et héréditaire. A côté de ces personnages viennent se placer les cheik-el-Islam qui sont à la nomination du Roi ; au-dessous de ces dignitaires se trouvent tous les moushtehed ou docteurs de la loi musulmane, qui sont censés avoir pris leurs degrés à Nedje ou à Kerbelâ et avoir rapporté de ces lieux saints un diplôme qui les autorise à juger les procès qui sont du ressort du cher'iet et à remplir les fonctions de notaire et d'officier de l'état civil.

Certainement ces personnages gagnent du pouvoir à être revêtus de ce titre, mais la considération et l'influence sont accordés à l'individu et non à la place. Je connais de simples mollah dont la situation est supérieure à celle de tous les dignitaires du clergé.

En dehors de ces personnages officiels, se dit mollah qui veut ; il suffit de couvrir sa tête d'un turban blanc ou d'appartenir à la famille du Prophète, descendance qui, au dire même des Musulmans, est plus que problématique pour la plus grande majorité des séid. Les mollah ou séid n'ont pas tous la même spécialité : les uns enterrent les morts, les autres font la prière dans les mosquées ; ceux-ci s'occupent de sciences spéculatives, tandis que ceux-là se livrent à la prédication, mais le plus grand nombre n'a pas de place et s'efforce de gagner sa vie dans des professions manuelles ou dans le commerce.

Viennent enfin les derviches, espèce de gens appartenant à toutes sortes de sectes, dont quelques-unes même n'ont gardé de l'islam que le nom ; leur profession est de chanter les louanges de Dieu, de déclamer des poëmes, de raconter des histoires et de recevoir la charité ; personne ne leur demande qui ils sont, ni d'où ils viennent. Aujourd'hui, dans le sud de l'Inde ou dans le Kashmis, ils partent pour satisfaire une fantaisie et vont à la Mecque en passant par Tiflis, restent des années en route et quelquefois retournent en arrière sans motif. D'autres, au contraire, sont sédentaires ; ils sont établis et mariés dans la ville où ils sont nés et où ils finiront probablement leur vie, à moins cependant que quelque fantaisie ne leur traverse le cerveau ; ce sont les habitués des cuisines des mosquées.

Pour entrer dans le détail de ces diverses branches du clergé, il faudrait écrire des volumes ; il nous suffit de savoir qu'il y a en Perse un clergé nombreux et puissant, et qui est d'autant plus indépendant que la subvention du gouvernement, quelque importante qu'elle soit, ne constitue qu'une très-faible partie de ses ressources. Pour donner une idée des richesses dont il dispose, la seule ville de Ghoum renferme, outre le sanctuaire de Bibi-Fatmé, sept cents autres chapelles, qui toutes ont une liste civile plus ou moins importante.

Quelque indépendant que soit le clergé, son autorité ne va pas jusqu'à la licence, et le gouvernement pourrait facilement se débarrasser d'un de ses membres qui menacerait la sécurité de l'État. Il serait excessivement intéressant d'examiner l'état de la foi en Perse. Je suis certain que l'on arriverait à des résultats que l'on est loin de soupçonner en Europe, où l'on s'obstine à considérer l'Asie centrale comme le foyer du fanatisme musulman ;

tandis qu'au contraire il n'y a pas de pays où l'islam soit plus battu en brèche; une doctrine, quelque absurde qu'elle soit, trouvera toujours dans ce pays des confesseurs et des martyrs; je n'en veux pour preuve que ce qui s'est passé il y a une quinzaine d'années pour le babysme.

Certainement la Perse a une religion d'État, mais ce que je tiens à observer, c'est qu'en Perse comme en France, la religion d'État ne peut être considérée que comme la religion du plus grand nombre, et qu'elle n'a ni privilége ni exclusion. Les Arméniens, les Chaldéens, les Juifs et les Guèbres réunis forment une partie notable de la population, et partout ils vivent en bonne intelligence avec les Musulmans. Une grande partie du commerce avec l'étranger est dans les mains des Arméniens, et plusieurs places importantes dans le gouvernement sont occupées par des membres de cette religion. Dans la province de Kirman, les Guèbres sont souvent chargés par le gouvernement de la mission délicate de récolter l'impôt; presque toute la médecine est entre les mains des Juifs qui à cette source d'influence ajoutent celle des talismans. Personne n'est esprit fort en Orient, et je crois qu'il serait impossible de trouver un seul individu qui n'eût sur lui un talisman d'une nature quelconque. Ceux qui sortent des officines juives sont réputés les meilleurs.

Les Persans adorent les discussions religieuses, et à l'inverse des Turcs on ne peut leur être agréable qu'en mettant la conversation sur ce sujet, et pourvu qu'on se serve de termes convenables, personne ne s'offusquera d'entendre même discuter la mission de leur prophète.

Nous avons vu, lorsque nous nous occupions de la jurisprudence, que toutes les religions étaient égales devant la loi et que le serment prêté sur l'Évangile ou sur la Bible était légal. Mais alors d'où vient que presque tous les Européens qui sont venus en Perse ont parlé de l'extrême fanatisme du clergé et des populations? cela tient à une confusion de mot. En Orient tous les individus appartenant à une religion quelconque, considèrent tout ce qui est en dehors d'eux comme impur, et l'espèce de quarantaine où l'on se met les uns vis-à-vis des autres choque énormément les nouveaux arrivés auxquels on se gardera bien de dire que ce sont des représailles, et que si l'on lave avec soin les vases dans lesquels ils ont bu chez les Musulmans, l'archevêque schismatique d'Ispahan usera de pareils moyens pour purifier ses verres s'ils ont servi à des Musulmans. Pendant six ans de séjour je n'ai jamais pu décider un médecin juif, avec lequel j'étais cependant très-lié, à dîner chez moi une seule fois, et j'ai eu un cuisinier arménien qui refusait de boire le vin qui m'était fourni par un prêtre catholique d'Ispahan.

CHAPITRE VII.

De l'enseignement.

L'enseignement persan est absolument libre et le gouvernement ne s'en mêle en aucune façon, et je défie que dans aucun temps, ni dans aucun pays on trouve une organisation plus parfaite.

Qui veut, peut professer n'importe où, et n'importe quoi. Les colléges et les écoles sont absolument en dehors de toute action gouvernementale, et leur action est tout à la fois démocratique et aristocratique; démocratique, car les cours sont publics, et l'on ne s'enquère même pas du nom des auditeurs, à moins qu'ils ne viennent réclamer leur part des fonds destinés aux élèves pauvres ; aristocratique, car les biens d'un collége sont privilégiés, et l'État n'a aucun moyen de les détourner de leur destination. La ville de Téhéran possède quatorze colléges, sans compter l'école militaire qui est entretenue par le Roi ; mais parlons de l'instruction primaire.

Tout mollah qui a le désir d'établir une école peut le faire, il n'a besoin ni de l'autorisation de la police, ni d'exhiber aucun diplôme prouvant ses capacités ; s'il est ignorant ou incapable, son entreprise ne réussira pas, et les parents enverront ailleurs leurs enfants. Dans ces écoles primaires il n'y a pas de prix établi, chacun paye ce qu'il peut ou ce qu'il veut, et jamais le maître ne fait d'observations sur la modicité, ni même sur l'absence complète de rétribution de la part d'un de ses élèves ; si le total lui suffit pour vivre il continue ; dans le cas contraire il va ouvrir une école dans un autre quartier ou s'ingénie à trouver quelque emploi plus lucratif, car il ne faut pas perdre de vue que le titre de mollah n'est qu'une convention ; aujourd'hui on est mollah en mettant un turban, demain on cesse de l'être en l'ôtant.

Le nombre de ces écoles primaires est immense, et il est absolument impossible d'en connaître le chiffre exact par la raison que chaque jour l'ouverture ou la fermeture de quelques-uns de ces établissements fait varier le total d'une manière sensible. Le local est presque toujours une boutique du bazar, et en passant l'on voit les enfants assis par terre, par petits groupes, ayant un livre devant eux, et répétant les mots que le professeur vient de lire. Dans ces écoles on apprend à lire, un peu à écrire : je dis un peu, car l'écriture est considérée comme une science chez les Persans, et il faut plusieurs années d'étude pour l'acquérir. Dès que les enfants peuvent lire un peu, on leur met le Koran entre les mains, et on leur fait lire ce livre saint d'un bout à l'autre, quelquefois en arabe, mais le plus souvent dans une traduction persane, sans s'inquiéter s'ils le comprennent ou non ; on leur apprend en outre à faire leur prière, ce qui est assez difficile, car il y a certains gestes et certaines inflexions de voix qui sont nécessaires, on ajoute quelques éléments d'histoire légendaire et quelques fragments des grands poëmes nationaux, et l'enseignement primaire se borne là, les gens du peuple ne vont pas plus loin.

Malgré la parfaite indifférence du gouvernement sur ce sujet, il est intéressant d'observer que la moyenne des illettrés est beaucoup moins forte en Perse qu'en France.

Il n'est pas difficile d'en trouver les causes, d'abord dans la précocité des enfants persans, ensuite dans le bon marché des écoles qui va, pour quelques-uns, jusqu'à la gratuité.

Quant à la méthode d'enseignement chacun a la sienne et suit le programme qu'il a choisi ; s'il n'est pas du goût des parents, qu'ils envoient leurs enfants ailleurs.

Les colléges supérieurs sont bien bâtis ; c'est presque toujours une cour carrée avec des arbres et un bassin au milieu, entourée de quatre corps de bâtiments ; celui de la mère du shah, sultan Hussein, à Ispahan, est certainement le plus beau monument de la Perse. La coupole en briques émaillées, et les portes en argent ciselé sont de véritables chefs-d'œuvre.

Voici la liste des colléges de Téhéran :

1° Collége de Merw, appelé aussi le collége noble, 40 chambres, 80 élèves, deux chaires, l'une de théologie, l'autre de philosophie.

2° Le collége Der-el-Shefà (maison de la guérison), 20 chambres, 30 élèves, une chaire de philosophie et d'algèbre.

3° Collége du Sadre, 40 chambres, 80 élèves, trois chaires, une de théologie, une de philosophie, une d'astronomie.

4° Collége d'Abdoul-Ullah-Khan, 20 chambres, 30 élèves, pas de chaire, les élèves vont ailleurs.

5° Collége de Mohammed, 20 chambres, 40 élèves, une chaire de théologie.

6° Collége Mirza-Zeki, 20 chambres, 30 élèves, trois chaires, une de philosophie, une de théologie, une de grammaire arabe.

7° Collége de Mirza-Saleh, 40 chambres, 70 élèves, deux chaires de théologie hétérodoxe.

8° Collége Mollah-Agha-Reza, 20 chambres, 30 élèves, une chaire de philosophie.

9° Collége de Mirza-Reza-Ghouli, vide.

10° Collége de la Mère du Roi, 30 chambres, 20 élèves, une chaire de philosophie peu suivie.

11° Collége de la Mère du Roi, 19 chambres, 30 élèves, une chaire de jurisprudence.

12° Collége du Sepeh-Salar, 24 chambres, pas d'élèves, une chaire de philosophie.

13° Cheik-Abdoul-Hussein, 40 chambres, 10 élèves, se destinant au clergé.

14° Collége Moussevie, 6 chambres, 10 élèves, une chaire de philosophie.

En résumé, nous voyons que Téhéran, qui renferme cent mille âmes, fournit, sans compter les jeunes gens du collége du Roi et ceux qui suivent les cours chrétiens, juifs et guèbres, quatre cent quarante-deux élèves, qui sont instruits par dix-sept professeurs. Toutes les villes persanes sont pourvues dans la même proportion, et les gens distingués font élever leurs enfants chez eux. À l'aide de ces chiffres, nous trouvons la moyenne suivante : un sur deux cents suit les cours supérieurs de théologie et de philosophie. Cette moyenne est au-dessous de la vérité, par la raison que dans les cent mille âmes je compte tout le monde et que pas un des enfants appartenant aux classes aisées ou à une autre religion ne suit les cours publics. On peut donc, sans cesser d'être vrai, tenir compte de tous ces enfants et les porter à mille, ce qui constitue une moyenne d'un sur cent. On voit, par ce calcul, quels sont les résultats obtenus par un enseignement libre et complétement en dehors de l'action gouvernementale. Il est inutile d'insister davantage sur ce sujet;

examinons maintenant l'organisation intérieure, et prenons le collége de Merw pour type.

Ce collége possède un revenu de 1,600 tomans, environ 20,000 francs. Cette somme est produite par le loyer de vingt boutiques, d'un bazar, de trois jardins, d'un village et de deux bains. Ce collége possède en outre trois maisons, l'une habitée par le moutevelli, l'autre par l'aumônier, le troisième par les professeurs.

Voici ses dépenses :

Le Moutevelli prélève 10 p. 100, soit. .	160 tomans.
Les professeurs la moitié, soit.	800
L'aumônier le vingtième, soit.	80
Achat annuel de livres.	30
Bibliothécaire.	24
Portier.	18
Gages divers.	24
Total.	1,136 tomans.

Cette somme, retranchée des 1,600 tomans, il reste 464 tomans, environ 5,000 francs, à partager entre les quarante élèves.

De cette constitution découle tout naturellement la liberté d'enseignement, puisque 1° les professeurs sont payés sur des fonds inaliénables; 2° que l'entrée des cours est gratuite et qu'on distribue des secours financiers aux élèves pauvres; et afin que ce secours n'ait aucune forme humiliante, il prend la forme d'appointements.

L'action du gouvernement est tellement nulle dans ces questions que le Roi actuel, ayant voulu étendre le nombre des sciences professées et ayant établi *ad hoc* et à ses propres frais, un établissement, a dû donner aux professeurs et aux élèves les garanties dont ils jouissaient dans les autres colléges. Cette institution porte le nom d'école militaire et contient de cinquante à cent élèves ; on y professe les mathématiques, la physique, la chimie, le persan, l'arabe, le français, l'histoire, la géographie, la médecine et les sciences militaires.

Le directeur des études est un officier supérieur français, M. le commandant Benezech, qui a sous ses ordres plusieurs professeurs européens et dix professeurs indigènes. L'enseignement de la médecine est sous la direction de M. le docteur Tholozan, médecin en chef du Roi.

Une somme de 10,000 francs est distribuée à titre d'appointements entre les différents élèves, qui reçoivent en outre la nourriture des cuisines royales.

Nous voyons que l'enseignement officiel a un but plus utilitaire que l'enseignement étranger au gouvernement ; c'est tout simple. Le Roi veut former des fonctionnaires, tandis que les fondateurs des autres écoles s'occupent exclusivement de la propagation de telle ou telle idée philosophique ou religieuse.

La tolérance des Persans en matière religieuse est si grande que les Chrétiens, les Juifs, les Guèbres enseignent les doctrines les plus opposées à l'islamisme sans que personne songe à les inquiéter et sans que le gouvernement s'en mêle. Ainsi, lorsque les Lazaristes ont établi leur école, ils n'ont demandé la permission à personne, quoique plusieurs Musulmans y assistassent avec assiduité.

Parmi les professeurs les plus célèbres qui enseignent la jeunesse, il faut citer Hadji-Mollah-Haddi-Sebzevari, dont la réputation de sagesse et de science est immense. On vient pour l'écouter des quatre coins du royaume et des Indes. Ses élèves sont si enthousiastes de sa doctrine que, comme jadis Abeilard, il pourrait se déplacer entraînant avec lui la masse de ses auditeurs. Il enseigne le panthéisme qu'il s'efforce de faire concorder avec le Koran. Cet essai n'est pas nouveau, et avait déjà réussi à Mollah-Sadra deux siècles auparavant.

Il faut également citer Hadji-Kerim-Khan-Kajdar, qui habite la province de Kirman et que l'on admet généralement comme le chef des Cheiki, et Hadji-Mollah-Agha-Derbendi, dont les prédications fougueuses ont quelque notoriété. L'année dernière il professait dans la mosquée royale de Téhéran, et dans ses discours attaquait vivement les vices des différents membres du gouvernement. Mais grâce à la liberté qui règne dans ce pays, on l'a supporté jusqu'au moment où le ministre de Turquie se plaignit d'avoir été personnellement insulté dans une diatribe prononcée contre les Sunnites, et menaça d'en référer à Constantinople. Le Roi se décida alors à faire cesser ce scandale; mais le plus singulier de l'affaire c'est que ce saint personnage refusa d'obéir, et prétendit maintenir son droit de professer. On n'eut donc d'autre moyen pour s'en débarrasser que de lui persuader que ses prédications étaient indispensables ailleurs, et de lui accorder un moustemeri considérable; le Roi lui prêta en outre une de ses voitures, et Hadji-Mollah-Agha-Derbendi consentit enfin à se rendre à Kirmanchah, où ses talents étaient, lui assurait-on, nécessaires pour ramener la population dans la voie du salut.

Agha-Ali, professeur au collége du Sepeh-Salar, est encore un homme considérable. L'administrateur du collége où il professait avant lui ayant exprimé des doutes sur l'orthodoxie de sa doctrine, il a donné sa démission. Le ministre de la guerre s'est empressé de lui offrir une chaire dans le collége qu'il est en train de bâtir; en attendant il donne ses leçons chez lui, et pas un de ses élèves ne lui a fait défaut.

Je pourrais citer un grand nombre de savants distingués parmi les professeurs persans ; mais je ne fais pas une histoire de la philosophie persane, et j'ai simplement voulu prouver, par quelques exemples faciles à contrôler, jusqu'à quel point est poussé le respect du gouvernement pour la liberté d'enseignement, et quelle considération s'attache à la personne des professeurs distingués.

Parmi les autres religions je citerai les établissements des Lazaristes et des Sœurs de Saint-Vincent-de-Paul, les écoles juives d'Harmadan et de Téhéran et enfin les cours professés par Manoutchi, le chef des Guèbres, cours où l'on enseigne des principes opposés à la Révélation, qui pourtant est admise par la totalité des populations sémites.

CHAPITRE VIII.

Des domestiques.

La classe moyenne en Perse est formée de deux éléments : les marchands au détail et les domestiques. Ces derniers sont les seuls dont nous ayons à nous occuper dans ce moment.

La domesticité tient une place si importante dans les sociétés asiatiques qu'il est impossible de ne pas en dire quelques mots, car je ne serais pas étonné que sur les quarante mille âmes qui forment la population mâle de Téhéran, il n'y ait trente mille domestiques, puisque, sans parler des grands seigneurs dont les maisons renferment des centaines de serviteurs, le plus petit mirza en a souvent sept ou huit à son service.

La domesticité orientale n'a rien de commun avec la nôtre; nous payons fort cher des gens dont nous exigeons beaucoup de services, mais c'est une pure convention temporaire, et la plupart du temps nos serviteurs tiennent une si petite place dans notre vie, qu'ils ne connaissent ni nos affaires, ni nos amis, ni même nos habitudes. Ils nous sont nécessaires, mais ce sont nos ennemis, et nous les traitons comme tels. Les exceptions qu'on pourrait me citer de nos jours sont si rares, qu'elles ne feraient que renforcer mon opinion. Certainement je connais des familles dont les domestiques sont dévoués et servent depuis si lomgtemps dans la maison, qu'ils s'imaginent en faire partie et que les intérêts de leurs maîtres leur sont aussi sacrés que les leurs propres. On rencontre ces exemples, surtout en province, mais ce sont presque toujours des vieillards qui ont conservé les idées d'un autre temps. Leurs enfants ne pensent pas comme eux, et emploient les économies paternelles à se créer dans le commerce ou dans les administrations des positions qu'ils regardent comme bien plus honorables. Beaucoup épuisent leurs ressources avant d'avoir atteint leur but, et s'aperçoivent, mais un peu tard, qu'ils ont lâché la proie pour l'ombre.

Quant à la généralité des domestiques que l'on prend à Paris, quelle moralité offrent-ils? Avant d'arriver jusque chez vous ils ont souvent parcouru tous les degrés de la société, en ont sucé tous les vices et partagé toutes les turpitudes, et comme ils n'avaient pour se garantir de ces terribles exemples aucun principe de morale ou de religion, ils vous arrivent déclassés et corrompus jusqu'à la moelle. Habitués dans une certaine corporation à jouir du luxe de leurs maîtres, ils ont cessé de pouvoir supporter les privations du peuple. Efféminés par une nourriture plus recherchée, par des habits plus élégants et par un travail moins pénible, ils seraient incapables de reprendre la vie fatigante et laborieuse du paysan, ou celle plus douloureuse encore de l'ouvrier des villes. Ils n'ont même plus assez d'énergie pour en comprendre les compensations, ni en désirer la dignité. Que leur importent la liberté et les douceurs de la famille! ce qu'ils veulent, c'est de l'argent pour satisfaire leurs passions, et l'habitation d'une grande ville pour y cacher leurs vices. Combien de fois n'arrive-t-il pas, lorsque l'on veut engager un domestique, qu'il mette comme condition qu'il n'ira pas à la campagne, où son service est cependant bien plus doux.

Pourvu qu'on le paye, il ne regardera pas à la qualité de son maître : fonctionnaire, fille entretenue, duc et pair, bourgeois, agent de change, il va là où il y a le plus à gagner. Aussi le mépris dont la société couvre ces hommes est-il excusable à titre de représailles. Tous les partis sont d'accord sur ce point, et la littérature, à quelque opinion qu'elle appartienne, est unanime à nous les peindre sous les plus sombres couleurs.

En Orient, on tombe dans l'excès contraire, car de toutes les positions, celle de domestique est la plus recherchée et la plus honorée ; par elle on arrive à tout, et parmi les personnages qui remplissent aujourd'hui les plus hautes fonctions, on pourrait en citer plusieurs qui ont servi dans la maison de l'émir Nizam, premier grand vizir du roi actuel. Tous les fonctionnaires sont les domestiques du schah, et sont prêts à rendre tous les services qu'il voudra bien accepter.

Cette organisation a ses avantages et ses inconvénients, mais en somme est plus nuisible qu'utile à la Perse ; c'est de la démocratie à la manière du Bas-Empire. Aucune barrière n'existe entre le trône et la populace, et tous les emplois sont accessibles à tous ; mais en revanche, ni la naissance, ni la fortune, ni même les services personnels ne créent de droits. Tous les emplois sont donnés à la faveur, et pourvu que l'on plaise au maître, il n'est pas besoin d'avoir d'autres talents. Avec une pareille organisation, il est tout simple que la Perse ait échappé au mandarinage ; mais elle n'a évité cet écueil que pour tomber dans un autre plus grave encore, le favoritisme ; et cette facilité qu'a n'importe qui d'arriver à n'importe quoi, a l'immense avantage de maintenir la tranquillité apparente du pays, en ce sens que chacun sentant qu'il n'a pas besoin de secousse politique pour obtenir les grades les plus élevés, s'efforce de maintenir un état de choses qui lui est si favorable. Quels inconvénients n'entraîne-t-elle pas ! Peut-on se faire une idée d'un État dont les plus hautes fonctions sont confiées à des hommes qui ont passé la plus grande partie de leur existence dans les bas fonds de la société et qui ont usé leur intelligence à fomenter de petites intrigues pour abattre leurs concurrents et à inventer tous les moyens possibles de se faire bien venir de leurs maîtres en flattant leurs passions et en alimentant leurs vices ?

J'ai connu des gouverneurs de province qui avaient été porte-kalian, ce qui est la condition la plus basse de la domesticité, et des ministres d'État dont la fortune provenait d'une source tellement immonde qu'il serait même impossible de la nommer.

Mais tout cela n'est rien encore, et les malheurs que la domesticité cause à la Perse sont incalculables. Les personnes qui ont des domestiques, et plus leur nombre augmente, plus ce que je vais dire est vrai, n'en payent qu'une très-petite partie. Les femmes et quelques esclaves font le service de l'intérieur, et les domestiques n'y entrent jamais. Quant à la maison extérieure, elle se compose des valets de chambre, d'un nombre plus ou moins grand de valets de pied et des gens d'écurie. Parmi ce personnel, qui s'élève quelquefois à plus de cent individus, trois ou quatre seulement reçoivent des appointements ; quant aux autres, ils vivent comme ils peuvent, leur grande ressource est dans les clients de leurs maîtres. Ont-ils une affaire, il faut qu'ils contentent toute cette valetaille avant d'arriver jusqu'au patron, et qu'ils récompensent généreusement celui ou ceux qui viennent leur annoncer que leur demande a été agréée ;

d'autres fois ce sont les commissions qui leur procurent ces ressources. Lorsqu'on reçoit un cadeau d'un supérieur, il est d'usage de donner à peu près la moitié de la valeur de l'objet à celui qui l'apporte, et même si le donateur est assez puissant pour que son cadeau soit un honneur pour celui qui le reçoit, il fixe lui-même la somme que l'on doit donner en échange, qui dépasse toujours de beaucoup la valeur de l'objet donné. Un grand personnage avait trouvé moyen d'augmenter singulièrement ses revenus par cette méthode ; il faisait acheter et payer par ses domestiques les châles qu'il voulait envoyer, et partageait ensuite avec eux le bénéfice.

Un autre, non content de retenir en entier les appointements qu'il avait obtenus pour son fils, voulait le forcer à donner 300 fr. de cadeau à un domestique qui lui apportait de sa part un châle qui valait à peine la moitié de cette somme.

Quand on va rendre une visite dans une maison, il est bien rare que le jardinier ne trouve moyen, à l'entrée ou à la sortie, de présenter une fleur ou un fruit. Ce sont là ses seuls appointements, et il ne m'est même pas prouvé que, comme les portiers de certains palais italiens, il ne paye le maître de la maison pour exercer sa petite industrie.

On prétend bien que tous ces domestiques reçoivent, en guise d'appointements, leur nourriture ; mais voici comme la chose se passe : on fait cuire chaque jour dans la maison une quantité fixe de riz et de viande, et la desserte est toujours abandonnée aux gens de service; mais, d'une part, la quantité est insuffisante, et de l'autre, tous les serviteurs de la maison ne pouvant se tenir dans la même chambre que le maître, il en résulte que certains d'entre eux ne reçoivent jamais rien, ceux qui peuvent approcher ayant soin non-seulement de se rassasier, mais de remplir leurs poches, et quelles poches! afin de subvenir aux besoins de leur famille.

Mais a-t-on parmi ses gens quelqu'un à qui l'on veuille du bien, si l'on n'est pas soi-même assez fort pour le placer, on le recommande à un ministre qui en fait un mirza, et une fois ce pas franchi, il n'y a aucune raison pour ne pas arriver aux charges les plus élevées de la cour.

On comprendra donc aisément quels désordres et quels abus peuvent découler d'une semblable organisation, l'ambition du dernier porteur d'eau étant éveillée par les faits qui se passent sous ses yeux et n'étant arrêtée par aucun obstacle. Il n'y a pas besoin d'une intelligence bien développée pour comprendre que quand on peut tout espérer de la faveur de quelqu'un, il faut tout faire pour la mériter. Ajoutez à cela l'absence complète de sens moral qui caractérise les populations asiatiques, et la possibilité que l'on a dans ces climats favorisés de vivre avec quelques sous par jour en attendant qu'un coup de fortune permette de dépenser des tomans, et l'on arrive sans peine à se figurer quel doit être l'état des idées d'un aventurier persan.

Quelle garantie peut-on attendre d'un homme qui, ayant passé la première partie de sa vie dans les expédients, se trouve tout à coup, et sans que son mérite personnel y soit pour rien, maître de toutes les ressources d'un pays. Nécessairement il perdra la tête, se figurera qu'il est le plus grand génie de son temps, et n'acceptant les conseils de personne, fera toutes les sottises imaginables. Sans compter que son intelligence étant tournée vers les intrigues, il se servira pour se maintenir des mêmes moyens qui l'ont fait arriver. N'ayant aucune des connaissances nécessaires à un homme d'État et n'étant soutenu par personne, il consumera sa vie à tramer des piéges à ses concurrents et à s'occuper de ses propres affaires. Le besoin de jouir de la considération publique ou de faire triompher telle ou telle idée politique sont des sentiments qui lui sont étrangers, le pouvoir n'est désirable à ses yeux que parce qu'il lui crée des ressources pour satisfaire ses passions et assurer l'impunité à ses vices.

Mais pour en revenir aux domestiques proprement dits, ce sont eux qui sont la principale cause du désordre et des exactions que l'on est en droit de reprocher au gouvernement persan. Ces individus, comme je l'ai déjà dit, n'ont d'autre moyen d'existence que ceux qu'ils doivent à leur industrie, et comme, d'autre part, la société persane ne met aucune ligne de démarcation entre eux et leurs maîtres, il s'ensuit que les serviteurs des grands sont eux-mêmes des espèces de personnages qui, mêlés à tous les tripotages de la cour, finissent par acquérir une petite dose d'influence qu'ils emploient soit à protéger ceux qui les payent, soit à se faire pardonner les violences dont ils se rendent souvent coupables. Personne n'ignore ces inconvénients, mais personne non plus ne cherche à y remédier, car le premier effet des réformes serait ou de diminuer sensiblement le nombre des serviteurs d'une maison ou de grever de leurs appointements le budget de tous les maîtres, et c'est là une alternative dont personne ne veut.

Je pourrais également citer, parmi les maux que produit une pareille situation, l'abandon dans lequel se trouvent l'industrie et l'agriculture; cette dernière en souffre principalement. Les neuf dixièmes de la Perse sont en friche, non que le terrain soit mauvais ou que l'eau manque autant qu'on veut bien le dire ; mais les villages sont rares et mal peuplés. La paresse est le défaut originel des Orientaux ; ils trouvent donc bien plus agréable de vivre dans les villes dans un état voisin de la misère, mais sans travail et en se faisant attacher à la maison de quelque fonctionnaire. Leur unique service consiste alors à précéder leur maître quand il sort, et leur journée se passe à baguenauder, ce qui est pour eux la dernière limite du bien-être. Je suis forcé d'avouer, à mon grand regret, que les gens de tribu, pour lesquelles je professe une sympathie si grande commencent à être infectés de ce vice ; ceux qui ont suivi leur khan à la cour ont raconté à leurs camarades combien la vie qu'ils y menaient était agréable, et leur ont fait sentir toutes les douceurs de la conversation du bazar. Petit à petit tous ceux qui ont pu, ont quitté les champs pour venir jouir d'une vie si conforme à la tendance de leur esprit. Les tribus persanes, grâce à leur éloignement de la capitale, ont résisté jusqu'à ce jour à l'entraînement général, mais les tribus turques ont donné à plein collier dans ce travers, et leurs rangs se sont presque dédoublés par suite de cette émigration.

Quant aux marchands et aux industriels dont nous étudierons les institutions dans les chapitres suivants, ils professent pour la domesticité en général et pour le gouvernement en particulier le plus profond mépris. Ils le subissent comme un mal impossible à éviter, et s'efforcent de diminuer autant qu'ils le peuvent les rapports qu'ils sont forcés d'avoir avec lui.

Je suis en général peu porté à croire aux bienfaits que les Orientaux peuvent retirer de notre civilisation. Nous sommes trop vieux, trop gangrenés nous-mêmes pour songer à régénérer une société aussi civilisée que nous, mais plus vieille et plus pourrie encore. Cependant je dois avouer que notre contact peut amener chez les Persans une révolution dans leurs habitudes domestiques dont il sortirait un grand bien. Les Turcs ont subi cette influence, et aujourd'hui le nombre des domestiques à Constantinople, sans être aussi réduit que chez nous, est cependant rentré dans une proportion plus modérée, et malgré les abus qui règnent encore dans leurs administrations, ils ont encore une sorte de hiérarchie, et les emplois, quoique donnés à la faveur, ne sont pas aussi galvaudés que par le passé. Nul doute que les Persans, dont l'intelligence est si ouverte et la vitalité si grande, ne finissent, eux aussi, par comprendre que les domesticités nombreuses sont une charge bien lourde ; mais pour qu'ils arrivent à cette idée, il faut que leurs rapports avec l'Europe deviennent plus suivis et qu'un grand nombre d'entre eux aient pu juger *de visu* de la différence qui existe entre leur genre de vie et le nôtre ; car il pourrait venir des millions d'Européens à Téhéran sans que leur présence puisse en rien modifier les idées de la Perse. Si l'Européen est intelligent, il voudra connaître le pays dans lequel il se trouve, se liera avec les indigènes, et acceptera, afin de ne pas paraître extraordinaire, une partie de leurs usages, et l'effet du climat, joint à l'influence dissolvante des idées asiatiques, finiront certainement par agir sur sa propre organisation. Alors, loin de chercher à imposer aux autres sa manière de voir, il aura bien de la peine à conserver son énergie native, énergie qu'il ne retrouvera même plus à son retour en Europe s'il prolonge beaucoup son séjour en Asie. Quant à l'Européen dont l'intelligence ou la moralité sont médiocres, l'absorption est immédiate : incapable de se suffire à lui-même, il se lie avec les gens de bas étage et partage leurs plaisirs et leurs vices, parmi lesquels il faut mettre l'ivrognerie en première ligne. Il est bien rare alors qu'il revoie son pays. Le climat ne lui pardonne pas, et l'envoie en deux ou trois ans rejoindre au cimetière les victimes qu'il a déjà faites.

Ce qu'il faudrait pour décider les Persans à une réforme somptuaire, ou tout au moins à un changement d'habitudes, c'est qu'un grand nombre d'entre eux aient vu par eux-mêmes combien l'existence que l'on mène à Londres ou à Paris est simplifiée, combien les plaisirs qu'on procure en commun sont peu coûteux, et enfin combien le luxe peut prendre d'aspects différents.

Quand ils auront compris l'avantage et la commodité des voitures, il leur faudra des routes pour s'en servir; ils aimeront mieux voyager en chemin de fer qu'en caravane, et une fois construits il leur faudra exploiter les mines de charbon de terre et de métaux qui abondent en Perse: alors la population se portant vers ces occupations lucratives, les maisons des grands se videront d'elles-mêmes, et l'on arrivera peut-être à avoir autant de peine à se procurer un valet de chambre à Téhéran qu'à Paris.

CHAPITRE IX.

Résumé.

Dans les chapitres qui précèdent, nous avons exposé aussi fidèlement et aussi clairement que possible l'esprit des différentes institutions politiques persanes, mais avant de quitter ce sujet et d'entrer dans le détail des lois commerciales, il est nécessaire, je crois, d'ajouter quelques observations à ce qu'on vient de lire.

Il ressort de l'étude des diverses branches de l'administration persane que le chech de Perse, loin d'être comme on le croit généralement un souverain absolu, est peut-être l'un des monarques dont le pouvoir, étendu en apparence, est le plus restreint et le plus combattu en réalité. Cette erreur provient de ce que les voyageurs qui ont écrit sur la Perse ont confondu les fonctionnaires avec la nation et que, manquant de temps ou de facilité pour étudier le fond des institutions, ils se sont arrêtés à la surface des choses et ont été d'autant plus enclins à accepter sans contrôle les gémissements qu'ils entendaient sur leur passage, que les opinions de ceux qui les avaient précédés semblaient conformes à ce qu'ils entendaient eux-mêmes.

C'est une habitude qu'ont les Orientaux de toujours se plaindre, et auraient-ils le gouvernement le plus admirable, qu'ils n'en gémiraient pas moins. A les en croire, ils passent leur vie sous le bâton, et les autorités commettent de telles exactions qu'ils sont dix mois de l'année sans pain. Cela n'empêche pas que, dès qu'un Asiatique vient en Europe, il ne soit suffoqué par la pesanteur des lois qui nous protégent et n'ait qu'une seule idée, revenir en Asie.

J'ai expliqué plus haut de quelle façon on récoltait l'impôt et quelles étaient les armes de la population pour résister aux envahissements des agents du pouvoir. J'ai fait observer que l'émigration, si simple et si peu coûteuse pour les classes agricoles, était une ruine pour l'administration, et que plutôt que de s'y exposer elle préférait souvent accepter les exigences fort peu fondées des paysans.

Lorsqu'il s'est agi de la police, j'ai démontré que nulle part elle n'était mieux faite et aussi peu vexatoire. Plus tard, j'ai également prouvé que le clergé était puissant et indépendant, sans cependant que cette influence dégénérât en prépotence à l'égard des autres communions, dont il était obligé de respecter les membres, et que, de plus, l'enseignement était organisé d'une manière si libre que le gouvernement n'avait même pas l'idée de s'immiscer dans cette question, d'imposer en aucune façon ses idées ou sa direction. Un professeur nommé Agha-Ali, dont j'ai déjà parlé, me disait un jour : « Je ne sais pas encore si j'accepterai les offres du sepeh Salar et si je professerai dans une des chaires de son collége. Je veux auparavant savoir s'il est bien convaincu de l'honneur que je lui fais en choisissant cet établissement de préférence à tout autre pour y donner mes leçons. » En France, il n'y aurait qu'un cuistre capable de tenir un pareil propos. En Perse, au contraire, ce n'est que la simple expression du sentiment qu'a tout homme supérieur de sa propre valeur, valeur qu'il lui est facile de constater par le nombre d'élèves qui se présentent à son cours.

La force militaire est dans les mains des tribus, et si la royauté voulait détruire les priviléges dont elles jouissent et changer l'esprit de leurs institutions, ce serait une entreprise folle; car, en admettant qu'elle réussît, ce qui est fort douteux, puisqu'on n'aurait à opposer à ces peuplades guerrières que la population paisible et efféminée des villes, le Roi aurait, par ce succès, détruit toutes ses ressources; il n'aurait plus d'armée à opposer aux entreprises de ses voisins, et, ce qui est plus grave encore, plus d'agriculteurs pour nourrir les populations urbaines.

Mais, me dira-t-on, comment se fait-il que dans tous les temps l'esclavage des nations persanes ait été accepté par les historiens comme un fait irréfutable? Un peuple qui posséderait des institutions telles que celles que vous avez décrites et qui aurait contre son Souverain les garanties que vous avez signalées, serait aussi libre qu'aucun des peuples dont l'histoire nous est parvenue, et les écrivains ne se seraient pas tous efforcés à nous prouver le contraire.

Cette objection est plus spécieuse que réelle. Les périodes de l'histoire orientale qui sont les mieux connues sont celles des conquêtes qui entraînaient nécessairement exaction de la part des vainqueurs et souffrance de la part des vaincus; mais aussitôt que la paix était un peu rétablie, on voyait chacune des classes de la société reprendre ses priviléges et chercher à se garantir contre les empiétements du pouvoir royal.

Les Perses avant Cyrus, et les Mèdes avant Cyaxare et l'invasion des Cimbres, appartenaient à cette race que l'on a diversement appelée blanche, ariane ou hindo-germaine; ils devaient donc jouir des libertés inhérentes aux institutions des peuples de cette famille qui n'ont jamais eu qu'une médiocre propension à subir l'absolutisme.

Lorsque les Persans eurent conquis Ninive, ils étaient si peu nombreux que bientôt ils se mélangèrent avec les vaincus, dont le sang et les institutions différaient essentiellement des leurs. Les Assyriens étaient aussi habitués à être dominés par leurs maîtres que les Perses l'étaient peu; mais le nombre de ces derniers était si restreint que certainement ils auraient été absorbés, et qu'après quelques générations il eût été impossible de reconnaître les vainqueurs des vaincus, si la religion n'était venue à leur aide pour sauver les débris de leurs institutions. Nul doute qu'elle n'eût subi, elle aussi, l'action énervante de la civilisation sémitique et que les idées des vainqueurs n'aient été fortement modifiées par les doctrines araméennes. Mais il sortit de cette incubation un clergé puissant et indépendant qui, pendant toute la durée des Sassanides et jusqu'à l'avénement de l'Islam, exerça sur les affaires publiques une influence réelle et incontestée, à ce point que l'intolérance des mages devint souvent pour le Roi un obstacle insurmontable et une véritable tyrannie.

Mais entre la conquête de Cyrus et l'empire sassanide se trouve une période, celle des Arsacides, pendant laquelle les institutions revêtirent le caractère de la féodalité la plus absolue. Le territoire était divisé en petits fiefs appartenant à diverses tribus qui toutes reconnaissaient la suprématie d'un chef plus puissant, lequel était lui-même censé vassal du souverain de Rhei, ce qui ne l'empêchait ni de battre monnaie, ni de faire la guerre à ses voisins selon son bon plaisir. Cette dynastie fut fondée, d'après la chronique du Zinout-el-Towarick, par un prince nommé Ashk, qui, après avoir tué Abtahesk, l'Agathoclès des Grecs, vice-roi qu'Antiochus-Théos avait chargé de gouverner la Perse, fixa sa résidence à Rheij et invita tous les chefs à se joindre à lui contre les Séleucides ; il promettait de n'exiger aucun tribut et de se considérer uniquement comme le chef d'une confédération de princes formée dans le double but de maintenir leur indépendance respective et de délivrer la Perse d'un joug étranger.

La période qui suivit la conquête arabe offre les mêmes phénomènes ; les khalifes ne restèrent que fort peu de temps maîtres de la Perse, et bientôt l'on vit surgir de tous les coins du royaume des princes indépendants consentant, il est vrai, à reconnaître parfois l'autorité des khalifes, à condition qu'on ne leur demandât ni impôt ni soldats, et qu'ils restassent maîtres de diriger leur conduite selon leur intérêt et leurs désirs.

Pendant les trois premiers siècles qui suivirent l'islamisme et jusqu'au moment où la dynastie des Ghyznévis jeta un si vif éclat, la Perse avait été déchirée par la guerre civile. Les gouverneurs du Khorassan, ceux du Seïstan, du Mazendéran et du Fars, quoique nommés par les khalifes, n'avaient pas tardé à se déclarer indépendants et à rendre le pouvoir héréditaire dans leurs familles réciproques. Naturellement ces princes ne restèrent pas en paix avec leurs voisins, et il s'ensuivit un dédale de petites guerres qu'il faudrait un volume pour raconter. Parmi ces princes, Assad-Uullah (982 av. J.-C.) est le seul qui ait pendant quelque temps réussi à jouir d'un pouvoir presque absolu. Mais de suite après sa mort, ses fils et ses neveux recommencèrent à se disputer et à se contrecarrer les uns les autres.

La dynastie des Ghyznévis elle-même ne dut son lustre qu'au règne et aux conquêtes du sultan Mahmoud. Ce grand prince n'eut pas plutôt fermé les yeux que le pouvoir royal tomba dans un tel abaissement qu'il serait difficile d'en trouver un second exemple dans l'histoire. Les Selioukides et les Attabeys se partagèrent cet immense territoire. Chacun de ces petits chefs se déclara indépendant et s'appuya sur les tribus les plus voisines auxquelles il accordait de grands priviléges pour s'assurer de leur fidélité. Les invasions mongoles et tartares qui suivirent cette époque ne furent que des accidents, et l'on peut considérer Tamerlan et Ghenghis-Khan bien plus comme des fléaux que comme des gouvernements réguliers.

Ce fut le clergé, ou pour mieux dire le triomphe d'une idée religieuse et la haine de l'islam, tel que l'entendaient les Osmanlis, qui amena la dynastie des Séféwyebs sur le trône, et nous apprenons par Chardin et les autres voyageurs européens qui visitèrent la Perse pendant les xv°, xvi° et xvii° siècles, Thévenot, Tavernier, Kemfer, Niehbur, etc., que le clergé chyite, tout nouvellement installé, avait d'énormes priviléges, et que Chah-Abbas et ses successeurs, quelque puissants qu'ils fussent, étaient cependant obligés de compter avec les mollahs et avec les grands chefs de tribu, qu'ils s'efforçaient, en les opposant les uns aux autres de gagner du terrain et que tous, plus ou moins, ils ont joué le rôle de Louis XI. Lorsque les Affghans vinrent dévaster Ispahan, le Roi ne fut qu'un comparse; les habitants, connaissant la brutalité des assaillants, ne voulaient pas se rendre; mais tous les chefs et une grande partie du clergé avaient trahi, et le malheureux Chah-Hussein, tiraillé par les uns, vendu par les autres, dut subir les tristes conséquences d'une situation qu'il n'avait pas eu le pouvoir ou le courage de trancher par la force.

Enfin la guerre de compétition entre les Kadjar et les Zindhys, qui signala la fin du XVIII° siècle, donna une fois de plus la preuve de l'indépendance des tribus et du peu d'action qu'avait la royauté sur elles.

Depuis cette époque, les Persans ont beaucoup modifié leurs idées. Leurs rapports avec l'Europe leur ont montré qu'il existait des moyens plus puissants que la guerre civile pour arrêter les entreprises de leurs souverains. Ils ont compris que la liberté de conscience et d'enseignement et que l'extension du commerce étaient plus que suffisantes pour maintenir leur indépendance, et c'est dans cette voie qu'ils marchent aujourd'hui.

Les chiffres que j'ai indiqués au chapitre II sont une preuve irrécusable de l'intérêt que la nation prend aux questions philosophiques; l'immense mépris qu'elle professe pour le gouvernement et l'indifférence avec laquelle elle subit les petites exactions qu'il plaît aux fonctionnaires de leur imposer ne sont pas des indices moins singuliers.

La nation, dis-je, comprend qu'elle n'est pas en état d'affronter de nouvelles crises et qu'elle doit avant tout éviter tout ce qui ressemble à une guerre civile, et l'on pourrait prendre pour de la lâcheté ce qui n'est que de l'extrême sagesse, si l'on ne voyait clairement les résultats de cette paix. Les individus peuvent souffrir des exactions de tel ou tel ministre, ou de tel ou tel des familiers du Roi, mais la masse y gagne plus qu'elle n'y perd. L'argent amassé ainsi s'en va en luxe et en prodigalités; nul doute qu'on pût employer ce capital d'une manière plus utile pour la richesse générale, mais c'est déjà un grand point que les Persans n'aient ni l'habitude des

Turcs de placer des sommes considérables sur les fonds étrangers, ni la manie des Russes d'aller se ruiner en Europe.

Du reste, le vol est beaucoup moins fréquent en Perse qu'on ne le croit généralement. Les écrivains européens, je le répète, partant du principe qu'ils ont à s'occuper de populations abruties par l'esclavage et dévorées par la misère, sont souvent trop portés à voir les choses en noir et à accepter comme parole d'Évangile tous les propos de carrefours que leurs domestiques ou leur drogmans voudront bien leur rapporter.

Nous venons de parcourir, en quelques lignes, l'histoire persane depuis les temps les plus reculés jusqu'à l'époque contemporaine; et dans ce long défilé de siècles, nous avons à peine signalé quelques instants où la lutte ait été favorable à l'absolutisme, et encore, pendant ces quelques années, en faisant abstraction du temps des conquêtes, durant lesquelles tout était soumis au sabre du vainqueur, n'est-il pas sans intérêt de remarquer que les Aychéminides, les Sananites et les Séféwychs ont été portés et soutenus sur le trône par un clergé qui voulait bien avoir un chef assez fort pour le protéger à l'intérieur et le défendre des ennemis du dehors, mais qui n'entendait nullement abdiquer en sa faveur la part d'autorité dont il jouissait, soit comme magistrat, soit comme administrateur du royaume.

Le rôle des fonctionnaires, pendant cette lutte de quarante siècles, a naturellement beaucoup varié. Il est cependant un fait incontestable, c'est qu'ils ont toujours eu une situation précaire et des avantages médiocres. Quand l'absolutisme avait le dessus, ils étaient les très-humbles serviteurs d'un potentat, et je ne connais pas de position au monde qui soit pire à celle-là. Pour qu'un homme parvînt à soumettre la résistance de tous ces petits princes, il fallait qu'il fût doué d'un esprit de domination inexorable et d'une énergie à la hauteur de son intelligence et de sa volonté. Or, je le demande, quelle devait être la situation des instruments d'un pareil homme?

Lorsque l'on présente un morceau de fer à la gueule d'un laminoir, quelles que soient sa force et sa dureté, il faut qu'il cède et qu'il subisse tous les caprices de la machine qui l'étreint; toute résistance est impossible, il est entré carré, et il sortira rond si telle est la volonté du moteur. De même toute lutte était folle avec sultan Mahmoud-Ghiznévi, dont le fanatisme religieux et le besoin de domination étaient aussi absolus l'un que l'autre. Quelle sécurité, quelle tranquillité pouvaient avoir des hommes qui, dix fois par jour, étaient exposés à la colère d'un maître qui n'hésitait pas à faire égorger et à prendre, de sa propre main, part au massacre de populations entières dont le seul tort était de ne pas connaître les douceurs de l'islam et d'adorer des idoles couvertes de pierreries.

Était-il par hasard préférable de servir le shah Soleiman-Séféwych, qui passait la plus grande partie de sa vie plongé dans l'ivresse et qui, dans cet état, donnait les ordres les plus révoltants, qu'il fallait à toute force exécuter sous peine de devenir soi-même la victime du tyran à son réveil?

Ce fut lui qui, pour punir une de ses femmes qui avait saisi un prétexte futile pour se soustraire aux honneurs du mouchoir, la fit brûler vive dans une cheminée.

Mais dans ces temps, heureusement exceptionnels, si les fonctionnaires souffraient cruellement des caprices du maître, il leur était loisible, en renonçant à leur ambition, de partager la tranquillité dont jouissait le reste de la nation. Les compensations qu'ils trouvaient dans le pouvoir devaient être bien grandes, puisqu'elles les décidaient à accepter toutes les charges inhérentes à la qualité de courtisan. Mais quand le pouvoir royal était avili, que chaque gouverneur de province ou chaque chef de tribu était maître chez lui, les fonctionnaires n'en avaient pas une existence plus douce; chacun se considérait le droit de les punir, car le premier effet de l'indépendance de ces chefs était de leur donner le pouvoir, de rendre la justice à leurs subordonnés. On ménageait les guerriers et les agriculteurs; l'épée des uns et la charrue des autres étaient nécessaires à l'indépendance de la communauté. Les domestiques du chef étaient ses parents, et si les liens du sang ne suffisaient pas à les garantir, la peur du poison ou de la trahison le rendait très-circonspect à leur égard. Quant aux marchands, leur argent était leur sauvegarde; dépouiller un négociant c'était s'exposer à de pénibles représailles. Les Asiatiques comprennent si bien ce fait que, parmi les tribus turcomanes, où il est si difficile à un étranger de pénétrer, les marchands de Bockharra, de Kheïva et de Meched passent et repassent sans que jamais on songe à les inquiéter. Mais un fonctionnaire, qu'est-ce que c'était? rien, moins que rien, surtout dans les instants où, sans être soumis, les princes consentaient à une trêve et recevaient des employés de la main du suzerain. Les malheureux devaient avoir de bien durs moments à passer.

Autrefois, la disgrâce d'un fonctionnaire entraînait nécessairement la confiscation de ses biens, et le plus souvent même la perte de sa vie; aujourd'hui il est bien rare que le shah se porte à ces extrémités, et les gouverneurs sont changés sans que cette disgrâce, d'ailleurs presque toujours momentanée, ait pour eux des résultats fâcheux. Quant aux grands officiers de la couronne ou aux charges qui ont quelque rapport avec la cour, pendant les quatre ans que j'ai passés en Perse, je n'ai vu qu'une seule fois un de ces dignitaires payer de sa vie la colère qu'il avait encourue. Encore faut-il ajouter que ce fut dans des circonstances exceptionnelles.

La ville de Téhéran était en proie à une famine horrible ; comme toujours, en pareil cas, la population rendit le pouvoir responsable de cette catastrophe. Les ministres prirent peur et cherchèrent à se disculper devant le Roi en accusant le préfet de police de fomenter ces désordres ; malheureusement, la conduite de ce fonctionnaire donna quelque poids à cette dénonciation. Le Roi s'était absenté de la capitale pour quelques jours ; à son retour, il fut insulté par la populace, et aucune mesure n'avait été prise pour empêcher ce scandale. Il fit immédiatement appeler le kalender et ordonna qu'on le bâtonnât, et cette punition n'ayant pas apaisé sa colère, il le fit étrangler. L'effet produit par cette exécution fut immense, ce fut une consternation générale, et je ne crois pas que le shah l'ordonnât, si elle était à faire aujourd'hui. Les autres disgrâces dont j'ai été témoin sont loin d'avoir été aussi dramatiques ; j'ai vu remplacer deux fois le gouverneur et le ministre de la ville de Téhéran sans que cela fît plus de bruit que, chez nous, un changement de préfet.

Parmi les fonctionnaires, il y a même certaines catégories qui sont fort peu exposées à des revers de fortune, ce sont les moustofi. Leurs fonctions sont presque héréditaires, et comme ils viennent tous ou presque tous du district de Tefrich qui fait partie du gouvernement d'Ispahan, ils forment une sorte de tribu, se soutiennent les uns les autres, s'avertissent mutuellement des dangers qui peuvent les menacer et composent une coterie dans laquelle il est fort difficile de s'introduire.

Les militaires jouissent également d'une grande immunité, sauf toutefois ceux dont les fonctions sont si considérables qu'il a fallu une grande faveur pour les y porter et les y maintenir. Le sepeh-salar et les serdars sont exposés à de grands revers de fortune, mais un sertip peut être employé plus ou moins activement, sans pour cela perdre sa position; il a toujours derrière lui sa tribu, qui le soutient et le garantit.

Je me suis peut-être étendu un peu longuement sur ce sujet et j'aurais pu me contenter de constater que le Roi de Perse actuel n'est pas aussi puissant qu'on le croit généralement et que son autorité est entravée par toutes sortes de lois et d'institutions devant lesquelles elle vient se briser, mais j'ai trouvé intéressant de prouver, l'histoire à la main, que les Persans, qui appartiennent à la même race que nous, n'ont pas menti à leur origine, et que, depuis les temps les plus reculés jusqu'à nos jours, ni les désastres intérieurs, ni les invasions, ni même les mélanges de sang n'ont pu déraciner ce sentiment d'indépendance personnelle qui distingue les peuples ariens des races jaunes ou noires.

Il n'est pas sans intérêt non plus d'observer la marche qu'ont suivie ces peuples pour résister aux envahissements du pouvoir royal, ils ont trouvé leur salut dans le maintien des trois pouvoirs, religieux, aristocratique et démocratique.

Le clergé a toujours autorisé la liberté d'enseignement, car les doctrines des différents philosophes grecs ou indiens n'ont jamais cessé d'être professées de concert avec celle de la religion officielle. Les souverains persans ont eu des tendances démocratiques et ont octroyé aux populations des villes des institutions libérales. Les fonctions publiques ont toujours été accessibles à tous, et il ne serait pas difficile de citer aussi bien dans l'antiquité que parmi les contemporains, de très-grands dignitaires qui sont sortis des rangs les plus infimes de la société. La domesticité mène à tout en Orient. Un enfant des rues entre dans la maison d'un prince comme marmiton, il se fait remarquer par son intelligence, monte en grade, devient intendant de son maître; sa connaissance des bas-fonds de la maison lui donne le pouvoir de réaliser de grosses économies, et de gagner par là complétement la confiance du prince qui en fait son conseiller, puis son premier ministre. Arrivé à ce point le marmiton fait encore un effort, détrône son bienfaiteur et devient la souche d'une dynastie. On ne peut rien trouver au monde de plus démocratique.

Les tribus, au contraire, représentent les idées aristocratiques et forment un État dans l'État. Régies par leurs institutions, elles se considèrent comme des vassales de la couronne et rien de plus; elles ont fait un contrat avec le Souverain, et le servent en raison des avantages qu'elles reçoivent. Il est probable que cet esprit eût dégénéré, et que, comme en Europe, la noblesse persane aurait abandonné ses véritables priviléges par la séduction de la vie oisive et brillante de la cour, et ne se serait aperçue que trop tard du piége tendu par la royauté, si des émigrations constantes de tribus turques n'étaient venues maintenir la tradition et renouveler sans cesse l'esprit nobiliaire prêt à s'éteindre.

Ces trois classes sont assez fortes pour s'inspirer respectivement le respect et, comme elles sont indépendantes, et cependant ne peuvent se passer les unes des autres, la royauté n'a jamais pu entamer leur alliance ni parvenir à rendre l'une d'elles odieuse aux autres.

CHAPITRE X.

Le goût inné des Persans pour le commerce.

L'étude des institutions politiques de la Perse nous a amené à conclure que l'esprit était resté germanique, et qu'une partie de la nation avait conservé les tendances inhérentes à la race blanche. L'étude des institutions commerciales nous donnera des résultats diamétralement opposés, l'élément sémite remplacera l'élément hindo-germain. On a beaucoup dit que les Arméniens étaient surtout portés vers l'étude des questions religieuses et métaphysiques; cela est parfaitement juste, il n'y a pas une religion, pas une question philosophique qui n'ait été discutée depuis des siècles par ces populations éminemment mystiques; les raisonnements les plus subtils, ont été employés pour ou contre, et il en est résulté dans les têtes asiatiques une sorte de chaos qu'il n'est donné à personne de débrouiller. Dire la masse d'opinions contradictoires qui forment la doctrine professée par un de ces individus semblerait le comble de l'absurde, et la meilleure preuve que l'on puisse donner de la divinité du christianisme, c'est d'avoir su sortir intact de ce milieu.

Mais si les races sémites ont une propension aussi grande aux sciences spéculatives, elles ont un goût non moins vif pour le commerce, et c'est à tort qu'on chercherait à leur nier cette aptitude. Il serait facile, du reste, l'histoire à la main, de se rendre un compte parfaitement exact de l'importance des transactions, de la variété des opérations, et de la rapidité de la circulation de ces habiles marchands qui, après avoir établi leur influence dans l'Inde, dans la haute Asie et dans l'Asie centrale, ne tardèrent pas à imposer le joug de leurs richesses à l'Égypte, à la Grèce, et à tout le littoral de la Méditerranée. Partout où il y avait une population à exploiter on était sûr de trouver une colonie sémite; les Phocéens et les Carthaginois se chargeaient de tirer d'Afrique, d'Espagne, des Gaules, la nourriture du monstre romain, tandis que leurs frères d'Égypte et de Syrie l'inondaient de tous les produits de la civilisation orientale; les parfums et les épices des Indes, les tissus précieux de la Perse, les fruits d'Arménie, tout, jusqu'à la pourpre, lui était fourni par ces Asiatiques qu'il méprisait si profondément, et dont cependant il ne pouvait se passer.

Plus tard, lorsque l'Empire se divisa, les uns continuèrent à vivre en Italie de cette vie d'emprunt, tandis que les autres, soit par peur de ces populations nouvelles qu'ils appelaient les barbares, soit par désir de se rapprocher du centre du luxe, se fixèrent à Byzance et formèrent cette société du Bas-Empire, qui n'est à proprement parler qu'une société asiatique; les lois, les habitudes, les arts prirent une forme nouvelle, mais le fond resta assyrien, et entre Suze, Ctésiphon et Byzance il s'établit des liens de toutes sortes, que la guerre qui ne cessa de régner entre ces deux empires ne put jamais rompre. Si l'on comparait la cour de Sapor à celle de Valérien, on serait fort embarrassé de dire laquelle était la plus asiatique.

Les Perses eurent cependant cet avantage que la civilisation, le commerce, les arts venaient de chez eux ou tout au moins passaient par chez eux, et subissaient à leur passage une transformation telle, que souvent ils en sortaient entièrement défigurés; il en résulta que les Persans, quoique plagiaires, restèrent originaux par l'application nouvelle qu'ils donnaient au modèle; cette faculté d'absorption est un phénomène singulier qui appartient spécialement aux races sémites, et elles la possèdent aussi bien dans les questions d'art et d'industrie que dans les questions philosophiques et religieuses; leur cerveau est une sorte de moule dans lequel passent toutes les idées qui arrivent; ce qui en sort a perdu sa forme primitive pour s'adapter aux mesures imposées, et quelquefois la déformation est si complète, qu'il faut un travail minutieux pour en retrouver les origines.

Les savants qui se sont occupés des races araméennes au point de vue religieux, ont constaté que les doctrines chaldéennes ou néoplatoniciennes, comme on voudra les appeler, ont résisté à toutes les attaques de leurs adversaires; chaque fois que les circonstances l'ont permis, elles ont affirmé leur existence. Les formes ont varié, mais la doctrine elle-même n'a jamais subi aucun changement. Avicènes, Mollah-é-Roum, Mollah-Sadra et de nos jours Hadgi-Mollah-Haddi, Sebsevari ont employé plus ou moins de circonlocutions pour envelopper leur pensée, suivant leur position vis-à-vis du clergé musulman; mais le fond de la doctrine de tous ces philosophes est absolument le même, et n'a, depuis des millions d'années, varié d'une ligne. Toutes les autres théories métaphysiques ou religieuses qui ont pu se manifester en dehors de cette grande théorie panthéiste ont vécu en raison de la force physique de leurs sectateurs, mais ont toutes fini par être englouties par elles, ou tout au moins par en être fortement imprégnées.

Cette ténacité dans les idées et cette faculté d'absorption en matière d'art me semblent appartenir au même ordre psychologique. Ces deux phénomènes sont la conséquence l'un de l'autre, et il serait aussi difficile de les séparer que de montrer lequel est la cause, lequel est l'effet.

Je crois qu'il serait facile de prouver que les invasions sémites se sont étendues, dans les temps antérieurs à l'islam, jusqu'aux rives de l'Indus au sud-est, et jusqu'aux villes de Merw et d'Hérat, au nord-est. Il est donc naturel d'accepter que les Persans des villes aient dans leurs veines une bonne quantité de sang araméen ; car, de même que les tribus qui représentent la partie guerrière de la nation ont conservé les instincts des peuples hindogermains, de même les habitants des villes, ou tadjick, ont gardé le caractère sémitique. Leur influence se fit sentir et dans la transformation qu'ils imposèrent aux croyances religieuses et philosophiques des Perses, et dans la direction qu'ils donnèrent aux affaires commerciales et industrielles. Les tribus consentirent facilement à se laisser aller au courant et à jouir, sans se donner de peine, de tous les raffinements du luxe assyrien. L'empire sassanide est l'empire asiatique par excellence, et c'est pendant cette période qu'on peut le mieux apprécier les avantages qui résultent, pour ces deux races, de cet étrange état social, dans lequel on voit les Tadjick enrichir tous les lieux qu'ils habitent. Les historiens ne tarissent pas sur les richesses, le luxe, les splendeurs de Suze, de Ctésiphon et de toute la vallée de l'Euphrate; les détails qu'ils nous donnent sur l'existence de ces monarques, sur la pompe et l'éclat de leur cour, ne le cèdent en rien à ce que nous connaissons de la cour de Byzance, cette autre capitale asiatique dont la prodigalité profitait encore aux villes persanes, puisque, incapable de rien produire, ce bas-empire vivait de l'Asie. Les Tadjick employaient leurs bénéfices, non-seulement à entretenir leur luxe, mais aussi à gorger un gouvernement dont la force était indispensable à la sécurité de leurs relations. De leur côté, les souverains sassanides, comprenant que les Tadjick pouvaient les enrichir, mais étaient incapables de les défendre, payaient les Iliates, ou gens de tribu, pour qu'ils maintinssent la paix à l'intérieur et l'intégrité des frontières à l'extérieur. La Perse d'alors n'était pas le désert qui nous désole aujourd'hui ; elle n'avait subi aucune de ces invasions qui l'ont détruite de fond en comble, et ses cultures étaient aussi belles que celles que nous pouvons admirer dans la Brie et dans la Lombardie. La religion d'État était une religion agricole, et si les villes regorgeaient de richesses, elles le devaient aux produits que les paysans ne cessaient de leur apporter et qui, convertis, sous les doigts d'artisans habiles, en étoffes brillantes et somptueuses, en tapis moelleux, en parfums exquis, enfin en ces mille riens si nécessaires aux sociétés efféminées, devenaient l'objet des désirs des autres peuples.

On comprend facilement pourquoi, après l'état de désordre dans lequel était tombée la Perse à la suite de la conquête arabe et des invasions mongoles et tartares, il a fallu si peu de temps aux Séfewich pour rétablir un commerce florissant. Ces invasions n'avaient laissé de traces durables que parmi les tribus et les populations guerrières de l'Empire ; quelques villes avaient sans doute été pillées, quelques marchands avaient trouvé la ruine ou la mort ; mais le fond de la population tadjick n'avait subi, par ces invasions, aucune modification radicale ni même importante et, la paix rétablie, ils purent de suite recommencer leur commerce.

Les progrès de l'Europe rendaient cette tâche encore plus facile. A cette époque, les découvertes des Portugais, des Espagnols et des Hollandais avaient mis l'Europe en rapport direct avec les Indes et la Perse et, pour la première fois, nous pouvions nous approvisionner aux sources mêmes des richesses sans avoir besoin d'intermédiaires.

Les compagnies de marchands de toutes les nations occidentales s'efforçaient de rendre leur influence prépondérante et, pour arriver à ce but, faisaient de grandes concessions aux indigènes; ce fut la phase la plus brillante de la Perse moderne. Malheureusement ces richesses, cette abondance, ce luxe tentèrent les tribus affghanes et les excitèrent, vers le milieu du XVIII® siècle, à faire une expédition dont le résultat dépassa de beaucoup leurs espérances; ils pillèrent, emportèrent et surtout détruisirent un capital immense, et lorsque Nader-Shah parvint à les chasser, ce fut un nouveau cataclysme pour ce malheureux pays, qu'il entraîna dans des expéditions lointaines que sa population ne lui permettait plus d'entreprendre. Il eût fallu, après l'expulsion de ces hordes sanguinaires, un gouvernement qui eût consacré ses soins à réparer les désastres qu'elles avaient causés, qui eût reconstitué l'agriculture, qui eût donné des garanties au commerce étranger afin de renouer les anciennes relations, et enfin, par une sage administration, eût permis à la population de remonter au chiffre qu'elle avait atteint avant cette invasion et qui devait approcher de 40 millions. Au lieu de cela, Nader-Shah, en vrai chef de tribu, n'a pas plutôt éprouvé la force dont il dispose par l'expulsion des étrangers qu'il songe aux conquêtes. Une expédition dans les Indes a, de tout temps, été le rêve favori des conquérants asiatiques, et nous voyons que chaque fois qu'un souverain acquiert une notoriété suffisante, il tourne ses vues de ce côté. Le pillage est le principal mobile qui le pousse et surtout l'appât des pierreries ; celles que Nader-Shah rapporta de cette campagne, quelque belles et nombreuses qu'elles puissent être, ne furent qu'une bien faible compensation aux pertes humaines qu'elle causa. Ce ne fut pas une armée régulière, ni même des cavaliers nomades que Nader-Shah emmena avec lui à la conquête des Indes, mais des tribus entières ; et, à part les pertes immenses que ces populations subirent pendant le voyage, leur nombre fut sensiblement diminué par les désertions, les uns par crainte des privations dans le retour, les autres, séduites par la richesse du pays, se fixèrent dans ces magnifiques provinces, de telle sorte qu'à peine un quart de l'expédition rentra en Perse. Ce fut une perte irrémédiable ; cependant Kerim-Khan-Zindhy entreprit de la réparer, et telle est la vitalité de ce pays que ses efforts étaient déjà couronnés par des résultats importants ; mais son règne fut de si courte durée qu'il ne put asseoir solidement sa dynastie, et sa mort fut le signal d'une nouvelle et terrible secousse. Agha-Mohammed-Khan-Kadjar était un homme d'une violence et d'une cruauté sans égales. Il cimenta sa domination par un flot de sang, et l'on ne vit plus en Perse que villes ruinées, villages détruits, caravansérails écrasés, et le peu de population qui restait n'osant sortir des trous et des tanières où elle s'était réfugiée.

Depuis cette époque, la Perse a toujours joui d'une tranquillité relative, et les guerres qu'elle a entreprises, tout en ayant des résultats désastreux au point de vue de l'influence politique de ses souverains, ne rejaillirent pas d'une manière fâcheuse sur la masse de la nation. Les villes se réparent peu à peu, les cultures s'étendent ; on nettoie les anciens canaux et l'on en creuse de nouveaux. Les rapports commerciaux avec l'Europe se sont renoués, les mœurs se sont adoucies, et le bien-être pénètre chaque jour davantage. Le tableau que nous allons donner de la situation agricole et commerciale de la Perse paraîtra peut-être mesquin à ceux qui feraient la comparaison avec un État européen; mais il faut tenir compte qu'il y a cinquante ans, il n'y avait absolument rien en Perse.

CHAPITRE XI.

Agriculture.

Les travaux agricoles ont de tout temps été fort appréciés par les Persans; d'une part, les populations des tribus adorent ce genre d'occupations qui cadre si bien avec l'indépendance de leur caractère, avec leur activité physique et avec leurs habitudes rustiques; d'autre part, l'ancienne religion des Perses étant une religion agricole, chacun, depuis le plus grand jusqu'au plus petit, était tenu, certains jours de fête, à travailler la terre pendant quelques heures et à planter chaque année un certain nombre d'arbres. Quant à la période des Séfewich, à laquelle il faut toujours revenir dès que l'on veut parler d'une époque florissante dans les temps modernes, les récits des voyageurs seraient à peine croyables si tous ne s'accordaient à vanter la fertilité et l'abondance de ce pays. Chardin rapporte que les cultures qu'il a traversées entre Tauris et Bender-Abbas étaient véritablement féeriques. Les villages étaient si rapprochés en certains endroits qu'ils semblaient former une seule et même ville. Quant aux environs d'Ispahan, ils étaient ce que sont dans tous les temps et dans tous les pays les alentours d'une ville de huit à neuf cent mille âmes. Les grandes cultures avaient fait place au jardinage et aux vergers, dont les produits sont bien plus avantageux chaque fois que la consommation est assurée.

Les paysans eurent peut-être plus à souffrir de quatre-vingts années de guerres civiles et d'invasions qui suivirent cette période de prospérité que les habitants des villes. Militaires en même temps qu'agricoles, les populations rurales supportèrent tout le poids de ces fléaux et abandonnèrent la plupart des villages et des cultures. Dix bourgs, vingt peut-être, réunissant leurs débris, parvinrent avec peine à former un misérable village. Quelque faible que soit l'impôt, c'est une lourde charge pour des misérables qui, ayant tout perdu jusqu'à leurs instruments de travail, n'ont aucune avance pour en racheter ou pour réparer les canaux nécessaires à l'ouverture de nouvelles exploitations. Ils végètent pour la plupart dans un état voisin de la misère et ne parviennent, leurs charges remplies, qu'à conserver le strict nécessaire ; bien loin de les aider par des encouragements pécuniaires, ou même par des remises d'impôt, les gouverneurs aggravent chaque jour leur situation, soit par des exactions, soit surtout en favorisant l'absentéisme des gros propriétaires. Il est assez difficile que cet état puisse durer ; les populations tadjick ont trop d'intérêt à le faire cesser ; il est incontestable que les environs des grandes villes ont déjà beaucoup gagné, surtout ceux de Téhéran, dont on peut suivre les progrès année par année.

La fertilité de la Perse est incroyable, et pourvu qu'on l'arrose, la plaine la plus stérile se charge de récoltes superbes. La conformation du pays rend l'irrigation facile ; car la Perse se compose d'une suite de plateaux entourés de hautes montagnes couvertes de neige pendant la plus grande partie de l'année. Les variations sensibles de température qui existent entre la plaine et les montagnes expliquent la grande variété des produits de la Perse. Pendant que les plaines de l'Arabistan contiennent l'indigo et la canne à sucre ; on recueille la noix de galle dans les montagnes du Kurdistan. Cette différence de climat est très-salutaire à l'accroissement des troupeaux ; car à l'aide de faibles déplacements on les nourrit presque toute l'année en plein air. A partir du mois de mars jusqu'à la fin de décembre, on peut affirmer que la nourriture d'un troupeau ne coûte absolument rien à son maître.

Ce qui manque aux Persans, ce n'est ni l'habileté ni l'intelligence. L'agriculture est extrêmement avancée chez eux ; les procédés dont j'ai été témoin ne laissent aucun doute à cet égard ; ils connaissent parfaitement les avantages et les inconvénients qui résultent de l'emploi des fumiers, et savent, sinon par l'analyse chimique, au moins par la pratique, la distinction à établir entre les différentes espèces ; ils classent les engrais en quatre catégories : la première et la plus puissante est celle qui comprend les vieux chiffons et surtout ceux de laine ; la deuxième se compose des fientes de volailles, parmi lesquelles ils donnent la préférence à celles de pigeons. Aux environs d'Ispahan, de Chiraz et de quelques autres villes, on voit des pigeonniers qui sont fort élevés et peuvent contenir une grande quantité d'oiseaux ; ils sont destinés aux ramiers ; ces animaux se nourrissent dans les champs et viennent faire leurs nids et dormir dans ces monuments ; le fumier qu'on y récolte se vend jusqu'à 15 centimes le kilogramme près d'Ispahan ; on en rencontre tous les cent pas. La troisième catégorie de fumiers comprend le fumier de moutons et de chèvres ; les paysans n'ont pas l'habitude de parquer leurs troupeaux, mais leur méthode de fumage obtient les mêmes résultats, car les troupeaux sont très-nombreux, et lorsqu'on les mène dans les chaumes, ils n'ont garde d'en sortir et d'aller dans le désert qui inévitablement entoure ces cultures. Pendant les grandes chaleurs de l'été, on mène les troupeaux dans les pâturages des montagnes; il serait impossible de leur laisser endurer tout le jour les ardeurs du soleil qui infailliblement les tuerait; on les abrite donc autour des tentes, et l'on a soin de récolter le fumier qu'ils laissent dans cet endroit; on le fait sécher et l'on s'en sert l'hiver en guise de combustible.

Enfin les cendres, les boues que l'on recueille dans les villes et les villages, les résidus de paille, de fruits, d'aliments forment la dernière classe d'engrais.

Les instruments aratoires dont les Persans se servent, sont loin d'être perfectionnés; ils se composent de la charrue, de la herse, du rouleau, de la bêche, d'un instrument de nivellement dont j'ignore le nom, d'une batteuse et d'un concasseur pour la paille. Ces instruments ne sont certainement pas suffisants, mais il ne faut pas oublier que les agriculteurs persans ne sont pas forcés, comme les nôtres, de remuer profondément la terre pour lui donner de la force ou pour en extirper les racines parasites; le terrain persan est glaiseux et marneux; fortement brûlé et desséché par le soleil, il acquiert une dureté extrême, et avant tout travail on doit l'arroser pour le rendre malléable; une fois humide, il suffit de la plus petite force pour le labourer, et l'humidité disparue, les mottes s'écrasent comme de la cendre.

Le principal travail consiste dans l'aménagement des eaux; les Persans sont fort habiles dans cette branche de l'agriculture que l'on nomme l'irrigation et en ont une telle habitude, qu'ils n'ont besoin d'aucun instrument pour régler les pentes; ils savent parfaitement quel est l'endroit où ils doivent saigner un ruisseau pour que la pente naturelle permette à l'eau d'envahir toutes les parties du terrain; ils ont un tact étonnant pour tirer parti du plus petit filet d'eau et le faire serpenter de telle façon que pas une goutte ne s'en perde. Les principales cultures persanes sont les céréales, le coton, le tabac, le riz; les plantes tinctoriales, telles que le safran, la garance, l'indigo, l'opium, les plantes fourragères, les pommes de terre, les légumes, les fruits; dans quelques provinces, le ghilan, le mazenderare, yezd cachan; à Meshed on élève des vers à soie.

Tableau des différentes cultures avec leur rendement à l'hectare.

NOMS DES DENRÉES.	SEMENCES.	RENDEMENT.	PRIX.
Blé............	50 kilos...	10 pour un....	de 24 à 36 fr. les 300 kil.
Orge..........	70 kilos...	14 pour un....	de 12 à 18 fr. les 300 kil.
Riz............	12 kilos...	12 quintaux métr.	de 24 à 48 fr. les 300 kil.
Tabac.........	»	3 à 4 quint. métr.	de 1 f,25 à 4 fr. les 6 kil.
Coton.........	12 kilos...	9 quintaux métr.	de 120 à 130 f. les 300 kil.
Opium........	»	6 kilos d'opium..	de 150 à 40 fr. les 6 kil.
		12 ou 15 quintaux de grain...	12 fr. les 300 kilos.
Safran bâtard..	12 kilos...	9 kilos de fleurs.	de 3 à 4 fr. les 6 kilos.
		300 kil. de graines.	de 1 à 2 fr. les 6 kilos.
Garances......	»	15 quintaux métr.	sèche 2 f,25 les 6 kilos (récolte triennale.)
Pommes de terre.	24 kilos...	10 pour un....	de 7 à 8 fr. le quintal m.
Farineux......	»	10 pour un....	»
Jardinages....	en province.	de 45 à 50 fr. l'hectare.	»
	à Téhéran.	120 fr. l'hectare.	»

On divise les cultures persanes en deux catégories, les grandes et les petites cultures. La première comprend les céréales, le coton, le tabac, le riz, les plantes tinctoriales et l'opium; la seconde les plantes fourragères, telles que pois chiches, haricots, fèves, etc., les légumes, les melons, et enfin les jardins.

La soie forme une classe à part, parce que sa production se rapproche plus d'un travail industriel que d'un travail agricole. Cette exploitation n'a lieu que dans deux ou trois provinces. Il en est de même de l'indigo, de la canne à sucre, des dattiers. Ces végétaux exigent une chaleur exceptionnelle ; leur culture est par conséquent limitée à quelques districts qui avoisinent le golfe Persique, où la chaleur est aussi forte qu'elle peut l'être aux Indes.

La première et la plus importante de toutes les cultures est celle du blé et de l'orge ; au commencement du printemps on prépare par deux labourages le terrain que l'on destine à cet usage ; puis à l'automne, lorque le soleil a bien réchauffé la terre, on la fume légèrement avec un peu d'engrais appartenant à la quatrième catégorie, c'est-à-dire des détritus. On n'enterre pas ce fumier, mais on en saupoudre le terrain et l'on sème par-dessus à raison de 30 kilogrammes par hectare. Les semailles achevées, on arrose fortement et l'on roule par-dessus. Tout travail cesse jusqu'au printemps, les neiges et les pluies suffisant à maintenir le terrain humide. Cependant au milieu de l'hiver on arrose en général une fois.

A partir du 20 mars on recommence les arrosages et on les continue de dix en dix jours, jusqu'au centième pour le froment et au soixante-dixième pour l'orge. A partir de ce moment on laisse sécher le terrain, et une quinzaine de jours après, les grains étant mûrs, on les moissonne, on réunit les gerbes et l'on en fait de grandes meules que l'on laisse en plein air. Le battage a lieu sur place à l'aide de deux bœufs ou d'un mulet qui font tourner en manége un instrument qui broie la paille. Les vents, qui règnent toujours au commencement de l'automne avec une grande intensité, suffisent pour faciliter l'opération du vannage. Le prix du froment varie de 24 à 36 fr. les 300 kilogrammes, mais s'il arrive une très-mauvaise année, la cherté n'a plus de limites. Dans quelques provinces comme le Fars, le Khorassan et Kirmanchah, les céréales sont toujours meilleur marché que dans le reste de la Perse, et leur prix varie de 12 à 18 fr. les 300 kilogrammes. Le prix de l'orge se base sur celui du blé et est toujours moitié moins cher; ainsi lorsque le froment vaut 24 fr., l'orge en vaut 12. Le froment rend en moyenne 10 p. 1 et l'orge 14 ou 15 ; mais il y a des terrains privilégiés dans le Fars, à Kirmanchah, auprès d'Asterabad, qui rendent jusqu'à 80 p. 1. Il y a deux espèces de froment, l'un que l'on appelle blanc et l'autre rouge. Le premier est plus estimé, sa farine est meilleure au goût, mais il est plus léger et rend moins que l'autre.

Il y a une autre espèce de grains que l'on nomme les grains de printemps. On les sème soixante-dix jours après le norouz, c'est-à-dire le 1er juin ; en général, on les fait manger en vert aux animaux. Mais si l'année n'a pas été abondante, on les laisse mourir ; leur qualité est médiocre, on les nomme blés acides, les mendiants seuls en mangent; dans certains endroits, lorsque l'exposition le permet, on sème à l'entrée de l'hiver des blés le long des coteaux ; les eaux qui viennent de la montagne suffisent pour les arroser, et les parcelles de terre végétales que les pluies enlèvent à la montagne et entraînent sur ces terrains les rendent très-fertiles. Ces blés sont fort estimés ; leur nom est blé des montagnes, mais, je le répète, il y a peu d'endroits qui permettent cette exploitation.

Lorsque la récolte est faite, elle se divise ainsi : suivant les localités le propriétaire prend les deux tiers ou les quatre cinquièmes, mais l'eau, les semences, les instruments et les bestiaux sont fournis par lui dans les biens de la couronne; l'eau et la semence appartiennent à l'État. Le paysan garde la récolte et paye 24 fr. par hectare.

2° *Le riz.* — Le trentième jour après le norouz, c'est-à-dire le 30 avril, on laboure un espace de terrain que l'on fume le plus fortement possible avec des engrais de la première catégorie, chiffons de laine, etc., puis on l'inonde pendant quelques jours; on travaille ensuite le terrain de façon à le rendre parfaitement meuble, puis on le roule; on sème alors le riz que l'on a préparé de la manière suivante : le riz destiné à servir à cet usage est laissé pendant dix jours dans un vase plein d'eau, lorsqu'il commence à fermenter on le retire doucement, en ayant soin d'enlever toutes les graines étrangères, puis on l'étend au soleil dans un grand drap que l'on recouvre d'un tapis. Lorsque la fermentation est complète, on répand la semence sur le terrain que l'on a préparé et que l'on maintient longtemps sous l'eau. Après dix jours, on fait cesser l'inondation pendant vingt-quatre heures afin que les plantes puissent prendre racine, puis on ramène l'eau qui doit continuellement être maintenue à un pied d'élévation. Soixante-quinze jours après le norouz (5 juin), la tête de la plante dépasse le niveau de l'eau ; on l'arrache alors avec grand soin, puis on la repique dans un autre terrain que l'on a préparé d'avance. Il est extrêmement important que pendant toute la durée de cette première opération, le terrain ne reste sec que juste le temps nécessaire pour que la graine puisse prendre racine. La chaleur de l'engrais de chiffons est telle que si l'eau cessait un seul instant d'en atténuer les effets, la plante serait brûlée comme par le feu. Le terrain où l'on transplante le riz est réchauffé de la même manière, mais moins fortement. Le repiquage a lieu par paire; chaque deux plants sont placés dans le même trou et distants de 20 centimètres de leurs voisins; cette opération terminée, on recommence l'inondation, qui dure jusqu'à la fin d'octobre. On laisse alors l'eau s'écouler et le terrain sécher pendant deux jours afin de pouvoir moissonner. C'est le moment le plus critique; car, si la plus petite gelée blanche se produit, ou même si le vent froid des montagnes vient à souffler, la récolte est perdue. Dans le Fars ou dans le Mazenderan, on n'a rien à craindre de cet accident, mais ailleurs on allume de grands feux dans la direction des montagnes afin de réchauffer l'air avant qu'il arrive jusqu'aux rizières; le riz est moissonné et battu comme le blé; les très-bonnes années il se vend 24 fr. les 300 kilogrammes; mais, en général, il varie de 40 à 50 fr.

10 ares de terrain exigent 12 kilogrammes de semence et fournissent au repiquage d'un hectare, lequel produit douze quintaux métriques s'il réussit très-bien, et un peu moins si l'eau n'a pas été suffisante. On mêle ordinairement dans les champs de riz quelques pieds de millet dont la présence, assure-t-on, empêche la reproduction de certains animalcules nuisibles au riz. Le partage de cette denrée se fait dans les mêmes proportions entre le populaire et les cultivateurs que pour les céréales.

3° *Tabac.* — Que le tabac soit originaire de la Perse ou tout au moins de l'Arabie, ou qu'il ait été importé par les côtes d'Afrique, c'est là une dissertation très-intéressante à faire, mais dans laquelle les Persans ne peuvent apporter aucune lumière; ils sont parfaitement ignorants de l'origine de cette plante. Quant à l'hypothèse qu'elle a été introduite par les Portugais, je trouve l'objection que Chardin fait à cette opinion très-forte; à l'époque où ce voyageur était en Perse, il y avait à peine soixante-dix ans que l'usage du tabac avait été introduit aux Indes par ces marchands, tandis qu'il y avait au moins deux cents ans que les Persans le connaissaient. Il est peu probable, ajoute-t-il, que les Portugais, voulant introduire cette culture, n'aient pas essayé en même temps en Perse et aux Indes et aient commencé par celui des deux pays dont l'accès leur était le plus difficile; Enfin, quelle que soit sa provenance, voici les procédés employés aujourd'hui pour sa culture : après le labourage, on herse la terre et on la fume avec des engrais de la troisième et quatrième catégorie, c'est-à-dire avec du fumier de mouton mélangé à des boues ou à des cendres. On sème en général derrière un mur dont l'ombre garantit les jeunes pousses des ardeurs du soleil, on sème au commencement de mars, puis on recouvre la semence d'un peu de sable fin, et l'on arrose de cinq en cinq jours jusqu'au soixante-dixième jour après le norouz (1er juin). A cette époque, on prépare un autre terrain, généralement celui où l'on vient de couper l'orge, et on le fume fortement avec du fumier de mouton et de volaille mélangé, puis on ménage le terrain en petits carrés à bords relevés que l'on remplit d'eau. Lorsque la terre est suffisamment humide, on opère la transplantation en ayant soin d'aligner les plantes sur le sommet des sillons et de les distancer de 30 centimètres les uns des autres. On doit avoir soin d'arroser au moins chaque trois jours, sans atténuer la chaleur du fumier jusqu'au moment où la plante est bien vivace. A partir de cette époque, il faut, chaque jour, arracher les petites feuilles afin que les bonnes aient plus de vigueur, et sarcler de temps en temps avec soin; une fois la floraison arrivée, on coupe la tige, excepté celle des pieds que l'on destine à la semence. Les feuilles de ces plantes sont de mauvaise qualité; elles n'ont ni parfum ni couleur. Les plants une fois décapités, on laisse les feuilles sécher sur place jusqu'au moment où elles sont bien dorées. La cueillette commence en décembre, en commençant par les plus belles feuilles, on les laisse sécher par terre; si le vent souffle, la récolte est perdue. La grêle est également fort à craindre. Une fois les feuilles séchées, on les apporte dans un magasin et on les met debout le long du mur en ayant soin de les remuer souvent; les feuilles que l'on récolte ensuite sont d'une qualité inférieure et sont traitées de la même façon lorsque l'humidité est à peu près complétement disparue. On serre le tabac dans des sacs de peau et l'on commence la vente.

Le prix varie de 1 fr. 75 c. à 4 fr. les 6 kilos, mais généralement se maintient entre 1 fr. 50 c. et 2 fr. L'hectare donne de 3 à 4 quintaux métriques. Le partage a lieu comme pour les autres denrées.

4° *Coton.* — Du 1er au 20 avril, après avoir labouré la terre et l'avoir mise en carreaux pour faciliter l'arrosage, on irrigue une première fois; pendant ce temps, on fait tremper les graines de coton, et lorsqu'elles sont humides, on les frotte pour enlever la pellicule qui les enveloppe; on les renouvelle ensuite pendant douze heures et l'on sème; les semailles finies, on recouvre d'un peu de sable fin, et l'on fume par-dessus avec des cendres et du fumier de mouton, et l'on arrose une fois; le soixante-dixième jour après le norouz (17 juin), on arrose fortement, on sarcle et l'on bine avec grand soin, de manière à nettoyer parfaitement le terrain de toutes les herbes parasites; les arrosages se continuent de dix jours en dix jours jusqu'à la maturité. Les coques que l'on cueille les premières sont les meilleures. On fait cinq cueillettes : la première a lieu au commencement de novembre. On sème 12 kilos par hectare, et l'on récolte à peu près 9 quintaux. Le prix varie de 120 à 130 fr. les 3 quintaux métriques de cocons bruts ; en 1862, il est monté à 240 fr. En général, on sème avec le coton des graines oléagineuses ; par exemple, on entoure chaque carré d'une plantation de ricin ou de sésame afin de perdre le moins de terrain possible, ou plutôt pour économiser l'eau et ne pas arroser des terrains vagues.

5° *Opium*. — De toutes les cultures, celle de l'opium est la plus profitable, mais tous les terrains ne sont pas également propres à la supporter. Dans les environs du 5 octobre on laboure la terre que l'on destine à cet usage, on la fume abondamment avec du fumier de la quatrième catégorie, cendre de détritus, etc., puis, comme dans les autres cultures, on la dispose en carreaux pour faciliter l'irrigation ; on sème ensuite, et l'on arrose de quinze en quinze jours à trois reprises différentes; puis on cesse jusqu'au milieu de l'hiver où l'on donne de l'eau une seule fois. Le 20 mars, on arrose de nouveau, puis on bine et l'on sarcle le terrain à plusieurs reprises de façon à bien extirper toutes les herbes parasites; si les pavots sont trop épais, on en arrache quelques-uns, afin que ceux qui restent, soient suffisamment forts. Depuis cette époque, on arrose de dix en dix jours, et l'on recommence sans cesse les sarclages jusqu'au moment de la floraison où l'on cesse tout travail. Lorsque les têtes sont formées et mûres, on donne une dernière eau, puis on fait six petites incisions dans la tige au-dessous de la tête. Cette opération doit avoir lieu à midi. Le lendemain matin et les jours suivants, à la pointe du jour, on va cueillir dans des vases la sérosité qui se produit par ces exutoires. Lorsque ces incisions ont cessé de donner du suc, on en fait d'autres un peu plus bas, mais l'opium qu'on en retire est d'une qualité inférieure; on peut répéter l'opération une troisième fois, mais la qualité du produit va toujours en décroissant; ensuite on coupe la plante elle-même, et la tête se vend au bazar au prix de 12 fr. les 3 quintaux métriques. Presque tout le monde en mange et considère ces têtes de pavot comme un fruit. On répand aussi sa graine sur le pain. Le prix de l'opium varie pour la première qualité de 120 à 150 fr. les 3 kilogrammes;

Pour la deuxième, de 60 à 80 fr.;

Et pour la troisième, de 30 à 40 fr.

On récolte 6 kilos d'opium et 4 ou 5 hectares, c'est-à-dire 12 ou 15 quintaux de têtes par hectare.

La récolte se fait à la fin de mai.

6° *Safran bâtard.* — Du 1er au 20 avril, on travaille la terre, puis on l'arrose, et lorsqu'elle est suffisamment humide, on herse et on la met en carreaux pour faciliter les irrigations; on sème alors, et quand la plante est sortie, et jusqu'au soixante-dizième jour après le norouz (1er juin), on arrose de dix en dix jours. Quand la plante est en fleur et que la fleur est bien épanouie, on enlève les pétales. Cette opération a lieu à la fin d'octobre; il faut avoir bien soin de ne pas entamer la tige de manière à ce que les graines puissent mûrir, car on en fait un grand usage dans la cuisine persane.

Chaque hectare réclame 12 kilos de duit 9 kilos de fleurs, quelquefois même 12 kilos, et un kalvar ou 300 kilos de graines. La fleur se vend de 3 à 4 fr. les 6 kilos, et la graine de 1 à 2 fr.

7° *Garance.* — Le 20 mars, on prépare la terre, puis on plante les tronçons de racine et l'on fume avec des cendres. Après ces opérations, on herse fortement et fréquemment, puis on arrose aussi souvent que possible. La troisième année, le 20 mars, on commence à arracher, en prenant du bord, les morceaux que l'on veut replanter. On cultive généralement la garance dans des terrains salés, parce qu'on prétend que cette plante est un amendement excellent et rend le terrain propre à toutes les autres cultures.

La garance perd 3/4 en séchant : elle se vend sèche 2 fr. 25 c. les 6 kilos, quelquefois un peu plus ; il arrive qu'un hectare bien aménagé donne jusqu'à 5 kalvars, 15 quintaux dans les trois ans.

Le prix de la soie varie de 200 à 150 tomans les 3 kilogrammes de soie de première qualité, et la graine de 250 à 260 fr. les 3 kilogrammes.

J'ai trouvé intéressant d'entrer dans ces détails afin de montrer avec quel soin les Persans travaillent la terre. La régularité qu'ils apportent dans chacune de ces opérations n'est pas un fait moins singulier, et s'explique par la stabilité du climat. La pluie, le vent, la chaleur ou le froid peuvent être prédits à jour fixe sans que le prophète coure aucun risque d'être démenti par les événements.

Enfin il est utile d'observer que pour la plus grande partie des cultures, on pourrait presque dire pour la totalité, les Persans ont conservé l'année solaire, et spécialement comme base de toutes leurs opérations le jour de l'équinoxe de mars qui, du temps des Guèbres, était le premier jour de l'année. Ce jour est resté encore la plus grande fête de la Perse, et sert de base non-seulement aux agriculteurs, mais à tous les fonctionnaires et tous les revenus de l'État.

Il est impossible de nier que les Persans aient un système agricole parfaitement arrêté et approprié aux exigences de leur climat. Ainsi l'on a pu remarquer que jamais ils n'enterrent le fumier, mais qu'ils ont toujours soin, au contraire, de le répandre sur la surface du terrain de manière à modifier les eaux qu'ils emploient pour l'arrosage et dont la présence doit être fréquente. Le sable fin dont ils recouvrent parfois leurs récoltes, a pour but de servir d'aliment aux vents qui sont violents et presque permanents au commencement de l'automne et du printemps. Enfin nous avons vu que l'arrosage lui-même avait deux buts, d'abord et avant tout celui de donner à la terre l'humidité qui lui manque et sans laquelle aucune fermentation ne peut avoir lieu, ensuite celui de modifier la force des engrais employés dans la culture du riz, dans celle du tabac; nous avons observé que pour la première l'eau devait être en permanence afin d'éviter que la chaleur extraordinaire donnée au terrain ne dégénère en fléau, et dans la seconde, lorsque le tabac vient d'être transplanté, on doit arroser tous les trois jours jusqu'au moment où le plant, parfaitement vivace, peut supporter et a même besoin de la chaleur factice que l'on a donnée au terrain.

CHAPITRE XII.

Du bétail.

On peut diviser le bétail en deux grandes familles, celui dont on mange la chair, celui qui ne sert qu'à porter ou à traîner des fardeaux. Dans la première catégorie nous comprendrons le mouton, la chèvre, le bœuf et les volailles ; dans la deuxième, les chevaux, les mulets, les ânes et les chameaux.

De tous les animaux domestiques, le mouton est celui dont les Persans font le plus de cas et qui leur donne le plus de profit ; ils reconnaissent trois espèces de moutons, l'une que l'on appelle turque, la deuxième laure, la troisième Mazenderan. Les deux premières n'offrent pas de différence bien sensible, ni dans la forme ni dans le prix ; elles appartiennent à cette race que l'on trouve partout en Asie et que l'on désigne habituellement sous le nom de mouton à grosse queue ; ils sont grands, sobres, rustiques, et leur chair est excellente, mais leur laine est courte et dure ; ceux du Mazenderan sont petits et précieux, surtout par la qualité de leur laine ; ils ont la queue fine. Les Persans tirent profit de toutes les parties d'un mouton ; la tête, les pieds, les entrailles, le foie, les rognons, servent de nourriture aux gens du peuple ; le prix moyen d'un mouton est de 2 fr. 50 les 6 kilos pendant l'été et 3 fr. 25 pendant l'hiver ; un mouton peut peser jusqu'à 60 kilos. La coutume des bouchers est d'acheter au poids en payant seulement la moitié ; tout mouton doit être tué à l'abattoir et marqué d'un timbre par la régie, qui prélève un droit de 1 fr. 25 par mouton et 50 centimes par agneau ; toute contravention est punie d'une amende de 3 fr. 25.

Il y a deux sortes de troupeaux ; ceux qui appartiennent à un propriétaire, ceux qui sont donnés à cheptel à des bergers ; ces derniers sont confiés à un pasteur qui donne au propriétaire 6 kilos de beurre salé par brebis, plus l'agneau qu'elle produit ; en cas de mort, le cheptelier est responsable.

Les Iliates qui sont propriétaires de troupeaux, en retirent le même profit, seulement les frais sont moindres puisqu'ils gardent eux-mêmes leurs moutons.

Au printemps, avant d'envoyer les bestiaux dans la montagne, on tond les bêtes à laine qui donnent par tête environ 750 grammes ; le prix varie de 1 fr. à 1 fr. 75 les 6 kilos ; cette laine est de qualité très-inférieure, elle est courte et cassante, cela tient sans doute au manque de soin, car les peaux d'agneaux sont d'une telle qualité qu'il est impossible d'expliquer autrement la médiocrité des laines persanes. En résumé, laitage, laine, agneau avec brebis rapporte de 25 à 30 fr. à son propriétaire.

La chèvre est nourrie, élevée, traitée comme le mouton.

L'espèce bovine persane n'a rien de commun avec la nôtre ; les vaches sont petites, ont la jambe fine et nerveuse, les cornes en lyre, l'œil intelligent ; elles appartiennent à la race des zébus ; leur chair est peu estimée et n'est consommée que par les gens du peuple et les Européens, mais on s'en sert pour tous les travaux agricoles, pour les charrois et surtout pour faire tourner des manéges; une vache vaut de 50 à 110 fr., et un bœuf bien dressé à la charrue, de 150 à 200.

La volaille est avec le mouton la viande favorite des persans riches; elle est d'excellente qualité; on la nourrit avec des regains et du millet et souvent même avec les résidus du froment. Les poules valent de 1 fr. à 1 fr. 25; l'espèce la plus estimée vient du Laridjan, de Chiraz; la chair est blanche, mais les os sont noirs comme de l'ébène.

Quant aux dindons, aux oies, aux canards, les Persans en ont quelques-uns comme luxe, mais il n'en mangent jamais; en revanche, ils sont grands amateurs de gibier.

Parmi les bêtes de somme, le cheval est naturellement le premier qui doive nous occuper. Les Persans distinguent quatre races : les chevaux turcomans, les chevaux arabes, les chevaux du Kara-bagh, et enfin les iabou ou chevaux de demi-sang. Les chevaux turcomans sont très-hauts sur leurs jambes, et cependant très-forts et très-durs à la fatigue : on prétend qu'ils peuvent faire 240 kilomètres en vingt-quatre heures. Je n'ai pas été témoin de ce fait, mais j'ai eu dans mon écurie un cheval qui m'avait été vendu par le colonel Champain, et avec lequel cet officier avait fait bien près de 200 kilomètres en vingt-quatre heures. Un cheval turcoman exceptionnel peut valoir jusqu'à 5,000 fr., mais en général il varie de 700 fr. à 1,000 fr. C'est la race préférée par les grands personnages; on la croise du reste souvent avec la race arabe.

Voici le moyen qu'emploient les Turcomans pour entraîner leurs chevaux : chaque jour on fait galoper le cheval en augmentant proportionnellement le temps de la course et en ayant soin de le surcharger de couvertures très-lourdes qui enferment non-seulement le corps, mais qui remontent jusqu'aux oreilles, et ne laissent voir que la tête, la queue et les jambes. Pendant ce temps on leur donne comme nourriture environ 3 kilos de paille hachée et 3 kilos d'orge mélangés à de la graisse de mouton crue; on les laisse peu boire; l'état de l'entraînement se reconnaît à la sueur du cheval, et il est complet lorsqu'elle est claire comme de l'eau. Pendant la durée de l'expédition, on ne lui donne comme nourriture que du gras de mouton cru; si le cavalier a le temps et qu'il trouve quelques touffes d'herbe sur son chemin, il les laisse manger à son cheval. L'expédition terminée, on met le cheval au vert pendant quarante-cinq jours.

Les qualités du cheval turcoman sont incontestables, mais sa laideur est horrible; qu'on se figure un grand cheval efflanqué, plus haut qu'aucun de nos carrossiers, ayant les quatre jambes fines comme des roseaux, supportant un corps de lévrier, et enfin une grosse tête busquée au bout d'un cou d'autant plus long qu'il n'a pas de crinière, et vous aurez le portrait d'un de ces animaux. Les meilleurs chevaux turcomans sont ceux qui viennent de chez les Tekkès et les Yamout.

La race arabe persane est originaire de l'Arabie, et elle a conservé tous les défauts et toutes les qualités inhérentes à cette race; le prix de ces chevaux varie de 1,000 à 6,000 fr.

Les chevaux Kara-bagh viennent d'un district situé au nord-est de Faurès et qui est aujourd'hui au pouvoir des Russes; ils ont beaucoup de rapport avec les chevaux irlandais; c'est, à mon avis, la meilleure monture que l'on puisse avoir; ils sont supérieurs même aux chevaux arabes; leur taille n'est pas très-élevée et ils sont court-jointés, mais leurs membres sont forts et proportionnés à la grosseur de leur corps; ils se vendent de 600 à 1,000 fr.

Iabou : on donne ce nom à tout cheval qui n'appartient pas à une de ces trois races; on s'en sert comme bête de selle et de somme. Parmi ces derniers, il y en a qui sont dressés à conduire la caravane : ils marchent en avant, sont couverts de cloches et de grelots, et ne supportent pas d'être dépassés par une des bêtes de la caravane. Quand la neige couvre la terre, ces animaux ont l'instinct si développé qu'ils savent parfaitement reconnaître le chemin et le suivre dans toutes ses sinuosités.

Parmi les Iabou de selle il y en a qui vont l'amble ; on les paye de 6 à 800 fr.; quant aux autres, il y en a depuis 25 fr. jusqu'à 200 fr.; ils portent de 120 à 130 kilog.

Les mulets comme les chevaux servent à deux fins, et valent depuis 100 fr. jusqu'à 2,000 fr.

Les ânes sont spécialement la monture des femmes et des Mollah ; ceux qui sont blancs, sont les plus estimés et valent de 250 à 300 fr.

Les chameaux viennent du Khorassan, de l'Arabistan et d'Ispahan; les premiers sont les meilleurs; ils portent jusqu'à 320 kilos et font en moyenne 30 kilomètres par jour. Une paire de chameaux vaut 600 fr. Pendant deux mois de l'année, ils sont comme fous et ne mangent presque rien, ils deviennent très-méchants. Un chameau peut rapporter 150 fr. par an à son maître, sans compter sa toison, qui se vend de 12 à 15 fr. Quand il travaille, on lui donne chaque soir une boule de farine de 1,500 grammes et 3 kilos de paille hachée.

Les Persans ne maltraitent pas leurs animaux; aussi sont-ils généralement doux et maniables.

CHAPITRE XIII.

Produits naturels.

La Perse possède encore une source de richesses que nous ne pouvons passer sous silence : je veux parler des mines dont le pays est rempli ; c'est un capital incommensurable qui dort, mais qui peut se réveiller d'un moment à l'autre. Il suffit que la paix se prolonge et que le gouvernement, à bout de ressources consente enfin à en accorder l'exploitation à des compagnies assez riches pour supporter les frais d'installation, et assez puissantes pour établir un système d'administration malgré les entraves des gros fonctionnaires.

Malheureusement, je n'ai moi-même aucune des connaissances en minéralogie ou en géologie nécessaires à une étude de ce genre, et j'ai dû me contenter des renseignements un peu incomplets qui m'ont été fournis par un jeune Persan nommé Mirza Cazem, qui a fait ses études à Paris et qui, aujourd'hui, professe au collége militaire de Téhéran. Voici la liste qu'il a fournie des différents produits naturels du sol persan :

Le marbre, dont les principales carrières sont à Yezd et dans la province d'Ourmiah ;

Le cobalt, que l'on trouve en oxyde aux environs de Cachan ;

Le sel gemme, le sulfate de fer, l'alun, le bismuth, qui se rencontrent aux environs de Kaswine ;

Le naphte, l'alumine blanche et pure ;

Le charbon de terre ; les bassins houillers de la Perse sont très-nombreux et leur richesse est énorme. Tebriz, Kaswine, Téhéran, Kirmanchah, Ispahan, Kirman, possèdent des commencements d'exploitation.

Sulfate de cuivre, pyrite de fer, pyrite de cuivre, fer natif, cuivre natif, galène, sulfure de plomb, plomb natif, carbonate de cuivre, turquoises, orpiment ;

Plâtre, chaux hydraulique, différentes terres alumineuses et siliceuses, différentes terres mélangées de carbonate ou d'oxyde de fer propres aux teintures ;

Sulfure d'antimoine, peroxyde de manganèse, soufre, émeri, cristal de roche, différentes sortes de silices cristallisées et colorées, carbonate de soude et de plomb, acétate de cuivre, minium, cinabre, sel ammoniac ;

Différentes plantes tinctoriales et drogues médicinales, le sel d'Epsom, le bol d'Arménie, une fleur appelée *goul-khelakh*, une certaine quantité d'espèces de gommes et d'émaux.

CHAPITRE XIV.

Des négociants.

Après avoir indiqué, d'une manière aussi complète que possible, quels étaient les aliments que le sol pouvait fournir au commerce et à l'industrie, il nous reste à examiner quel est le parti que les Persans savent tirer de toutes ces richesses, les lois, ou mieux les coutumes qui régissent la matière, les charges que le gouvernement fait peser sur le commerce, et enfin les procédés employés par les industriels.

Le commerce persan est entre les mains d'une classe de la société dont l'origine araméenne est indiscutable puisque, pour la plupart, ils descendent de la famille de Mahomet. Ces marchands jouissent d'une grande considération ; ils vivent entre eux et, hormis certains membres influents du clergé, n'ont aucun rapport de société ou de parenté avec le reste de la population, et notamment avec les employés du gouvernement, qu'ils méprisent profondément et avec lesquels ils n'ont jamais d'autres relations que celles que les affaires rendent indispensables.

Presque tout l'argent de la Perse est entre leurs mains, et cela s'explique facilement ; il n'existe pas, en Orient, de position plus honorable, plus honorée et plus sûre que celle de marchand, il n'y a donc aucune raison pour qu'un fils, quel que soit du reste le chiffre de la fortune que lui laisse son père ne continue pas ses affaires; aucun des emplois qu'il pourrait obtenir n'équivaudrait au rang que lui donne sa position de gros marchand.

De toutes les existences, celle de marchand oriental est sans contredit une des plus agréables. Deux ou trois heures après le lever du soleil, il se rend à son comptoir et devient le centre d'un cercle d'oisifs, d'étrangers, de passants; là on parle de tout, la politique du gouvernement est attaquée avec une énergie de langage dont nous ne pouvons nous faire une idée qu'en nous reportant à nos plus mauvais jours, alors que les ouvriers, désertant l'atelier pour le club, s'assemblent sur les places publiques pour s'exposer les uns aux autres les griefs qu'ils ont contre leur gouvernement. Lorsque le chapitre de la politique est épuisé, on passe en revue les vices ou les ridicules des grands personnages, sans excepter le Roi ni même, ce qui est plus fort encore, les habitantes du harem. C'est dans ces réunions que l'on apprend aussi tous les petits cancans de la ville, mais tout cela n'empêche pas les affaires d'aller leur train; le chaland, tout en conversant, s'accommode de quelque article, en marchande le prix, compte son argent ou demande un délai. Une heure avant le coucher du soleil, le marchand ferme son magasin et rentre chez lui recevoir ses amis. Ces réunions ont parfois un caractère intelligent; c'est là que l'on élabore toutes les grandes entreprises, où l'on fixe le cours des denrées; on y juge également les livres nouveaux et l'on traite des questions philosophiques les plus abstraites.

Deux fois par semaine, les bazars sont fermés, non ceux qui renferment les boutiques des artisans, mais tous ceux où sont installés les gros négociants.

Pour compléter le portrait de ces personnages, je dois ajouter que, quelle que soit leur fortune, ils affichent la plus grande simplicité dans leurs habitudes extérieures. J'ai connu des négociants dont le luxe intérieur ne le cédait en rien à celui des plus hauts fonctionnaires, mais qui sortaient toujours seuls, à pied ou montés sur un âne; leurs vêtements étaient plus que simples et, dans leurs magasins, ils ne fumaient que dans des pipes de terre et se contentaient pour déjeuner, de pain, de fromage et de quelques fruits. Le marchand qui se comporterait différemment perdrait son crédit et verrait ses affaires péricliter. Tout au contraire de l'acheteur européen, le consommateur oriental se méfie du luxe des marchands, et il n'est pas rare de rencontrer des négociants trois ou quatre fois millionnaires qui passent leur journée accroupis sur de vieux feutres, dans le coin le plus retiré d'un caravansérail dont les magasins peuvent à peine contenir toutes leurs richesses; mais, je le répète, ils se dédommagent amplement, dans leur intérieur, de la contrainte que l'opinion publique leur impose.

Téhéran, Ispahan, Yezd, Kachan, Tebriz, Recht, Chyraz et Kaswine sont les villes où l'on trouve les plus grandes fortunes commerciales. On aurait tort de croire que tel négociant fait la banque pendant que tel autre vend du coton ou de la toile; les spécialités n'existent pas, et tous les marchands vendent de tout suivant les circonstances. Un marchand de soieries de Yezd ne laissera pas plus échapper une bonne opération de banque qu'un achat avantageux de sucre ou de bougies. Pour donner une idée de cette confusion, je citerai les trois opérations suivantes, entreprises par Hadji-Ali, le plus gros spéculateur de la Perse. Il a d'abord acheté la presque totalité de la récolte séricicole du Ghilan, qu'il a ensuite revendue aux différents comptoirs de Tauris; il a fait ensuite venir d'Europe des fusils de guerre pour armer les troupes persanes, mais trompé par un de ses correspondants qui lui avait envoyé des armes de rebut, il essaya de se refaire en se chargeant de la fourniture de l'acide sulfurique des arsenaux, et cela sans préjudice de diverses opérations sur les cotonnades de Manchester, sur les sucres de Marseille et sur les céréales des diverses provinces de l'Empire.

Les transactions de ces individus sont de deux sortes, celles qu'ils engagent avec l'État, celles qu'ils font avec les particuliers; dans les premières ils n'agissent que sur commandes, et encore faut-il qu'ils aient de grandes certitudes de gains; car ils n'ignorent pas tous les ennuis qu'ils auront à subir pour arriver à un règlement définitif, cependant ils se chargent volontiers de faire passer dans les caisses de l'État l'argent provenant des impôts, sommes qui leur sont confiées par les gouverneurs.

Dans leurs transactions avec les particuliers les négociants persans sont plus hardis; ils achètent par l'intermédiaire de correspondants établis à Constantinople, à Bombay, à Londres, à Paris, et presque toujours au comptant les marchandises qu'ils savent pouvoir placer, puis ils vendent au petit commerce en prélevant, outre leur commission, un intérêt de 2 p. 100 par mois de crédit qu'ils accordent. Quant aux produits persans, l'exportation se fait en retour de marchandises reçues d'Europe.

En résumé le haut commerce persan fait surtout la commission.

CHAPITRE XV.

Du crédit.

Le crédit public, dans le sens où nous entendons ce mot, n'existe pas en Perse. Le gouvernement n'offre pas assez de garantie pour trouver soit parmi les capitalistes étrangers, soit parmi les sujets, personne qui acceptât son papier. Les dépenses publiques sont donc payées comptant par le trésor ; s'il est vide, les créanciers devront attendre. Livré ainsi à ses propres ressources, l'État ne peut disposer que de sommes insignifiantes et par conséquent doit éviter toutes les grandes entreprises qui régénéreraient le pays, et comme d'un autre côté, ces entreprises ne peuvent être tentées qu'avec l'aide du gouvernement, il résulte de cet état de choses un cercle vicieux dont il est fort difficile de sortir.

Mais si le crédit public est nul en Perse, il n'en est pas de même du crédit commercial, il n'y a pas un pays au monde où l'argent circule avec une aussi grande rapidité et où les transactions commerciales trouvent une plus grande facilité. Cependant la Perse n'est dotée d'aucun de ces établissements de banque ou d'escompte que nous sommes habitués à considérer comme les instruments les plus actifs de la prospérité commerciale d'un pays, mais qui ne sauraient exister avec l'irrégularité des habitudes orientales, et avec l'esprit des institutions persanes si peu bienveillant aux créanciers.

Le billet à ordre n'est pas connu en Perse, et le commerce se sert seulement de la lettre de change individuelle. Ainsi B. ordonne à C. de donner telle ou telle somme à D.; mais ce dernier ne peut placer cet ordre chez un tiers, et est obligé de toucher lui-même la somme dont il est créancier.

Dans les transactions de particulier à particulier la majeure partie des prêts a lieu sur gage et sans échéance absolument obligatoire; l'intérêt varie suivant l'importance de la somme, mais en général est de 1 p. 100 par mois. Les parties interessées font une sorte d'obligation en double dans laquelle on énumère la somme prêtée et les gages affectés à la garantie du prêteur.

Il y a des gages de toute nature, et il n'est pas rare de voir des gens du peuple engager de vieilles hardes pour une somme de 1 ou 3 fr. Je défie au reste de trouver un seul ouvrier ou manœuvre qui ne doive et auquel il ne soit dû de 50 à 500 fr. Les conditions de ces transactions varient à l'infini, et il faudrait un volume, et dix ans de travail pour les exposer toutes. Les plus habituelles et les plus saillantes sont celles auxquelles se livrent les soldats; ce sont eux qui ont le monopole du change de billons; ils prêtent à tous venants avec ou sans garantie, et exigent des intérêts fabuleux. Voici une de leurs spéculations les plus habituelles; ils achètent trois ou quatre ânes et les louent à la journée à ceux qui veulent aller se promener dans les environs de la ville; outre le loyer ils se font donner une petite somme comme garantie. Munis de cet argent ils achètent des fruits, des mouchoirs, des madras, ou tout autre objet à condition, c'est-à-dire que s'ils n'en ont pas effectué la vente, ils pourront le soir reprendre leur argent et rendre la marchandise; au retour de leurs ânes, ils rendent l'argent consigné. Si dans l'intervalle ils ont vendu quelques foulards ou quelques paquets d'aiguilles, ils ont réalisé un double gain. J'ai cité ce fait pour montrer l'intelligence commerciale du peuple persan.

Le goût du commerce est poussé si loin chez ces populations que tout prend la forme de transaction ; envoyez-vous un domestique acheter un objet ; il ne croira pas voler en vous le vendant aussi cher que possible, il fait un acte de commerce, c'est à vous de vous défendre. Si deux Persans de la classe moyenne se rencontrent dans une maison tierce, il pourra fort bien arriver que l'un achète le manteau de l'autre, et fasse un échange avec ou sans retour ; trafiquer, voilà le but de la vie ; il est facile de comprendre quel mouvement une pareille passion sans cesse éveillée et jamais satisfaite donne à la circulation et par contre au crédit.

Les transactions qui existent entre les particuliers et les marchands sont de deux sortes, les achats et les placements d'argent ; le marchand prend tous les capitaux qu'on veut bien lui prêter à 10 ou 12 p. 100, et on ne lui demande jamais d'autre garantie que sa signature, mais lui ne prête jamais que sur gage. Quant aux achats ils se font rarement à crédit, et si l'argent manque à la pratique pour payer les marchandises qu'il a achetées, le négociant lui prêtera plutôt de l'argent que de laisser l'affaire inachevée.

Quant aux transactions entre marchands, c'est autre chose, elles se font toujours à crédit.

Il y a deux sortes de capitaux, les capitaux actifs et les capitaux dormants ; ces derniers sont très-considérables en Perse, il n'est pas ou presque pas de Persan qui n'ait une notable partie de sa fortune en bijoux, argenterie, et même en numéraire caché dans quelque coin ; cela tient au peu de confiance que l'on a dans le gouvernement et surtout à la crainte de manquer. C'est un raisonnement très-faux, car en cas de démêlés avec l'État, la première chose qu'il fait c'est de s'emparer de ces richesses.

Quant aux capitaux actifs ils sont insuffisants pour les besoins de la place, de là vient cette excessive rapidité avec laquelle ils circulent.

CHAPITRE XVI.

Des corporations.

Les marchands persans forment des corporations ou corps de métier. Toutes ces corporations ont un chef ou prévôt général des marchands, en persan malek-é-tudjar, qui est chargé d'arranger les différends qui peuvent s'élever entre les marchands; mais il n'a aucun rapport avec les corporations ouvrières dont les chefs dépendent du Ministre de la ville; c'est le malek-é-tudjar qui a la charge de régler les faillites et de partager l'actif entre les créanciers. Quand l'autorité de ce magistrat n'est pas suffisante ou qu'il se présente des cas extraordinaires, il s'adresse au prince Ali-Ghouli-Mirza, ministre de l'instruction publique et du commerce, qui juge en dernier ressort; mais si quelque négociant européen se trouve mêlé à l'affaire, il s'adresse à la légation dont il dépend, et le Ministre des affaires étrangères est saisi de la réclamation.

La police des bazars appartient au malek-é-tudjar, et si l'on a à se plaindre de l'honnêteté d'un marchand, c'est à lui que l'on doit s'adresser pour se faire rendre justice.

Règle générale, les négociants ne payent d'autre impôt que celui de la douane, mais il arrive dans les circonstances graves et en présence des coffres vides, que l'on impose aux marchands un don volontaire; cette opération est bien aléatoire et réussit bien rarement, dans ce cas elle est confiée au malek-é-tudjar.

Le système de l'association est poussé très-loin en Perse, et comme j'ai, du reste, déjà eu l'occasion de le faire observer, les marchands loin de se faire une concurrence exagérée se réunissent pour exploiter le consommateur, ils aident ceux d'entre eux dont les affaires sont embarrassées, ou tout au moins lui achètent son fond; ils font venir des marchandises en société, frètent des caravanes, et savent parfaitement les avantages qu'ils ont à acheter tout un lot de cotonnades et à se le partager ensuite au prorata de leurs besoins; ils n'ignorent pas non plus qu'ils obtiendront de meilleures conditions d'un caravanier s'ils louent toutes les bêtes de la caravane que si celui-ci est obligé d'attendre plusieurs jours dans une ville les clients qui doivent compléter son chargement.

Mais ceci s'adresse surtout aux gros négociants, et les marchands au détail ou les gens de métier, n'ont ni l'occasion, ni les capitaux nécessaires pour envisager l'association à ce point de vue; pour eux elle représente d'autres avantages et tend à un autre but. Dans un pays où l'État est armé de moyens aussi puissants pour suivre la règle de son bon plaisir, les tendances de toutes les classes de la société sont tournées vers le but opposé; détruire la valeur de ces armes ou tout au moins en affaiblir l'effet, en un mot se créer des garanties; nous avons vu celles que possédaient les tribus, le clergé, les populations rurales; pour les uns l'organisation féodale, pour les autres la chaire, pour les derniers enfin le déplacement sont des armes qui assurent suffisamment leur intégrité; le petit commerce a trouvé dans l'association un moyen de se défendre des abus du pouvoir. Certainement il serait très-facile à un fonctionnaire quelconque de faire prendre un boucher ou un épicier et de le faire bâtonner jusqu'à ce qu'il ait obtenu de lui tout ce qu'il veut; mais il lui est impossible de faire bâtonner tous les épiciers ou tous les bouchers d'une ville.

Les associations n'ont pas toutes les mêmes institutions et les mêmes priviléges; les unes sont complétement démocratiques et arrivent presque au communisme, tandis que les autres sont fondées sur la loi féodale; parmi les premières la plus complète et la plus singulière est assurément celle des Guèbres établis à Téhéran; ils sont au nombre de quarante-cinq hommes; les uns sont marchands, les autres jardiniers, ils vivent en communauté de la manière suivante : chacun est à son tour chef de gamelle et nourrit à ses frais toute la corporation, ils habitent tous le même caravansérail, et ceux qui font le commerce vendent des objets européens, particulièrement de fabrique anglaise, des vins fins, des comestibles, des étoffes indigènes de Yezd et de Kirman; parmi eux il y en a de fort riches, mais il est très-difficile d'apprécier leur fortune qu'ils mettent un soin particulier à dissimuler.

Mais revenons aux règles de leur association. Chacun de ces quarante-cinq individus fait la dépense pendant trois jours et doit, pendant ce laps de temps, fournir la quantité d'aliments et le genre de mets qui ont été décidés préalablement. Au bout de ces trois jours il produit sa note; si les prix ont été plus élevés que pendant la période précédente, il reçoit une indemnité; mais si les prix sont inférieurs, il paye la différence, et les sommes ainsi amassées forment une caisse dont on se sert 1° pour nourrir ceux qui n'ont pas de quoi se suffire; 2° pour payer les amendes que la corporation peut encourir; 3° pour faire les cadeaux nécessaires et d'usage aux autorités de police. Les repas sont réglés de façon à pouvoir, non-seulement nourrir les membres de ce club, mais encore à pouvoir aider tous les pauvres Guèbres qui se présentent.

Les deux seules villes persanes où il y ait encore des Guèbres à l'état de population sont Yezd et Kirman; partout ailleurs ce ne sont que des individus isolés, mais dans ces deux villes leur nombre peut être porté à dix mille familles, tous marchands et cultivateurs; comme jardiniers, surtout, ils ont une grande réputation d'habileté. Ils ne se mêlent jamais avec les Musulmans, et je crois qu'on pourrait difficilement citer un seul exemple de changement de religion de leur part, ils sont regardés comme impurs par les Musulmans, mais en général fort estimés. Leur probité est proverbiale; sobres, patients, intelligents, laborieux et courageux, ils ont en outre une grande apparence de franchise et de santé.

Les Arméniens forment aussi une corporation séparée; il y a deux sortes d'Arméniens en Perse, ceux qui sont sujets ou protégés russes, ceux qui sont sujets persans. Ces derniers sont soumis à la juridiction du malek-é-tudjar et, pour la plupart, font le commerce d'objets européens, principalement de fabrique russe; quelques-uns sont cabaretiers. Leur réputation est juste l'opposé de celle des Guèbres, et je dois avouer que la défaveur dont ils sont frappés n'est pas imméritée. Il serait difficile de rencontrer une race plus dégradée, plus vicieuse que celle des Arméniens Persans; leur quartier est le réceptacle de la plus grande partie des immondices de la capitale, et l'horreur qu'ils inspirent est telle que l'on rencontre peu d'Européens qui consentent à garder un Arménien à leur service. Je dirai plus encore; parmi les Arméniens qui font exception à la règle et qui jouissent d'une bonne situation, on trouve la même répulsion pour le reste de la nation. Il ne faut pas confondre les Chaldéens avec les Arméniens; les premiers, catholiques et soumis à l'autorité du Saint-Siége, sont pour la plupart cultivateurs et habitent les environs de la ville d'Ourmiah; ce sont de bonnes populations, dont je ne saurais blâmer que la trop grande propension à quitter leurs villages pour émigrer à Tiflis.

Il y a autant de corporations, en Perse, que de genres de métiers, mais toutes n'ont pas la même organisation. La première et la plus importante de toutes est celle des boulangers; ceux de Téhéran sont au nombre de cent, ils ont un prévôt choisi et nommé par eux et accepté par l'État; ce chef est chargé d'arranger tous les différends de la corporation et de s'entendre avec l'autorité sur les mesures à prendre pour assurer l'approvisionnement de la ville. Le nombre des boutiques a été fixé à cent, sous le règne de Feth-Ali-shah, et ne peut être augmenté; chacun des titulaires peut vendre son fonds, mais la vente n'est valable qu'autant que l'acquéreur a rempli les conditions de la corporation, l'apprentissage par exemple. On ne peut devenir maître sans avoir un certificat de capacité signé par un patron et approuvé par le prévôt. En cas de refus du patron, le certificat peut être signé par deux boulangers établis.

Les boulangers ont une caisse d'association pour venir en aide à ceux de leurs confrères qui feraient de mauvaises affaires; dans ce cas, le débiteur est obligé de prélever sur son gain un amortissement; mais si la ruine est la suite de désordre ou de mauvaise conduite, on force le coupable à vendre son fonds, ou tout au moins à le faire gérer.

On ne peut pas dire d'une façon absolue que le compagnonnage existe parmi les boulangers persans, mais il est d'usage ; ainsi tout ouvrier boulanger muni de certificats est assuré de trouver de l'ouvrage dans n'importe quelle ville du royaume, et si par hasard il n'y a pas de place vacante, il reçoit un subside.

Le prix du pain est fixé par le Ministre de la ville, qui consulte à cet égard le chef des boulangers. Du reste, il est excessivement facile à fixer, le prix du pain étant toujours le même que celui du blé.

Après celle des boulangers, la corporation la mieux organisée est celle des bouchers. La ville de Téhéran renferme soixante-dix boutiques de boucherie, et ce chiffre ne peut être dépassé. L'impôt de la boucherie est 14,000 tomans, soit 168,000 francs environ, y compris le loyer de l'abattoir ; cet impôt est réparti suivant l'importance du commerce de chacun. Les bouchers ne tuent que des moutons, des chèvres et des agneaux ; le commerce de la viande de bœuf n'est pas entre leur mains. Il leur est défendu d'abattre aucun animal dans l'intérieur de la ville, et pour assurer l'exécution de cette ordonnance il est défendu, sous peine d'amende, d'exposer en vente aucune viande qui ne soit revêtue du timbre des préposés à l'octroi.

Lorsque la viande est très-bon marché, en signe de réjouissance, les bouchers mettent de petites mèches dans les viandes exposées à leur étal et les laissent brûler pour indiquer que le suif est si bon marché qu'on peut le laisser perdre.

Les bouchers sont soumis à l'apprentissage, mais ils n'ont pas de caisse de secours.

Les épiciers payent un impôt de 6,420 fr., ils ont un brevet approuvé par l'État. Le nombre des boutiques n'est pas fixé, seulement tout nouvel arrivant doit être séparé de son voisin par sept boutiques ; le nouvel arrivant a dû se soumettre à l'apprentissage. Les épiciers vendent leurs denrées aux prix qui leur conviennent et n'ont aucun lien de charité entre eux. Au sujet de l'impôt, voici un détail assez intéressant : parmi les boutiques, un certain nombre appartient à des mosquées ou à des colléges. Ces boutiques sont exemptes de l'impôt.

Beaucoup de corporations ont des institutions semblables à celles de l'association des épiciers. En somme, les corporations persanes se résument à trois termes : nombre limité des membres ; apprentissage et liberté de nombre, à condition qu'il y ait sept boutiques d'intervalle ; cependant il y a encore quelques petites variations ; ainsi, certains métiers bruyants doivent être exercés dans tel quartier spécial.

Si l'on compare ces corporations à celles qui existaient autrefois en France et qui furent détruites partie en 1776 et partie en 1791, on trouve beaucoup d'analogie, seulement les corporations persanes n'ont rien de la ghilde germanique, et il serait impossible de trouver quelque chose d'analogue aux nautes parisiens.

Chaque ville persane a ses corporations qui n'ont aucun rapport avec celle de la ville voisine ; le compagnonnage n'est pas habituel ; la maîtrise ne donne aucun privilége exclusif et ne s'obtient pas à l'aide d'argent ; le peuple persan est très-calme, très-patient, ne fait jamais d'émeute, et le seul but de ces associations est de se garantir des entreprises des agents subalternes du pouvoir et d'être gouverné par un des leurs qui, connaissant leurs besoins, leurs habitudes et leurs charges peut éclairer la conscience des membres du gouvernement.

Pour quelques-unes même de ces corporations, le bénéfice de l'association est nul, et leur organisation ressemble plutôt à un règlement de police qu'à un privilége; ainsi, les fruitiers, vendeurs de légumes, etc., n'ont d'autre avantage que celui d'être administrés par un chef qu'ils ont nommé. Il n'est pas non plus question de ces chartes bizarres qui accordaient à telle ou telle corporation des priviléges ridicules et dont le souvenir nous est conservé par le livre d'Étienne Boileau.

Les impôts que donnent ces différents corps de métier sont extrêmement faibles; ainsi, les rôtisseurs ont 37 boutiques et donnent seulement 800 fr. d'impôt.

En somme, les corporations telles qu'elles sont établies en Perse ne portent aucun préjudice au commerce, elles n'atteignent nullement la concurrence et n'ont d'autre but que de protéger les individus contre les vexations des subalternes et de rendre plus paternels les règlements de police en confiant leur direction à des personnages qui ont tout intérêt à user le plus possible de moyens conciliants.

CHAPITRE XVII.

Origines du commerce extérieur.

Les premières relations que l'Europe moderne ait eues avec les Persans, j'entends relations officielles, datent de la fin du xvie siècle. La reine Élisabeth envoya M. Anthony Jenkinson, en 1561, chargé d'une mission auprès du schah Thamasp; mais ce dernier refusa de le recevoir à cause de sa religion, tel est du moins le prétexte que donna M. Jenkinson pour justifier la non-réussite de la négociation qui lui avait été confiée. Mais, comme le fait très-bien observer sir John Malcom, auteur d'une histoire de Perse, où j'ai puisé cette anecdote, il est probable que l'envoyé anglais, mal renseigné sur les usages du pays, aura pris pour une insulte ce qui n'était qu'une coutume, et aura fait de la dignité mal à propos.

Sous le règne de Chah-Abbas I, dit le Grand, nous voyons les Portugais et les Hollandais commercer avec la Perse. Les premiers possesseurs de toutes les côtes de l'Arabie méridionale avaient fondé à Aden et à Ormouz des établissements splendides.

La période pendant laquelle la dynastie des Séféwieh conserva le trône de Perse, c'est-à-dire depuis la fin du xvie siècle jusqu'au milieu du xviiie, coïncide avec l'époque des grandes découvertes géographiques qui signalèrent la fin de la Renaissance. Les hardis navigateurs portugais nous avaient montré le chemin des Indes, et bientôt toutes les nations européennes suivirent leur exemple; les Français, les Hollandais, les Anglais, les Espagnols, etc., vinrent leur disputer les richesses de ces pays féeriques, et bientôt chacune de ces puissances eut une ou plusieurs compagnies de marchands jouissant de priviléges spéciaux et pouvant à leur gré exploiter les ports de ces parages et créer des comptoirs. Le nombre des ambassadeurs que ces compagnies envoyèrent en Perse, soit pour obtenir le droit de commercer, soit pour augmenter les priviléges qu'ils avaient déjà ou en obtenir le renouvellement, soit enfin pour tâcher d'amoindrir le pouvoir de leurs concurrents, fut immense, et la monographie de ces négociations formerait un des épisodes les plus intéressants de l'histoire générale des XVIe et XVIIe siècles. Les documents pour servir à ce travail sont abondants, et soit dans les manuscrits orientaux, soit dans le récit des voyageurs, on trouverait d'amples moissons à récolter. Un des caractères les plus singuliers de ces événements, c'est la part qu'y prirent les différents ordres religieux. Chah-Abbas, quoique la religion à laquelle il devait sa couronne fût presqu'à son début, n'était nullement inquiet du résultat des travaux apostoliques de nos missionnaires; il savait fort bien que le schisme était l'expression religieuse qui convenait le mieux à son peuple et que cette formule avait le double avantage de donner à l'Islamisme une forme nationale tout en conservant les points qui étaient entrés dans les mœurs et en permettant la discussion si chère aux races semitiques. En admettant que les missionnaires aient pu obtenir quelques conversions, ce ne pouvaient être que des faits isolés et cachés, car s'ils eussent été publics, l'opinion en aurait fait prompte justice, et en fin de compte, si Chah-Abbas tenait beaucoup, au point de vue politique, à ce que la religion d'État ne reçût aucune atteinte sérieuse, c'était un Musulman trop peu fervent pour s'inquiéter des croyances de quelques-uns de ses sujets; mais en revanche, il voyait dans les Chrétiens orientaux une population riche, intelligente, courageuse et capable d'augmenter considérablement ses revenus, car les Arméniens d'alors n'étaient pas ce qu'ils sont devenus depuis; la Géorgie, la Circassie, la Mingrélie étaient ou indépendantes, ou tributaires de la Perse, mais tributaires de nom et d'intérêt plutôt que de fait et de conquête. Ces magnifiques populations n'avaient pas encore été abruties par le joug russe, le plus pesant et le plus corrupteur de tous les jougs, et au lieu de mélanger leur pourriture à celle des Arméniens d'Érivan et de Nakhitchivan, etc., c'était un sang pur et noble qu'ils leur apportaient. Chah-Abbas peupla un des faubourgs d'Ispahan, celui que l'on appelle Djulfa, de familles arméniennes; mais ce n'était pas tout, et ce monarque habile savait que tant que ces populations ne seraient pas en contact avec l'Europe, il n'aurait atteint que la moitié de son but; il leur accorda donc toutes les garanties de liberté civile, commerciale et religieuse compatibles avec le code musulman. Il les engagea à faire venir des congrégations religieuses et assura à ces nouveaux venus un excellent accueil; il leur concéda des terrains pour y bâtir des couvents, y planter des jardins et même y construire des églises. Il leur accorda la permission de couronner ces édifices avec des croix, toléra l'usage des cloches pour appeler les Fidèles à la prière, en un mot donna à la célébration du culte catholique toute la latitude et toute la publicité dont il jouissait en Europe. De pareilles mesures ne tardèrent pas à porter leurs fruits, et l'on vit bientôt Dominicains, Jésuites, Franciscains accourir de tous les coins de la Chrétienté, et après s'être établis aussi solidement et aussi confortablement que possible dans ce faubourg de la capitale, se répandre dans les autres villes persanes où la présence de quelques Arméniens pouvait servir de prétexte à leur établissement. Tebriz, Chiraz, Binder, Abbas eurent bientôt des succursales des couvents de Djulfa. Mais chose étrange, surtout pour l'époque où se passaient ces événements, tous ces moines renoncèrent aux querelles qui les divisaient en Europe pour ne s'occuper que d'une chose, augmenter les rapports qui existaient entre l'Europe et l'Asie. Je n'oserais affirmer que leurs rivalités furent tout à fait éteintes, et qu'ils ne cherchèrent pas parfois à se jouer de mauvais tours les uns aux autres ; mais si cela fut, ce ne dut être que dans une proportion très-faible, car le souvenir en est complétement effacé, tandis que celui de leurs vertus, de leur science et de leur charité est encore si vivant, qu'il n'y a pas un habitant d'Ispahan, quelque pauvre et ignorant qu'il soit, pour lequel le nom de Catholique, loin d'être, comme celui d'Arménien ou de Russe, une dérision ou un croquemitaine pour les enfants, ne soit, au contraire, une sorte de compliment et de marque de considération ; la tradition s'est maintenue telle que tout ce qu'il y a de considérable parmi le clergé musulman ne fait aucune difficulté de frayer avec les pauvres missionnaires qui administrent la petite communauté de Djulfa, surtout si par leurs allures européennes ils parviennent à chasser tout soupçon sur leur origine.

Mais, pour en revenir aux Séfewieh, pendant toute la durée de leur domination, ils ressentirent les fruits de la sage administration de leur aïeul Chah-Abbas. Les couvents des religieux devinrent les hôtelleries des voyageurs européens, et ce ne fut pas une sinécure ; car si l'on veut se donner la peine de visiter le cimetière chrétien de Djulfa et celui de l'île d'Ormouz, on peut voir par le nombre des tombes portant une inscription européenne que beaucoup de nos compatriotes trouvèrent en Perse la fin de leurs fatigues et de leurs travaux. Les moines, non contents d'héberger leurs frères, s'empressaient de mettre à leur disposition les conseils que leur expérience du pays et leur connaissance de la langue rendaient précieux ; ils les mettaient en rapport avec les personnages importants, leur indiquaient les démarches qu'ils devaient faire, celles qu'il fallait éviter, les points qu'il était urgent de maintenir, ceux dont l'intérêt était moindre, en un mot dirigeaient toutes leurs affaires. Chardin lui-même, qui était protestant, et dont la mauvaise volonté, je dirais presque l'injustice pour le clergé catholique, ne peut être mise en doute, ne tarit pas d'éloges sur le traitement qu'il reçut dans les diverses maisons religieuses où il eut l'occasion de recevoir l'hospitalité pendant le cours de ses voyages.

Mais si les compagnies de marchands avaient de fréquents rapports avec le chah de Perse, si chaque année elles avaient besoin d'envoyer de nouveaux mandataires pour défendre les concessions qu'elles avaient obtenues ou qu'elles désiraient augmenter, il ne faut pas croire que ce fût une charge bien lourde pour elles ; on apportait bien de superbes cadeaux au Monarque asiatique, mais ceux qu'on recevait en échange étaient d'une valeur au moins égale, sans compter que ces envoyés, hébergés aux frais de la Couronne, n'avaient à subir que des dépenses insignifiantes pendant leur séjour.

Quant aux gouvernements, ils eurent peu de rapports directs avec les cours de Perse. Cependant, à part quelques ambassades envoyées par le grand-duc de Moscovie, qu'il était impossible d'accepter à cette époque comme faisant partie du monde civilisé, il suffit pour s'en convaincre de lire la relation que donne Chardin d'une ambassade envoyée par ce prince. Le jour de leur réception, les envoyés moscovites, invités par Chah-Abbas II à prendre part à un festin qu'il donna en leur honneur, observèrent si peu les lois de la tempérance, qu'il leur fut bientôt impossible de conserver tout ce qu'ils avaient mangé et bu. Troublés par la fumée de l'ivresse, ils ne trouvèrent pas de moyen plus simple pour se débarrasser de leur trop-plein, que d'ôter leurs bonnets fourrés et verser tout ce que leur estomac refusait de contenir. Étonnés d'une pareille conduite, les assistants, et le Roi tout le premier, ne purent s'empêcher de rire, ce qui acheva de décontenancer ces ivrognes; ne sachant plus ce qu'ils faisaient, ils remirent leurs chapeaux sur leur tête, et le spectacle qu'ils offrirent alors aux convives fut si dégoûtant qu'on fût obligé de les chasser. Chardin n'est pas le seul à se moquer de ces barbares; tous les voyageurs contemporains en parlent avec le plus grand dédain, et les Persans n'avaient pour eux qu'une très-faible considération.

A part, dis-je, ces ambassades russes, nous avons la trace de quelques relations politiques entre les monarques persans et les cours européennes. Sir Anthony Shirley fut chargé par Chah-Abbas d'une mission auprès des différents gouvernements européens; il devait offrir aux princes chrétiens une alliance offensive et défensive contre les Turcs qui étaient les ennemis naturels de la Perse, et dont la puissance faisait encore trembler l'Europe.

« Dans cet heureux temps, est venu d'Europe, de sa
« pleine volonté, me trouver dans ce pays, un seigneur
« distingué, sir Anthony Shirley. Or, vous tous prin-
« ces, qui croyez en Jésus-Christ, sachez que c'est lui
« qui a fait naître l'amitié entre vous et moi. Nous
« avions déjà eu ce désir, mais personne ne se présen-
« tant pour ouvrir la voie et pour éloigner les obstacles
« qui me séparaient de vous, il n'y a eu que ce sei-
« gneur. Comme il est venu de sa propre volonté, c'est
« aussi d'après son désir que j'envoie avec lui un des
« premiers hommes de ma cour. La manière dont ce
« seigneur était avec moi, la voici : Depuis qu'il est dans
« cette contrée, nous avons mangé chaque jour dans le
« même plat; nous avons bu dans la même coupe comme
« deux frères.

« En conséquence, princes chrétiens, lorsqu'il se pré-
« sentera devant vous, ayez toute confiance en lui pour
« ce qu'il vous demandera ou vous dira, comme si c'était
« moi-même, et lorsqu'il aura passé la mer et sera entré
« dans le pays du grand roi de Moscovie, avec qui nous
« sommes en amitié comme frères, tous les gouverneurs,
« grands et petits, l'accompagneront avec grand hon-
« neur jusqu'à Moscou, et comme il y a un grand amour
« entre le roi de Moscou et moi, puisque nous sommes
« comme deux frères, j'ai envoyé ce seigneur à travers
« ses États et je le prie de favoriser son passage et d'en
« écarter tous les obstacles. »

Afin de donner plus d'autorité aux propositions qu'il
avait chargé son ambassade de faire aux différents
princes chrétiens, et prouver qu'il agissait de bonne
foi et sans arrière-pensée, Chah-Abbas, en même temps
qu'il donnait ces lettres de créance à sir Anthony Shirley, accordait de grands privilèges aux marchands

chrétiens qui étaient ou qui viendraient en Perse. Voici la traduction du firman qu'il remit à cette occasion.

« Notre absolu commandement, volonté et plaisir est
« que, à compter de ce jour, tous nos États et domaines
« soient ouverts à tous les peuples chrétiens et à tous ceux
« de cette religion, en sorte qu'aucun des nôtres, d'au-
« cune condition, ne puisse leur dire une parole inju-
« rieuse, et à cause de cette amitié dans laquelle je m'unis
« maintenant avec les princes qui professent la religion
« du Christ, je donne patente à tous les marchands chré-
« tiens pour négocier et trafiquer dans toute l'étendue du
« royaume, sans être molestés par aucun prince, gou-
« verneur ou capitaine, ou aucun de nos sujets, quelle
« que soit sa charge. Toutes les marchandises qu'ils
« introduiront seront privilégiées, de sorte qu'aucune
« personne, quelle que soit son autorité ou sa dignité,
« n'aura le droit de les visiter, personne ne pourra faire
« d'enquêtes ou leur prendre, pour l'usage de personne,
« la valeur d'un astre. Nos mollahs, de quelque sorte
« qu'ils soient, n'oseront pas les troubler ou leur parler
« sur les matières de leur foi. Aucun de nos officiers de
« justice n'aura de pouvoir sur leurs personnes ou leurs
« biens pour quelque cause ou quelque acte que ce soit.

« Si un marchand chrétien vient à mourir dans nos États,
« il ne sera touché à rien de ce qui lui appartient; mais
« s'il a un associé, celui-ci pourra prendre possession de
« ses marchandises. Si par hasard il est seul ou n'a que
« des domestiques, le gouverneur de la province ou la
« personne qu'il aura requise pendant sa maladie, sera
« responsable de ses marchandises vis-à-vis tout homme
« de sa nation qui viendra les réclamer. S'il meurt subite-
« ment, et n'a ni associé ni domestique, et qu'il n'ait pas
« eu le temps de recommander à personne ce qu'il veut

« qu'on fasse de ses marchandises, alors le gouverneur
« du lieu les enverra au marchand de la même nation le
« plus voisin dans l'intérieur de nos États.

« Et tous ceux qui, dans nos royaumes et provinces admi-
« nistrent nos douanes, ne percevront rien, et n'oseront
« même pas parler de rien percevoir sur aucun marchand
« chrétien.

« Si un Chrétien a donné ce crédit à un de nos sujets,
« de quelque condition qu'il soit, il aura, par cette pa-
« tente, le droit de requérir le cadi ou le gouverneur
« pour se faire rendre justice, et au moment même de
« sa demande, il devra y être fait droit.

« Aucun gouverneur ou officier de justice de quelque
« rang qu'il soit, ne prendra aucune rétribution de ceux
« qui viendront devant lui; car notre volonté est qu'ils
« soient traités dans nos domaines de manière à en être sa-
« tisfaits, et que notre royaume leur soit librement ouvert.

« Personne n'aura le droit de leur demander pourquoi
« ils y sont.

« Et quoique cela ait été une coutume constante et in-
« variable dans tous nos domaines de renouveler les pa-
« tentes, celle-ci cependant aura sa pleine force et son
« plein effet à toujours pour moi et mes successeurs sans
« pouvoir être changée et sans avoir besoin d'être renou-
« velée. » (*Récit du voyage* de sir Anthony Shirley, édi-
tion de Londres de 1820.)

La mission de Sir Anthony Shirley ne semble pas
avoir produit les résultats que le roi de Perse en attendait; d'abord son envoyé fut fort mal reçu en Russie,
où il fut traité à peu près comme un espion; cependant
il réussit à se tirer de ce mauvais pas et à se rendre en
Allemagne; il fut fort bien reçu par les princes de cette
contrée, mais je ne sache pas que l'histoire ait égard au-

cun souvenir de négociations entamées entre eux et la Perse en vue de détruire la puissance turque.

Quelques années plus tard sir Robert Sherley frère du président, et qui était resté à la cour de Perse comme ôtage de la sincérité de sir Anthony fut également chargé d'une mission pour l'Europe, mais cette fois le but de Chah-Abbas était parfaitement déterminé. Sir Robert Sherley fut envoyé à la cour de Jacques d'Angleterre pour proposer à ce monarque le monopole des soies persanes. Sir Dodmore Cotton fut chargé par le Roi d'Angleterre d'aller examiner ces questions sur les lieux, mais bientôt après son arrivée et avant d'avoir pu s'occuper sérieusement des affaires dont l'avait chargé son maître cet ambassadeur mourut, et les personnes qui l'accompagnaient regagnèrent leur patrie sans avoir pu rien terminer.

Le rôle que joua la France pendant la durée de cette dynastie est à peu près analogue à celui des autres puissances occidentales. Comme ses voisines elle avait des compagnies de marchands qui exploitèrent ces parages et profitèrent comme les autres des avantages et des priviléges que les monarques asiatiques accordèrent au commerce chrétien. Chardin, Tavernier, Thévenot, le premier surtout, ont écrit des relations de leurs voyages qui encore aujourd'hui sont considérées et, à juste titre, comme exceptionnellement exactes; mais le but principal de ces illustres aventuriers était moins de voir un pays nouveau et d'étudier à fond ses institutions et ses coutumes que de s'enrichir par le commerce, tout en satisfaisant leur goût pour le déplacement.

La première trace que je trouve d'une relation officielle entre notre gouvernement et la Perse date de septembre 1708, époque où un certain M. Michel revêtu de pouvoirs authentiques conclut avec Chah-Sultan-Hussein un traité au nom de Louis XIV. Cette pièce traduite par Petis de la Croix a été pendant quelque temps entre mes mains.

Quant au traité qui fut conclu à Versailles en 1715 entre le gouvernement de Louis XIV et le prétendu ambassadeur persan, le protocole seul est intéressant. Quant à l'authenticité de la personne de l'ambassadeur persan ou tout au moins de ses pouvoirs, je la crois très-contestable. Il est possible toutefois que ce Méhemet-Reza-Bey ne fût pas complétement un imposteur et que ce fût un Persan qui attiré par l'espoir du gain entreprit à ses frais le voyage de Perse en France, afin de se rendre compte par lui-même des produits persans que l'on pouvait introduire avec avantage en France, et réciproquement, quels étaient les articles français qui convenaient à ses compatriotes. Une fois arrivé il s'était présenté comme les représentants des différentes compagnies européennes se présentaient à Ispahan, c'est-à-dire avec un caractère semi-officiel. Les circonstances firent le reste : on était en 1715, quelques mois avant la mort de Louis XIV. Le grand Roi, vieux, malade et surtout ennuyé cherchait toutes les occasions de se distraire, et d'éloigner l'idée de la mort qui le tourmentait, tant l'égoïsme de ce moribond faisait souffrir tout son entourage ! et ses ministres saisirent sans doute avec empressement ce moyen d'amuser le Roi vieillard par un spectacle qui charmerait ses yeux et flatterait son orgueil. L'on peut se figurer par la sensation que fit l'ambassade de Feroukh-Khan dans toutes les cours de l'Europe en plein XIXe siècle combien un ambassadeur d'un Séfewieh devait être l'objet de la curiosité d'une cour occidentale du XVIIe siècle. Quant au traité qui fut la suite de cette comédie, la discussion des articles qui le composent ne dut être ni bien sérieuse, ni bien vive ; chacune des parties comprenait que c'était une lettre morte, et que peu importait d'y introduire telle ou telle stipulation en faveur du commerce puisque aucune de ces stipulations ne serait jamais suivie d'effet ; ce qu'il fallait, c'étaient des phrases ronflantes qui satisfissent l'orgueil du vieux Roi et sous une forme nouvelle rajeunissent les louanges et les flatteries dont il était écœuré depuis 75 ans. Pour admettre l'authenticité des pouvoirs de Méhemet-Riza-Bey il fallait être aussi ignorant de la Perse qu'on l'était à cette époque-là en France : le protocole fourmille de fautes grossières.

Les titres auxquels les chahs tiennent le plus n'y sont pas relatés ; ensuite les cadeaux apportés par le susdit ambassadeur sont parfaitement ridicules. Les souverains orientaux ont toujours tenu à honneur d'être magnifiques dans leurs dons, surtout lorsqu'il s'agit d'un souverain étranger, et il est peu acceptable que le chah de Perse qui donnait à un simple représentant d'une compagnie de marchands des pièces de brocard d'un grand prix, des chevaux superbes caparaçonnés d'or et de pierreries, des châles merveilleux, n'eût trouvé pour le puissant monarque de l'Occident, pour un Roi dont les envoyés avaient le pas sur ceux de tous les autres souverains, que quelques turquoises de peu de prix et quelques autres objets si peu importants que l'histoire n'a même pas pris le soin d'en conserver l'inventaire. Si Chah-Sultan-Hussein avait réellement eu l'intention d'envoyer une ambassade au grand Roi, il eût choisi pour cette mission un des personnages les plus considérables de sa cour, il lui eût donné une suite nombreuse et éclatante et en tous points conforme à la splendeur de leur maître ; les cadeaux eussent été nombreux, variés, et d'un prix inestimable, cette ambassade eût fait du bruit sur son passage, on en aurait parlé à Constantinople, ou dans les ports du Levant; en un mot, c'est un fait historique d'une telle importance qu'il eût laissé partout un souvenir réel qui eût permis d'en apprécier la véracité. Au lieu de cela, Paris ou pour mieux dire, Versailles apprit un matin à son réveil qu'il était tombé un ambassadeur persan des nues. On lui fait une splendide réception, on conclut un traité avec lui; mais, d'où était-il venu? par quel chemin s'en retourna-t-il? Personne n'en sait rien. Après cela, peut-être était-il possesseur d'un de ces fameux talismans qui, comme l'anneau de Gygès, permettent à leur heureux propriétaire de paraître et disparaître à volonté comme certains personnages de féerie qui entrent par une trappe et sortent par une autre, sans que le spectateur se rende un compte bien exact de la nécessité de cette apparition.

Si nous avons fait cette digression historique, c'est qu'il nous semblait tout à fait nécessaire pour bien comprendre l'esprit des traités qui ont été conclus dans les temps modernes entre les différentes puissances européennes et la Perse, de se rendre compte de ce qu'étaient nos relations avec l'Asie, pendant le siècle dernier. Nous voyons d'une part les rois de Perse nous attirer chez eux dans le double but d'augmenter le commerce de leur pays, et de se procurer des alliés contre leurs ennemis naturels; de l'autre les nations occidentales chercher un écoulement à leurs produits et un lieu d'approvisionnement non-seulement pour les matières premières, mais encore pour toutes les richesses de l'industrie orientale, tissus de soie, de brocard, de laine, armes précieuses, porcelaines, bijoux et joyaux, chevaux et mulets, soie écrue, coton, sucre, épices, tapis. Qu'apportions-nous en échange? Des verroteries de Venise, des draps, des toiles de Hollande, des armes à feu ; notre infériorité, quant à la richesse et au nombre des produits, est patente par le fait que tous les traités de cette époque contiennent un article qui restreint l'exportation du numéraire, mais notre supériorité comme activité, comme hardiesse et même comme force positive n'était déjà plus un doute et nous voyons Chah-Abbas recourir aux Anglais pour chasser les Portugais d'Ormouz. Que demandèrent-ils en échange de ce service ? L'autorisation d'établir des comptoirs le long du golfe Persique, une diminution des droits de douane et autant que possible une unité de tarifs, et l'exemption des faux frais qui entravent les transactions et mettent les négociants à la merci de la bonne volonté d'un gouverneur et même d'un agent subalterne : les demandes formulées, dans cette occasion, par les Anglais résument parfaitement les tendances de toutes les puissances occidentales à cette époque. Pourquoi Chah-Abbas voulait-il détruire la puissance des Portugais et les chasser d'Ormouz ? Parce que ce prince trouvait que ces étrangers avaient acquis une force qui l'inquiétait et que, s'il ne s'opposait pas à cet envahissement pendant qu'il en était temps encore, il viendrait un temps où les Portugais, maîtres de tous les ports, lui imposeraient les conditions qu'il s'empressait d'offrir aux Anglais, avec la différence que dans le premier cas il serait forcé de les exécuter fidèlement, tandis que dans le second, il était parfaitement décidé à permettre d'autant plus qu'on serait moins en état d'exiger l'exécution des promesses.

Les Anglais, dans cette circonstance, ont cédé au plaisir qu'ils éprouvaient à voir un de leurs ennemis terrassés plutôt qu'à un sentiment de leurs intérêts réels. L'histoire a porté son jugement sur ces faits, et tout le monde, les écrivains anglais eux-mêmes reconnaissent qu'il eût été plus utile à l'intérêt anglais de faire une alliance avec les Portugais et d'imposer à la Perse les libertés commerciales que l'on jugeait nécessaires. Si les événements avaient pris cette tournure, peut-être la Perse aurait-elle évité les crises désolantes qu'elle a traversées pendant la période du xviii° siècle. Les Européens liés à la Perse par des intérêts sérieux eussent probablement empêché l'invasion affghane et ce beau pays que nous voyons encore aujourd'hui si désolé, serait à même de nous fournir le coton que nous refuse l'Amérique et toutes les matières premières dont l'absence amène infailliblement la misère dans une grande partie de l'Europe. Mais, enfin, Dieu ne l'a pas voulu. Chah-Abbas aidé des Anglais, prit Ormouz, détruisit dans la personne des Portugais la prépondérance occidentale, et réduisit à son bon plaisir l'étendue des rapports commerciaux entre l'Asie et l'Europe.

Aussi voyons-nous nos marchands lutter pendant le règne de tous ses successeurs, contre cette situation fatale; leur vie se passait à obtenir des priviléges que l'on s'empressait de leur retirer l'année suivante, et si, par hasard, quelqu'un parvenait à force d'habileté à améliorer la condition, les autres au lieu de l'aider et de le pousser afin, plus tard, de s'appuyer sur lui, s'empressaient de l'entraver et de démolir son influence ; pour arriver à ce but tous les moyens étaient bons, même les moins honnêtes. Le livre de Chardin, est un des ouvrages les plus instructifs que l'on puisse lire ; ce célèbre voyageur expose avec une impartialité et une clarté vraiment remarquables tout ce dédale d'intrigues et de basses jalousies.

Malgré les avertissements que nous donne l'histoire, la politique personnelle et irritante n'a pas encore complétement cessé en Perse, et surtout dans le commencement de ce siècle, elle régnait en maîtresse absolue ; c'était l'époque où Napoléon, convaincu que le blocus était le seul moyen qu'il eût d'atteindre l'Angleterre, cherchait en même temps à lui susciter des ennemis dans ses colonies afin de faire faire par d'autres les diversions que la faiblesse, disons l'absence, le mot est plus juste, de la marine française, l'empêchait de tenter lui-même. Jetant un coup d'œil sur la carte, il vit tout près des Indes un grand empire, dont il ignorait les ressources. L'Europe était encore sous l'impression des conquêtes de Nadir-Chah ; la facilité avec laquelle ce guerrier avait envahi l'Inde, pris d'assaut la ville de Delhi, l'immense butin qu'il avait rapporté de cette campagne, semblaient indiquer que la Perse disposait de grandes ressources, et qu'aidée par des officiers français, il lui serait facile de recommencer une semblable expédition et de chasser les Anglais dont l'autorité était encore mal assise. L'empereur envoya donc une mission auprès de Feth-Ali-Chah, afin d'étudier cette question et de sonder le monarque asiatique sur ses intentions. Le général Gardanne fut chargé de commander cette ambassade qui, outre un personnel diplomatique nombreux, contenait un corps d'officiers instructeurs. MM. Lamy, Trezel, Thuilier, faisaient partie de cette mission militaire. De leur côté, les Anglais ne restèrent pas inactifs, ils envoyèrent le capitaine sir John Malkom, un des officiers les plus distingués de la compagnie des Indes qui contenait à cette époque tant de sujets d'élite. La lutte s'engagea, et Feth-Ali-Chah tiraillé par les uns, tiraillé par les autres, finit, malgré la partialité accusée qu'il avait pour les Français, par céder aux offres séduisantes de l'agent anglais, moyennant une pension de mille tomans par jour (soit 12,000 fr.). Il consentit à envoyer ses passe-ports au général Gardanne et à rendre cette ordonnance célèbre qui faillit être si fatale au général Joubert, par laquelle tout Français arrêté sur le territoire persan pouvait être fusillé sans procès. Les livres sterlings ne furent pas seules à influencer les résolutions de Feth-Ali-Chah, le ressentiment y entra pour quelque chose. L'Empereur avait formellement promis à ce prince de le comprendre dans la première paix qu'il conclurait avec la Russie et d'y mettre comme condition la restitution des territoires persans dont cette puissance s'était emparée du côté de la Géorgie ; et la paix de Tilsitt avait été signée sans que même le nom du chah de Perse eût été prononcé. Feth-Ali-Chah comprit alors qu'il pouvait être un instrument pour Napoléon, mais qu'il ne serait jamais considéré comme un allié sérieux et que tout son rôle pourrait bien se borner à tirer les marrons du feu.

Le général Gardanne parti, les légations anglaise et russe restèrent maîtresses du terrain, et tout en suivant une ligne opposée, tout en faisant même de la politique irritante et personnelle, et tout en se jouant mutuellement de mauvais tours, les deux puissances étaient parfaitement d'accord sur ce point : écarter les étrangers et surtout la France. Aussi les tentatives du gouvernement de Louis-Philippe restèrent-elles sans résultats. M. de Circey, en 1835, échoua complétement, et M. le comte de Sartiges dut-il, après cinq ans d'efforts, renoncer à une solution au moment même où il croyait toucher le but. Le traité était signé ; mais d'une part, la mort de Méhemet-Chah, et de l'autre l'avénement de la République en France, empêchèrent l'échange des ratifications, et ce ne fut que le 12 juillet 1855 que M. Bourée put définitivement conclure un traité avec le gouvernement persan. Depuis cette époque, la France a toujours été représentée à la cour du chah, et personne ne songe plus à l'en éloigner.

Mais il ne faut pas croire que l'Angleterre et la Russie fussent paisibles possesseurs de leur situation. Certainement, grâce à la prépotence de leurs agents, ces deux gouvernements étaient parvenus à imposer leurs volontés au chah, mais les Persans, comme tous les gens très-patients, supportent tout jusqu'à ce qu'ils ne supportent plus rien. Ils accepteront un jour que le ministre de Russie fasse bâtonner le chef de la police, parce qu'on aura jeté une pierre à son chien, mais une autre fois la population entière de Téhéran se portera sur la même légation et assassinera tout le personnel qu'elle contient, parce qu'une femme y est retenue illégalement.

En 1826, les relations étaient tellement tendues qu'elles se rompirent et qu'une armée russe envahit le nord de la Perse et s'empara de la ville de Tauris; cette campagne eut pour résultat les traités de Turkman-chaÿ.

Les droits principaux qui sont accordés par ces différents traités sont :

1. Le droit de résidence;

2. Le droit de posséder des maisons et des boutiques.

3. Le droit de commercer et d'importer ou d'exporter toutes espèces de marchandises moyennant une donation fixe de 5 p. 100.

4. L'inviolabilité du domicile d'un Européen pour les autorités persanes.

Le lecteur trouvera peut-être que je me suis beaucoup étendu sur l'historique des relations de l'Europe avec la Perse.

CHAPITRE XVIII.

Des ouvriers.

En Europe, chaque industrie a ses lois et ses usages auxquels sont soumis les ouvriers; quelquefois même la tradition change d'une province à une autre, et les ouvriers de l'Alsace n'ont rien de commun dans leur manière d'être avec ceux de Lille ou de Rouen, de sorte que, pour se rendre compte de la situation des ouvriers d'un grand pays européen, il faut lire toute une bibliothèque de monographies. En Perse, c'est le contraire; ce ne sont pas les habitudes qui se plient aux occupations, mais les occupations aux habitudes. Du nord au midi de l'Empire les usages sont les mêmes; une seule étude suffit donc pour épuiser le sujet.

Nous devons d'abord poser en principe que l'ouvrier persan est beaucoup plus heureux que l'ouvrier européen; il gagne moins, c'est vrai; mais ce salaire suffit à ses besoins. Et j'oserai dire que de tous les pays que j'ai traversés, la Perse est celui où la condition de l'ouvrier est la meilleure. Les salaires sont cependant peu élevés; les orfèvres, les graveurs, les peintres sur cartonnages, enfin tous les ouvriers intelligents ne gagnent pas en moyenne plus de 3 fr. 50 cent. à 4 fr. par jour; car les chômages fériés ou volontaires sont très-fréquents : 1° tous les jeudis à midi les boutiques se ferment et ne se rouvrent que le samedi matin; 2° tout le mois de Rhamazan on peut considérer le travail comme nul; 3° les dix premiers jours du mois de moharrem sont consacrés aux représentations théâtrales, en commémoration du martyre des fils d'Ali et de la bataille de Kerbelâ. Il est inutile de chercher la population ailleurs que sur les places publiques; le matin, chacun courra d'un tekhie à un autre, et le soir les illuminations attirent encore la foule; 4° les jours qui suivent la fête du Norouz (21 mars) sont consacrés à faire et à recevoir des visites; 5° l'anniversaire de la mort de Mahomet, celui de sa naissance, le 13 de sefer sont également des jours de chômage; 6° un moushtehed ou un négociant important vient-il à mourir, le bazar se ferme et tout le monde va se promener.

L'ouvrier persan n'est jamais pressé, une heure de plus, une heure de moins lui importe peu. Assis dans sa boutique ou dans son atelier, il cause, il rit, s'arrête pour fumer un kalian ou pour voir passer quelqu'un; pendant l'été, il fait la sieste et boit de l'eau glacée; pendant l'hiver, il a sa chaufferette et prend du thé.

Le matin, tous les Persans, depuis le Roi jusqu'au dernier goujat, se lèvent avec le jour pour faire leur prière; cet acte consommé, les uns se recouchent, les autres vaquent à leurs occupations; peu à peu le bazar se peuple, et deux heures après le lever du soleil, tout le monde est à son poste; ceux qui n'ont pas pris leur thé chez eux s'adressent à des marchands ambulants qui livrent ce breuvage à raison de 5 centimes la tasse. Le travail commence, mais pas bien fort et se continue jusqu'à neuf heures en été, dix en hiver; c'est l'heure du déjeuner, qui se compose de pain et fromage, d'herbes de différentes espèces, de fruit, de laitage, quelquefois même de bouillon; après ce repas, en été, tout le monde dort, et le bazar devient aussi morne que les boulevards de Paris à cinq heures du matin. Cette sieste dure jusqu'après midi, le travail reprend alors et dure jusqu'au coucher du soleil, moment où les boutiques se ferment. En hiver, pas de sieste, mais les jours finissent plus tôt. Avec 2 francs par jour un ouvrier persan est plus riche qu'un ouvrier européen avec 5. Ce salaire lui suffira pour avoir sa maison à lui seul, c'est-à-dire deux ou trois chambres et une cour ; chaque chambre sera garnie de feutres ou de tapis, meubles indispensables en Perse. Le matin il boira son thé, il déjeunera à 9 ou 10 heures, comme nous l'avons indiqué, et, le soir, il dînera avec de la viande, du riz, des légumes; sa femme ne sera pas obligée d'aller travailler dehors, elle restera à la maison à soigner les enfants, à faire la cuisine et à coudre les vêtements de son mari. La polygamie est fort rare chez les gens du peuple, mais le divorce est plus fréquent.

Le chauffage est très-économique et 10 centimes suffisent pour plusieurs jours à une famille. On met au milieu de la chambre un réchaud rempli de poussière de charbon embrasé et recouvert de cendres, puis on place pardessus une table de vingt à trente-cinq centimètres d'élévation que l'on recouvre d'une grande couverture en coton piqué traînant par terre de tous côtés; chacun s'asseoit autour de cette table en relevant un coin de la couverture sur ses genoux; le réchaud ainsi arrangé exhale pendant cinq ou six jours une chaleur douce et très-suffisante.

L'ouvrier persan n'est pas tellement absorbé par son travail qu'il n'accorde une bonne part de sa vie à la culture de son esprit, et comme il n'a ni cabaret, ni théâtre, ni lieu public pour se distraire, il se réunit avec deux ou trois de ses amis pour causer. L'ivrognerie, contrairement à ce qui se passe chez nous, est plus répandue dans les hautes classes que parmi le peuple. J'ai connu plusieurs grands personnages qui se couchaient rarement sans être ivres, tandis que parmi les gens du peuple, surtout parmi ceux qui ne sont pas domestiques, il y a beaucoup d'individus qui ne boivent jamais de boisson fermentée plutôt par sobriété que par fanatisme religieux.

Les Persans du peuple occupent leurs soirées à se raconter des vers des grands poëtes, à faire de la musique, et à voir leurs femmes danser.

L'ouvrier persan n'est ni insolent, ni tapageur; il s'exprime dans un langage assez relevé et son éducation est suffisante pour qu'il ne soit jamais déplacé nulle part; il sait parfaitement devant qui il faut s'asseoir et devant qui il doit rester debout; il n'est jamais embarrassé pour placer son mot dans la conversation.

L'habillement de l'ouvrier persan se compose d'une chemise en toile de coton, d'un pantalon large en cotonnade bleue et de deux robes de coton que l'on met l'une par-dessus l'autre en hiver; celle de dessus est en laine, ceux qui sont à leur aise joignent à ce costume une sorte de paletot en drap, et quand ils sortent, le manteau d'étiquette. Ces deux derniers objets nécessitent une mise de fond de 250 francs, mais durent la vie entière; pour coiffure ils portent le bonnet pointu que nous connaissons en Europe, ou une calotte en feutre; ceux qui descendent du Prophète portent un turban en étoffe de coton bleue ou verte.

Les femmes portent à la maison une chemise et un jupon court en indienne, et pour sortir elles s'enveloppent dans une grande pièce de toile bleue qui les enferme absolument.

Une des considérations qui semble le plus en faveur

de l'ouvrier persan c'est que la distance qui le sépare des autres classes de la société est parfaitement franchissable. Tous les produits du pays sont à la portée de toutes les bourses et la table du Roi ne diffère de celle de l'ouvrier que pour la quantité. L'ouvrier persan n'est pas révolutionnaire, mais il n'est ni timide, ni embarrassé; il est souvent fort intelligent et toujours d'une grande habileté dans son état. L'ouvrier persan est libre de travailler là et quand il lui plaît; il n'est soumis à aucun règlement de police; en général le fils travaille avec le père; mais si cela ne convient pas au fils, le père n'a aucune autorité pour le retenir.

CHAPITRE XIX.

Des douanes.

La Perse est en communication avec l'Europe par dix points, ou, pour parler plus justement, les marchandises indigènes ont dix débouchés et les produits étrangers dix entrées. Au nord, nous trouvons d'abord deux routes : celle de Trébizonde et d'Erzeroüm et celle de Poti, Tiflis, Erivan; ces deux grandes artères viennent se réunir à Tauris. A l'Est, les Persans ont trois ports sur la mer Caspienne : celui d'Inzeli, qui mène au Recht; celui de Mechidiser, tout près de Ba-Feruch, et celui d'Achouradi, qui dessert Astérabad. Au sud, dans la mer du Fars, connue en Europe sous le nom de golfe Persique, les Persans ont dix ports, mais trois seulement offrent quelque importance : d'abord celui de Mina qui sert de débouché à une partie du Beloutchistan ; 2° Binder-Abbas, qui communique avec les provinces de Kirman, Yezd et Laristan; 3° Binder-Bouchir, qui doit son importance à la proximité de Chiraz. Enfin, à l'est, la ville de Mohammera, située à l'embouchure du Kharoun, qui communique avec le Chal-el-Arab, à l'aide d'un canal artificiel, et la ville de Kirmanchah, qui commande la vallée de Bagdad. Tous ces points ne sont pas d'une égale importance, et les quatre principaux sont Tauris, Chyraz, Recht et Kirmanchah.

Pendant le XVII° et le XVIII° siècle, tout le commerce entre l'Europe et la Perse se faisait par la voie du golfe Persique et principalement par Binder-Abbas; mais, dans les temps modernes, la Russie ayant fait de grands progrès, et les voyages dans la Turquie d'Asie étant devenus plus sûrs et plus faciles, le commerce a changé de route, et, surtout depuis le commencement de ce siècle, Tauris a été le centre de toutes ou de presque toutes les relations commerciales de la Perse. Cette ville, capitale de la province de l'Aderbaïdjan, est encore la plus peuplée du royaume; on estime en général à 125,000 le chiffre de sa population; elle renferme, outre les gros marchands indigènes, un certain nombre de comptoirs européens, parmi lesquels quelques-uns appartiennent à des maisons anglaises extrêmement considérables.

Si Tauris n'offre aucun intérêt au touriste, il n'en est pas de même pour le commerçant : c'est une place qu'il ne saurait trop étudier, s'il veut se rendre un compte bien exact des ressources de la Perse. Située à 96 farsacks, c'est-à-dire à 576 kilomètres de Téhéran, cette ville est distante de Trébizonde de 920 et d'à peu près autant de Tiflis. Quoiqu'il soit impossible d'établir une statistique sur des bases réelles et solides en Orient, voici quelques chiffres auxquels j'ai lieu de pouvoir ajouter foi.

La douane de Tauris est affermée à Mirza-Nasser-Ullah 270,000 tomans, soit 3,240,000 francs.

Le nombre des mulets faisant le service entre Trébizonde et Tauris varie de 35 à 40,000; chacune de ces bêtes porte en moyenne 120 kilogrammes, ce qui fait un total approximatif de 4,800,000 kilogrammes d'importation.

Le chiffre de l'exportation persane en Russie par la

voie de Tiflis, s'est élevé en 1862 à 15,074,928 fr. dont voici le détail :

Cotonnades....................	5,296,148 fr.
Fruits secs....................	2,190,944
Soieries......................	1,689,884
Tabac........................	796,504
Soie écrue....................	725,636
Bétail........................	656,676
Peaux	462,624
Drogueries....................	376,268
Coton filé....................	329,340
Coton........................	326,996
Céréales	291,216
Étoffes de laine...............	284,444
Couleurs......................	233,624
Marchandises diverses..........	1,414,604

La concurrence européenne tend chaque année à faire diminuer ce chiffre; cependant tant que la Russie maintiendra son système douanier vis-à-vis de l'Europe, tant que les tarifs conservateurs seront en vigueur, la Perse, et par contre la ville de Tauris, continueront à importer des marchandises pour un chiffre considérable dans les provinces transcaucasiennes. Ainsi, pour ne prendre qu'un seul exemple, les cotonnades figurent dans le tableau précédent pour un chiffre de 5,296,148 fr.; on aurait tort de croire que cette denrée soit toute de fabrication persane : la plus grande partie est importée de Suisse ou d'Angleterre, où l'on copie les modèles persans. Ces marchandises sont livrées au commerce indigène qui, malgré les prix de transport et les droits d'entrée en Perse et d'entrée en Russie, qui constituent un total de 12 à 13 p. 100, peuvent lutter avec avantage dans le Caucase contre les cotonnades venant directement de Suisse ou d'Angleterre. Lorsque les Russes ont conclu le traité de Turkman-chay, ils ne s'étaient certainement pas doutés qu'il pourrait servir à éluder les droits énormes qu'ils ont établis du côté de l'Europe comme une barrière infranchissable contre nos produits.

La douane persane est perçue à Tauris et pour la route de Turquie et pour celle de Russie. Elle est de 5 p. 100 pour les marchands européens ; mais parfois le douanier fait des contrats particuliers avec les négociants et consent, par exemple, à percevoir sur chaque caisse un droit fixe sans faire de visite. J'ai connu un négociant qui donnait 60 francs par chaque caisse, quel que fût son contenu ; il est vrai que cette personne faisait le commerce d'horlogerie et d'articles de Paris et que, par conséquent, ce droit lui était plutôt favorable que nuisible.

Quant aux Persans, leur situation n'est pas tout à fait aussi bonne ; car, outre le droit qu'ils acquittent à la douane, ils sont soumis à un droit de circulation et à un droit d'octroi dans chaque ville où ils passent. Le tarif n'est pas non plus uniforme, et ils payent suivant la catégorie des marchandises qu'ils font entrer. Ainsi voici le tableau des droits d'entrée à Téhéran :

Étoffes européennes	120 k.	3 k.
Épicerie	—	2
Verrerie et poterie	—	2
Quincaillerie	—	2
Spiritueux	—	4
Beurres et huiles	—	2 1/2
Bois de teinture	—	3
Riz	—	2
Tabac	60 k.	» 8 chays.
Étoffes de Yezd et Cachan	120 k.	4
Fil d'Europe	—	3

Coton brut....................	120 k.	8 chays.
Fruits secs....................	—	2 1/2
Bonbons de Yezd.............	2 k.	» 7 chays.
Étoffes de Kirman...........	3 k.	» 4 chays.
Laine...........................	3 k.	» 4 chays.
Soie.............................	3 k.	2 8 chays.
Châles de Kirman............	1 p. 100 sur l'estimation.	
Esclaves par tête..............	10 k.	

La sortie de tous ces objets est de moitié. Le total des frais que paye un marchand persan varie d'après ce tarif, mais il n'est jamais au-dessous de 7 p. 100 et monte rarement au delà de 10 p. 100. Si quelqu'un a fraudé les droits, il est condamné à payer le double droit; mais cela n'empêche pas que la fraude ne soit considérable. D'abord, grâce à une rétribution, les marchands obtiennent des muletiers qu'ils évitent de traverser les villes, quitte à allonger un peu leur chemin; puis le fisc n'a pas prévu tous les cas. Ainsi, par exemple, les Juifs d'Hamadan sont soumis à un droit fixe de 1 p. 100 par 120 kil.; il en résulte que les Musulmans payant 8 krans par 120 kil. de tabac, font entrer cette denrée sous les noms des Juifs auxquels ils donnent une faible rétribution. En revanche, lorsque les Juifs veulent faire entrer certaines denrées, comme le poivre qui ne coûte aux Musulmans que quatre sous par charge, ils sont obligés d'avoir recours à leurs voisins.

La ville de Recht et son port d'Inzeli doivent leur importance à plusieurs causes: d'abord la province du Ghilan, dont Recht est la capitale est une des plus productives du royaume; l'abondance et la force de la végétation de cette langue de terrain qui borde la mer Caspienne est vraiment féerique et frappe surtout par le contraste qu'elle fait avec le reste de la Perse. Ces immenses forêts vierges qui comprennent tout le Ghilan et tout le Mazenderan peuvent fournir des bois de construction à tous leurs voisins, mais ce n'est pas leur seule richesse ; l'humidité et la douceur du climat permet toutes sortes de cultures ; le riz et la soie sont très-abondants dans le Ghilan, tandis que le coton, le sucre et les oranges du Mazenderan sont l'objet d'une forte exportation.

Dans l'état actuel et avec sa détestable administration, la ville de Recht a exporté en 1861, 100,000 pouds de soie ; le poud vaut 12 kilogrammes, c'est donc 1,200,000 kilogrammes de soie ; le prix cette année-là était de 14 tomans, soit 168 fr. les 3 kilogrammes. La soie du Ghilan est de bonne qualité, mais elle est filée inexactement, et lorsqu'à son arrivée en Europe on la fait passer à l'éprouvette, elle donne un déchet considérable, environ 15 p. 100. On pourrait remédier à cet inconvénient en établissant sur les lieux mêmes des filatures régulières ; mais ce serait une opération très-aléatoire, car jusqu'à présent aucune entreprise industrielle, qu'elle soit dans les mains des indigènes ou qu'elle soit dans celles des étrangers, n'a jamais donné de résultat avantageux. Les Persans connaissent trop peu le prix du temps pour s'astreindre à un travail régulier, et les calculs industriels sont trop abstraits pour entrer dans leurs têtes. Parlez-leur d'un procédé qui économise un tiers par heure sur le chauffage, ils vous riront au nez et ne comprendront pas que cette économie, souvent répétée, finit quelquefois par être le seul bénéfice du propriétaire de l'usine à la fin de l'année. Doués d'un esprit très-aventureux, favorisés par l'absence de concurrence sérieuse et habitués à des gains très-considérables, les Persans sont gens à entreprendre, n'importe quelle opération commerciale; ils en saisiront de suite les avantages et les périls, et étonneraient nos plus grands industriels par la justesse de leurs conceptions et l'habileté qu'ils montreront dans la conduite de leur entreprise. Individuellement ils sont sobres, patients et économes; mais en affaires industrielles, ils perdent toutes ces qualités et sont tout à fait incapables de conduire une usine qui demande de la tenue.

Malgré tout, il viendra un jour où les soies du Ghilan afflueront sur les marchés européens. Je n'en veux pour gage que la faveur dont jouissent les soies de Noukha qui sont produites dans les mêmes conditions que celles du Ghilan. Inzeli, le port de Recht, est dans une situation admirable; il est formé par un immense lac d'eau douce, mis en communication avec la mer par une passe étroite qui offre aujourd'hui quelque difficulté pour la franchir par suite des obstacles artificiels que les Persans ont cru bon de créer afin, disent-ils, d'empêcher la flotte russe de s'emparer de ce port. Ces obstacles sont à peu près absurdes, et il suffirait de quelques journées de travail pour rendre l'entrée de ce port aussi facile que celle du Bosphore avec lequel, du reste, il a une grande analogie.

Pendant six ou sept mois de l'année, Inzeli est en rapport direct avec Pétersbourg pendant tout le temps que dure la navigation du Volga; c'est un voyage qui n'est ni cher, ni long. Je crois que l'on met vingt-cinq jours et que le prix des places en première classe est de 900 à 1,000 fr.

Si les Russes mettent jamais à exécution leur projet de chemin de fer de Poti à Bakou, Recht deviendra la ville la plus importante du nord de la Perse, car non-seulement il sera très-facile d'y aborder du côté de l'Europe, mais encore sa grande proximité de Téhéran et la facilité que l'on a d'établir entre ces deux villes une route carrossable, lui feront donner la préférence sur Tauris.

Les deux ports du Mazenderan, Mechédiser et Achouradé, qui desservent les deux villes de Barferouch et d'Asterabad, sont beaucoup moins importants que celui de Recht. D'abord ces deux ports sont peu abrités et très-étroits; en second lieu, les communications avec Téhéran sont moins faciles; on doit traverser la chaîne de l'Elbours, et pendant l'hiver ce trajet est souvent interrompu à cause des neiges. Les Turkomans, en outre, inquiètent parfois les caravanes, et enfin le Mazenderan, quoique extrêmement fertile, est moins avancé que le Ghilan, et la soie que l'on y récolte est d'une qualité inférieure. Il est vrai que le coton qu'il produit est excellent; mais jusqu'à présent cette culture est peu abondante, et le riz, qui est la principale ressource de ce pays, se consomme presque tout en Perse. Je n'ai pas été jusqu'à Asterabad, mais j'ai visité Barferouch, Sari et les ruines d'Aschraf, palais construit par Chah-Abbas, et dans lequel il venait régulièrement passer quelques semaines chaque année. Il est impossible de rien voir de plus splendide que la végétation de cette province. Les montagnes sont couronnées de forêts séculaires; l'essence la plus abondante est celle du hêtre. Les villes ont un caractère tout différent des autres villes de Perse : au lieu de ces bâtisses en briques crues, de ces terrasses plates et monotones, les villes du Mazenderan sont bâties en pierres et en bois; l'étage supérieur est entouré d'une véranda, et la cour plantée d'orangers. Les toits sont protégés par une charpente assez inclinée recouverte de tuiles creuses.

Deux ou trois rivières arrosent cette contrée, mais la plus importante est celle du Séfid-Roud qui sert presque de frontière aux deux provinces du Mazenderan et du Ghilan; à l'embouchure de ce fleuve se trouve une grosse pêcherie d'esturgeon; on y fabrique du caviar. Elle est affermée à une compagnie russe qui en tire un beau revenu.

Tels sont les points par lesquels la Perse communique par le nord avec l'Europe; il nous reste maintenant à étudier ceux par lesquels passe le commerce du Sud. Des trois ports que la Perse possède dans le golfe Persique, deux, celui de Mina et celui de Binder-Abbas sont loués avec tout le territoire qui en dépend à l'Iman de Maskat pour une somme de 18,000 tomans (216,000 fr.). Ces deux ports n'ont pas une grande importance. Ainsi que je le disais dans le chapitre précédent, Binder-Abbas est mort et bien mort. Bouchir lui a enlevé toute son existence, et cela s'explique par la proximité de Chiraz. Les routes de Binder-Abbas à Chiraz et à Kirman sont extrêmement mauvaises; on traverse des pays insalubres et déserts, ou peuplés par des tribus que l'on aimerait autant ne pas rencontrer, à ce point, que le peu de marchandises que les habitants de ces villes tirent de ce port sont confiées à des caravanes dont les chefs sont des voleurs avoués. La distance qui sépare Bouchir de Chiraz n'est guère que de six jours, tandis que le trajet de Binder-Abbas à la même ville en demande au moins vingt. Il est vrai que l'on traverse la plus grande partie du Fars et que les produits de cette fertile contrée pourraient être exportés de Perse sans venir à Chiraz.

Depuis le mois de décembre 1862, un service régulier et mensuel a été organisé par une compagnie anglaise entre Bassora et Bombay; ces paquebots font escale à Kourratchie, Beypore, Cochin, Maskat, Binder-Abbas, Binder-Bouchir et Bassora. Ces bâtiments sont parfaitement aménagés pour recevoir beaucoup de passagers, de chevaux et de marchandises.

Je n'ai pu me procurer d'une façon bien positive le mouvement du port de Bouchir, mais voici approximativement ce qu'il peut être :

Outre le paquebot qui fait le service mensuel, il arrive à peu près trois bâtiments anglais de 200 à 300 tonneaux chaque mois, trois ou quatre clipers américains qui viennent charger des dattes, quatre ou cinq hollandais en partance de Batavia, et enfin un ou deux français venant de l'île de la Réunion.

Le fret est de 25 à 40 fr. entre Bouchir et Bombay et de 125 fr. de Bagdad à Marseille ; par conséquent, on peut évaluer à peu près à 100 fr. le fret de Bouchir à Marseille par le Cap. Le transport par la voie de Suez doit être très-cher, puisque de Suez à Bombay, on paye 20 livres sterling pour 40 pieds carrés anglais.

Outre ces bâtiments, une centaine de bangalos, espèce de vaisseaux arabes jaugeant de 10 à 100 tonneaux, font chaque année deux voyages à Bombay, pendant la mousson qui dure depuis septembre jusqu'à la fin de mai. Malgré le prix peu élevé de leur fret, malgré la tranquillité de la mer pendant cette saison, ils offrent si peu de sécurité que les négociants préfèrent toujours confier leurs marchandises aux navires européens lorsqu'ils en trouvent l'occasion. Le principal commerce d'importation qui se passe à Bouchir est celui des sucres dont le prix varie :

Sucre raffiné, de 3 fr. à 4 fr. 50 les 3 kilos.
Cassonnade, de 2 fr. 50 à 3 fr. 50.

La plus grande partie de ce sucre vient de Batavia.

Bouchir n'a pas de port, mais seulement une rade qui

serait excellente si ce n'était son peu de profondeur. Les navires au-dessus de 200 tonneaux sont obligés de rester à demi-lieue en mer. Quant aux très-gros bateaux, ils ne peuvent s'approcher plus près de deux lieues.

Mohammera, situé un peu plus haut que Bouchir, est bâti, comme je l'ai déjà dit plus haut, dans une petite île formée par le Kharoun et un canal artificiel qui relie ce fleuve au châtel arabe. Ce fort sert exclusivement de débouché aux produits de la province de l'Arabistan dont Chouster est la capitale.

Quant à Kirmanchah qui domine la route de Bagdad, c'est la ville où viennent aboutir toutes les marchandises qui arrivent de Bagdad et tous les pèlerins qui se rendent à Kerbela, et leur nombre n'est pas insignifiant, puisqu'il dépasse 100,000 chaque année. Il existe un grand commerce entre la Perse et Bagdad ; la première exporte du tombakou, sorte de tabac nécessaire pour le narghilé et qui ne se cultive qu'en Perse. La seule ville d'Ispahan en expédie chaque année 14 à 16,000 charges de 120 kilogrammes. Le prix de chacune de ces charges arrivée à Bagdad était de 16 à 17 tomans.

Voici le détail des frais pour une charge :

Achat du tabac.........	6 t.	72 t.
Transport..............	5 t.	60 t.
Douane persane.........	» 5 k.	6 t.
Douane turque.........	8 p. 100.	
Faux frais et pertes.....	2 t.	24 t.
Total............	14 à 15 t.	168 à 170 t.
Prix de vente..........	16 à 17 t.	de 192 à 206 t.
Bénéfice net.....	2 t.	24 t.

Mais au lieu d'argent les marchands prennent des cotonnades sur lesquelles ils font encore un bénéfice, de telle sorte que l'on peut dire hardiment que l'argent engagé dans cette entreprise rapporte 25 p. 100.

Les principaux objets que l'on importe en Perse sont :

Les cotonnades de toutes qualités,
Les draps d'Allemagne,
Les soieries de Lyon,
Les cristaux d'Allemagne,
Les porcelaines de France et d'Angleterre,
Les bois de teinture et la cochenille,
L'article Paris,
La quincaillerie française et belge,
Les armes à feu,
L'horlogerie et les bijoux,
Les allumettes de Vienne,
Le sucre français,
Les épices des Indes,
L'indigo,
Le café,
La papeterie russe,
Le cuivre russe,
Le fer et la fonte russes,
La verrerie russe,
La bougie russe,
Les cigarettes de Tiflis.

Une certaine quantité de cuirs de tous les pays, des pointes et de la clouterie française.

Les articles d'exportation sont :

Le tabac,
Les raisins secs et fruits secs de toutes sortes,
Les châles de Kirman,
Les tapis,

Le vin de Chiraz,
L'eau de roses de Chiraz,
La cire,
Les peaux d'agneaux,
Les céréales,
Les chevaux et les mulets,
Les étoffes de Yezd,
L'opium,
La garance,
La safran,
La soie,
Le coton,
La noix de galle,
Les étoffes de laine de chameaux, etc.,
Les cuirs d'Hamadan.

Comme nous avons déjà eu l'occasion de l'observer plusieurs fois, la Perse manque complétement de moyens de communication, et tout doit être porté à dos de bêtes de sommes. C'est là un grave inconvénient qui disparaîtra sans doute avec le temps, car non-seulement un animal portant un poids très-inférieur à celui qu'il peut traîner, le prix des transports reste très-élevé, mais il est même certains objets qu'il est tout à fait impossible d'apporter, parce que le poids dépasse celui que peut supporter une bête de somme.

Voici le tarif actuel :

La charge d'un mulet est de 120 kilogrammes.

De Yezd à Téhéran	pour 3 kilos.	1 fr. 70
De Kirman à Téhéran	— 3 —	2 50
De Binder-Abbas à Yezd	— 3 —	2 »
De Bouchir à Yezd	— 3 —	2 50
De Chiraz à Téhéran	— 300 —	96 »
De Bagdad à Téhéran	— 120 —	26 40

De Febriz à Téhéran	pour	3 kilos.	1 fr. 50
De Téhéran à Trébizonde	—	120 —	130 »
De Bouchir à Chiraz	—	» —	» »
De Recht à Téhéran	—	120 —	50 »
De Barferouch à Téhéran	—	120 —	50 »
D'Asterabad à Téhéran	—	120 —	55 »

Tels sont les renseignements que j'ai pu me procurer sur les douanes persanes; ils sont fort incomplets sans doute, mais ceux qui ont voyagé en Orient savent avec quelle difficulté on peut obtenir des renseignements positifs et quelle répugnance éprouvent les habitants à vous dire même ce qu'ils savent.

Les documents qu'on vient de lire, quelque peu satisfaisants qu'ils soient, m'ont coûté plus de peine à recueillir que tout le reste de mon travail. J'ai dû comparer ceux qui me provenaient de différentes sources, écarter ceux dont la fausseté était évidente, prendre des moyennes, tâtonner, en un mot n'avancer qu'à l'aide de la critique, ce qui, en matière de chiffres, est toujours une méthode détestable. Dans tout autre pays, j'oserais à peine avouer de pareils résultats; si par exemple je disais que le prix d'entrée de telle ou telle denrée varie de 3 à 4 tomans, on me rirait au nez; mais en Perse, c'est la vérité la plus absolue, rien n'est réglé, ou du moins personne ne tient à la règle; toutes les transactions et les impôts rentrent dans cette catégorie, se font de gré à gré; tout se marchande, et un négociant auquel on réclame 100 tomans de droits de douanes, trouve toujours le moyen d'en épargner 2 ou 3. Ce qu'il y a de plus singulier, c'est que cette lutte est toujours au préjudice de l'État. Chacun le sait, le gouvernement lui-même; mais personne n'y porte remède, trop d'intérêts sont engagés à laisser les choses subsister comme elles sont.

Cette incertitude a écarté jusqu'à présent le commerce européen de la Perse; c'est un tort : tout individu dont la nation est représentée à Téhéran peut être sûr qu'il ne lui sera fait aucun passe-droit dans ces sortes d'affaires; il suffit d'une note d'une légation pour arrêter tous ces tripotages, et l'Européen est d'autant mieux garanti qu'en somme il n'obéit qu'aux lois de son propre pays.

CHAPITRE XX.

Des arts industriels.

L'art persan a passé par des phases si diverses et tient d'une manière si absolue à l'histoire politique de la Perse, qu'il faudrait plusieurs volumes pour traiter cette question ; cependant nous pouvons dire que l'originalité de l'art persan consiste non dans l'invention, mais dans l'appropriation du modèle aux besoins et aux idées du pays. Ainsi, pendant la période de l'antiquité, c'est-à-dire jusqu'à l'avénement de l'Islam, on pourrait diviser l'art en trois grandes époques : l'époque égyptienne, l'époque grecque et l'époque sassanide. Persépolis donne une démonstration absolue de ce fait, et cependant personne ne songera à contester l'originalité de l'art assyrien. De même dans l'art moderne il y a quatre révolutions parfaitement distinctes : la première où l'art procède par l'ogive et le décor en briques émaillées, tout en conservant la coupole ovoïde et quelquefois le cintre et la coupole byzantine ; la seconde qui suivit les invasions mongoles et tartares, est bien encore l'ogive, les colonnettes et les décors en plâtre découpé, mais les toits s'avancent, et cette saillie à angles droits nous rappelle la Chine, que nous retrouvons également sur les dessins de briques émaillées, et dans les peintures décoratives.

Ispahan est l'apogée de cette période, les palais, les places, les mosquées, tout a l'aspect arabo-chinois. Lorsque Nadir-Chah revint de Delhi, la Chine dut faire place aux Indes, ce fut l'époque des manuscrits splendides, des pierreries et des armes; les vases en porcelaine furent remplacés par ceux en jade, et les dessins arabes ou chinois par des portraits de guerriers géants. Enfin la période moderne est marquée par l'invasion du goût européen. Aujourd'hui dans les grandes villes on trouve partout des lithographies grossières remplaçant les fresques, des fenêtres à grands carreaux remplaçant ces admirables vitrines en bois découpé, qui étaient aussi incommodes qu'elles étaient merveilleuses de beauté. Dans le costume, le pantalon étroit est devenu d'un usage universel, et les draps européens tendent chaque jour à remplacer les lainages de cachemir. Que résultera-t-il de cette révolution ? l'Europe finira-t-elle par envahir complétement cette vieille société, et nos idées pénétreront-elles avec nos ballots ? Je n'oserais l'affirmer, car le trait principal du caractère persan c'est l'orgueil; et de même que le Juif a traversé toute l'antiquité sans varier d'une ligne, de même le Persan est tellement imbu de l'idée que son pays, ses habitudes, ses lois et même sa personne et son intelligence sont supérieurs au reste de l'univers, qu'il n'acceptera jamais du dehors, ni une idée, ni une habitude, sans leur faire subir une transformation complète ; et même pour les objets matériels, les négociants européens qui opèrent avec la Perse sont obligés de se conformer à cet état de choses, sans quoi ils ne vendraient rien. Aussi tous les objets importés seraient-ils à peu près impossibles à trouver en Europe. On ne peut cependant pas dire que ce soit absence de goût, car la plupart des indiennes vendues en Perse et venant de Manchester sont très-supérieures à celles que les gens du peuple emploient en Europe.

Les principales industries persanes sont les armes, les teintures, les poteries. Nous allons donner quelques détails sur ces diverses fabrications. Nous commencerons par les armes.

Il y a deux espèces d'armes : les armes à feu et les armes blanches.

Personne n'ignore le nom de Moustapha, et les canons de fusil qu'il fabriquait, se vendent encore aujourd'hui 12 ou 1,500 fr. Tous les armuriers se servent des procédés employés par cet illustre ouvrier, et les voici tels qu'on me les a indiqués :

Pour faire un canon de fusil, on prend deux vieux fers à cheval joints à une certaine quantité de petits morceaux de fer ordinaire, de manière à ce que le total fasse quinze sir, à peu près un kilog. On plie ce fer de manière à ce que l'extérieur soit formé par les fers à cheval, on met au feu et on laisse jusqu'à ce que la matière soit prête à fondre ; on frappe ensuite sur l'enclume de façon à ce que la totalité des morceaux soit unie et compacte ; on répète cette opératiou plusieurs fois, ensuite on étend la matière de manière à obtenir une lame de 75 centimètres de longueur. Lorsqu'on a obtenu douze de ces lames, on les attache ensemble et on les passe au four, on les bat à la sortie, et l'on coupe au fur et à mesure les parties qui sont amalgamées ; on allonge et l'on accourcit les lingots jusqu'à la largeur et à l'épaisseur d'un doigt, en arrondissant un peu les angles ; on prend alors quatre de ces rubans et on les tortille en vis; on étend ces quatre vis sur une lame de fer, puis on frappe et l'on chauffe jusqu'à ce que la matière soit bien compacte, ensuite on tortille un moule de ce dernier ruban, on frappe et l'on chauffe pour obtenir la soudure.

Cette opération terminée et le moule retiré, on polit et l'on régularise l'intérieur du canon; on polit aussi l'extérieur et pour faire ressortir les dessins produits par les différentes qualités de fer amalgamées, on enduit le canon d'une composition de deux parties de soufre et d'une de sel que l'on réduit en poussière impalpable, et que l'on mélange avec un peu d'eau; on met alors le canon ainsi enduit dans un endroit humide et chaud, comme l'intérieur d'un bain par exemple, pendant vingt-quatre heures; au bout de ce temps on le retire et on le nettoie, et le canon est terminé.

Il y a une sorte de canons auxquels on attribue une plus grande portée; on les appelle *fusils de cabinet*. La seule différence qu'il y ait dans la fabrication consiste dans une chambre que l'on dispose au fond du canon pour recevoir la poudre.

Le prix d'un canon moderne varie de 12 à 300 fr.
Celui d'un pistolet, de 6 à 120 fr.

Les batteries de ces armes sont toujours à pierre, quelquefois même à mèche. Dans tout le sud de la Perse c'est l'arme adoptée pour l'infanterie nomade, et j'ai vu souvent un chef de tribu accompagné par sept ou huit cents hommes ainsi armés. La principale fabrique de ces fusils est à Laar; c'est une arme très-pittoresque et j'ose à peine ajouter très-dangereuse. Une fourche est adaptée à l'extrémité du canon, fourche qui manœuvre à l'aide d'une charnière. On s'en sert comme de point d'appui, comme d'une sorte d'affût, et il est rare que la balle n'atteigne pas le but que le tireur s'était proposé.

La crosse de ces fusils est étroite et courbe, et faite en

bois noueux qu'on récolte dans le Mazenderan et qui a beaucoup de rapport avec le tuya.

Les fusils à percussion sont tous ou presque tous de fabrique européenne; les plus estimés sont les fusils anglais, mais il n'y a que les grands personnages qui se donnent ce luxe, et les gens du commun se servent ou de fusils indigènes ou de fusils de fabrique belge.

Les Persans sont en général fort habiles pour atteindre une cible ou pour abattre une pièce de gibier arrêtée, mais ils tirent mal au vol ou à la course; il y a cependant des exceptions, et le Roi tire avec une précision et une habileté qui étonneraient nos plus fameux chasseurs.

Toute la milice persane est aujourd'hui armée de fusils de munition; une partie de ces armes a été achetée en Angleterre, une autre fabriquée à Téhéran, et dix mille ont été achetées en France, parmi les armes que nous avons réformées à la suite de la guerre de Crimée.

L'arsenal de Téhéran serait parfaitement en état de fabriquer les armes nécessaires à l'armée persane; il ne manque ni de matériel, ni d'ouvriers, et à part les essais tentés par un officier d'artillerie français, et qui n'ont pas réussi pour des causes qu'il est inutile de rapporter ici, j'ai vu un certain nombre de fusils que les ouvriers proposaient comme modèles aux Persans, et qu'ils s'engageaient à livrer au prix de 40 fr., qui n'étaient réellement pas mauvais, surtout si l'on se reporte à l'éducation militaire des soldats persans qui sont tout à fait incapables de se servir d'armes de précision, et qui ont à combattre des ennemis qui leur sont encore inférieurs.

Mais c'est l'ordre qui fait défaut aux Persans, et sous ce rapport, leur arsenal n'est ni mieux, ni plus mal que les autres fabriques, et en dehors de la capsulerie de guerre, organisée et dirigée par M. Laubier, et qui a tout à fait l'apparence d'une usine européenne, le reste de l'arsenal n'est qu'un vaste magasin où l'on entasse pêle-mêle de vieilles ferrailles et de vieux uniformes.

Lorsque le gouvernement veut faire exécuter quelque commande d'armes, il la donne toujours à l'entreprise, au chef de l'arsenal qui, lui, la divise entre les divers tâcherons, en donnant tant pour la pièce, s'il s'agit de neuf, et tant par lot, s'il s'agit de réparations.

Enfin, pour en terminer avec cette industrie, je dois ajouter que l'arsenal possède un four où l'on peut fondre des canons ainsi que les ustensiles et machines nécessaires au forage; il est même question de monter une machine à vapeur pour faire fonctionner le four.

Le Roi possède un cabinet d'armes précieuses qui est bien la plus belle collection d'armes que l'on puisse rêver : il y a des fusils et des pistolets de toutes les formes, de toutes les grandeurs, de tous les calibres. Les uns sont montés en ivoire, les autres sont couverts de pierreries; il y a des fusils de rempart à mèche à côté de carabines-revolvers, et les noms de Gâtine ou de Manton, placés à côté de celui de Moustapha, prouvent que si les arts orientaux avaient le dessus il y a deux cents ans, il n'en est plus de même aujourd'hui; l'Occident rend avec usure ce qu'il a emprunté.

Armes blanches. — On fait des armes blanches soit avec du damas, soit avec de l'acier, soit avec du fer. Celles qui sont en damas sont les seules qui doivent nous occuper, parce que ce sont le seules qui soient d'une fabrication originale.

Il y a plusieurs sortes de damas :

1° Celui de l'Inde, que l'on fait à Lucknow; presque

tous les ouvriers qui travaillent à cette industrie sont Persans; l'un deux, Mirza-Hussein-Chirazi, a une grande réputation.

Voici la composition de ce damas :

    Silicate de fer. . . . . 3 parties.
    Fonte. . . . . 1 partie.
    Fer très-pur. . . . . 2 parties.

On mélange ces trois substances et on les dépose dans un creuset qui contient de 5 à 40 miskal (le miskal est 5 grammes); on dépose ces creusets dans des trous pratiqués dans les parois intérieures du four. Une fournée se compose de 10 à 12,000 de ces creusets; il faut six jours d'un feu extrêmement ardent pour obtenir la fusion.

Une fois le creuset un peu refroidi, on le casse, et le contenu est déposé dans la chambre chaude pendant quarante-huit heures; on doit avoir bien soin de maintenir la chaleur à un degré d'intensité suffisant pour que le métal reste rouge; on laisse ensuite refroidir sans secousses. Si l'on négligeait ces précautions et qu'on laissât le damas refroidir trop vite, il serait cassant comme du verre et d'un emploi inutile.

2° Le damas de Kaswine se fait d'après la même méthode; seulement on remplace le fer par des têtes de clous de fer à cheval ayant déjà servi.

3° Le damas de Khorassan. Ce damas est supérieur aux deux précédents, mais on n'en fabrique plus depuis le règne de Nader-Chah, qui fit détruire tous les fours de cette province.

4° Les damas d'Arsindgan, de Néris et de Chiraz. Depuis les Séfewieh, ces trois fabriques ont été abolies, et les quelques morceaux de damas provenant de ces usines que l'on peut se procurer se payent au poids de l'or.

Le damas de Khorassan est très-brillant et les dessins d'un noir très-luisant.

Les damas des Indes et de Kaswine se ressemblent beaucoup ; ils sont beaucoup plus jaunes que le précédent, ont une sorte de reflet doré ; les dessins en sont plus serrés et forment en général une suite de ronds.

Mais revenons à la fabrication des sabres. Les lingots sont achetés à la sortie du four par les armuriers, qui ne peuvent en reconnaître la qualité qu'à l'aide d'une très-grande expérience.

Ces lingots passent entre les mains des forgerons qui leur font subir les préparations suivantes : d'abord on échauffe la pièce, puis on la met au four jusqu'à ce qu'elle devienne rouge ; on la bat ensuite avec une grande violence jusqu'à ce qu'elle ait pris une longueur de $0^m,50$. Lorsque le damas est soumis au battage, s'il sort des étincelles du lingot, c'est la preuve qu'il ne vaut rien ; de même, si, à la suite de cette opération, la surface n'est pas unie et est parsemée de petits trous, auxquels les Persans donnent le même nom qu'aux trous de la petite vérole, le damas est de mauvaise qualité.

Lorsque ces opérations sont terminées, la lame revient entre les mains de l'armurier qui, lui aussi, la fait passer au feu et la bat, et cela à plusieurs reprises ; ensuite on se sert d'un instrument qui ressemble à un rabot et dont le tranchant est en damas, pour polir et amincir la lame ; on répète plusieurs fois cette opération, en ayant soin de passer la lame au feu et au battage après chacun des polissages.

Ensuite on fait passer par un feu très-violent, mais en ayant soin de n'arriver à ce degré de chaleur qu'après plusieurs transitions.

Pour s'assurer si la cuisson est suffisante, on frotte une petite partie de la lame avec de la poudre d'émeri mélangée à du suif et l'on polit avec un instrument en bois. Si l'épreuve est satisfaisante, on passe le reste de la lame à la même préparation; dans le cas contraire, on continue la cuisson, et souvent on n'arrive au degré qu'on désire qu'après plusieurs tâtonnements.

Ensuite on remet au feu pour donner la courbure, et après on réchauffe encore la lame que l'on plonge dans un moule plein de suif.

Cette opération se répète plusieurs fois, car on n'obtient pas une trempe suffisante du premier coup. En général, il faut répéter dix fois cette trempe.

Ensuite on réchauffe un peu la lame pour régler la courbure, puis on la passe à la lime et au rabot.

Arrivée à ce point, l'arme change encore de mains et passe dans celles du polisseur. Cette opération, comme la précédente, demande beaucoup de précautions et de tâtonnements; lorsque la lame est arrivée à un degré que l'on trouve suffisant, on l'enduit d'oxyde de fer pour bien faire ressortir les dessins, et l'on donne un dernier polissage à la main ou avec une peau.

Si la fabrication du damas est compliquée et demande des ouvriers d'une grande habileté, il n'est pas moins difficile d'en reconnaître la qualité; avant tout, on doit observer le dos de la lame, et si elle n'offre aucune défectuosité, si elle est parfaitement lisse et qu'on ne puisse y découvrir aucune trace de fissure, c'est déjà une preuve que la qualité de l'arme n'est pas absolument mauvaise; on doit ensuite examiner avec le même soin les deux côtés de la lame, et si elle n'offre aucune soufflure, ni aucune apparence de soudure, c'est également bon signe, et vous pouvez être sûr que l'arme que l'on vous présente est de bonne qualité. Au delà de ce degré, l'appréciation devient une question d'habitude et souvent de fantaisie; on peut cependant, avec un peu de pratique, franchir encore ce degré et reconnaître le damas ancien du damas nouveau, savoir de quelle fabrique il sort, et même s'apercevoir du degré de moelleux ou de cassant de la lame.

Mais pour aller au delà et pouvoir apprécier au juste la valeur d'un sabre, il faut posséder un sens spécial, que non-seulement je n'ai pas acquis, mais que je n'ai trouvé chez aucun Européen. J'ai connu au contraire des Persans, spécialement parmi les hommes de tribu, qui ne se trompaient jamais dans leurs évaluations. J'ai assisté à une épreuve de ce genre qui m'a paru décisive : plusieurs sabres ont été apportés et soumis successivement à l'expertise de plusieurs individus, et pas un de ces experts n'a varié ni sur le prix, ni sur la qualité.

En même temps qu'un ouvrier fait une lame de damas, il fait toujours les garnitures du fourreau, c'est-à-dire la garde et les deux capucines; la poignée proprement dite est en corne ou en ivoire.

Quant au fourreau lui-même, il est en bois recouvert de peau de chagrin noir ou vert; on fixe cette peau sur le bois à l'aide d'une colle que l'on extrait des raisins secs.

Voici le prix des différentes armes :

		Très-bons.	Bons.	Ordinaires.
Damas.	Sabre........	2,400 fr.	240,00 fr.	36,00 fr.
	Accessoires..	200	24,00	12,00
	Couteaux....	120	18,00	6,00
	Kandjars....	70	18,00	6,00
	Cama........	120	24,00	10,00
	Lance........	60	12,00	6,00

		Très-bons.	Bons.	Ordinaires.
Acier	Sabre	60 fr.	18,00 fr.	6,00 fr.
	Accessoires	15	2,00	1,25
	Couteaux	10	2,50	1,25
	Kandjars	10	2,50	1,25
	Cama	30	»	»
Fer	Sabre	24	12,00	6,00
	Accessoires	6	4,00	1,25
	Couteaux	6	3,00	0,75
	Kandjars	18	2,00	0,75
	Cama	10	2,00	1,25
	Lance	4	1,25	0,75

Il y a une qualité spéciale d'armes que l'on fabrique dans le Daguestan : ce ne sont que des camas, mais d'une bonté exceptionnelle.

Un très-bon cama de cette nature se vend 90 fr., et les prix descendent jusqu'à 36 fr.

Jusqu'à présent les Persans n'ont pas utilisé les nombreux gisements de houille et de minerais que renferment leurs montagnes ; leur négligence et leur incurie sous ce rapport sont extraordinaires et vraiment inexplicables ; car on trouve dans le Mazenderan un commencement d'exploitation, et malgré l'expérience des bénéfices que donne ce fourneau, ses produits vont plutôt en diminuant qu'en augmentant. Presque tout le fer et toute la fonte employés en Perse sont apportés de l'étranger.

Voici les prix :

Fer russe	3 kil.	1,50 fr.
Fer d'Astrakan	—	1,90
Vieux fer	—	1,30
Clous ayant déjà servi	—	1,95
Fer à quatre faces	—	1,30
Acier	—	3,50
Fonte russe façonnée	—	2,00
Fonte indigène du Mazenderan	—	0,50
Fer	—	1,25

Les mines de fer se trouvent au milieu des forêts de Mazenderan, où le bois n'a aucune valeur. Je suis convaincu qu'un industriel, possesseur de capitaux suffisants et muni d'un personnel choisi, pourrait réaliser des bénéfices immenses; car il serait impossible aux produits étrangers de lutter avec les siens, et la consommation de fer d'un pays qui possède une population de 16 à 20 millions d'âmes, quelque restreinte qu'elle puisse être, est plus que suffisante pour écouler les produits d'une usine.

Il existe en Perse une industrie qui, quoiqu'elle ne dépende pas d'une manière absolue des armuriers, a cependant tant de rapport avec eux, que j'ai cru devoir la joindre à ce chapitre : je veux parler du *damasquinage* en or ou en argent, ornement presque indispensable d'une arme orientale. Le métal le plus généralement employé pour ce genre de travail est l'or, cependant on se sert quelquefois de l'argent, notamment si l'objet que l'on veut orner ainsi, est en or ou en cuivre jaune. J'ai même rencontré quelques pièces de damas qui possédaient des dessins exécutés avec les deux métaux, et le mélange des deux couleurs relevait admirablement la finesse et l'élégance du travail. Ce dernier système est, je crois, presque abandonné aujourd'hui, et les ouvriers actuels remplacent par un grand étalage l'habileté de main qui leur fait défaut; cependant, malgré cette décadence, malgré même le mauvais goût qui préside aux œuvres modernes, il y a toujours dans l'arrangement des inscriptions et des arabesques une facilité et un laisser-aller qui ne manquent ni de grâce, ni d'élégance.

Le style persan s'y reconnaît parfaitement, et le damasquineur persan n'a pas besoin de signer ses œuvres pour rendre leur origine indiscutable; mais les Persans ont-ils un style original ? Oui et non : oui, si, pour être originel, il suffit d'avoir tiré un système nouveau des systèmes déjà inventés, d'avoir trouvé une application nouvelle des idées déjà conçues, ou enfin tellement dénaturé l'idée étrangère, qu'il en soit sorti quelque chose de national ; en un mot, si l'originalité peut consister dans l'appropriation. D'un autre côté, si l'invention est indispensable à l'originalité d'un style, les Persans n'en ont pas, car ils n'ont rien trouvé qui n'eût été conçu auparavant par d'autres peuples.

Leur art, leur littérature, leur langue, leurs lois, leurs usages et même leur costume sont un mélange d'araméen, de grec, d'égyptien, d'indien, de mongol, de turc et aujourd'hui d'européen ; mais le résultat de ce mélange hétérogène est persan et a pris dans les transformations successives qu'il a subies un caractère indélébile. Toute personne qui veut étudier l'art persan doit d'abord se bien pénétrer d'un fait, c'est que toutes les branches de l'art sont tributaires les unes des autres et procèdent d'après les mêmes principes et les mêmes modèles. S'agit-il d'une poterie, d'une peinture, d'un manuscrit, d'une fresque murale, d'une coupole ou d'un portail en briques émaillées, du damasquinage d'un vase ou d'une arme, et même d'un tapis, on pourrait presque croire qu'on s'est servi d'un poncif pour tous ces objets, tant le même sujet est interprété de la même façon jusque dans ses moindres détails. Les arabesques que l'on pourrait croire varier à l'infini et dues à la fantaisie et à l'imagination de l'ornemaniste sont soumises à des lois positives, je pourrais presque dire géométriques, tant elles se ressemblent les unes aux autres. Dans le sujet qui nous occupe ici, c'est-à-dire le damasquinage, le choix des modèles est assez restreint ; cela tient à la nature même de l'objet que l'on veut orner. Une arme ou un coffret ne se prêtent pas au développement de ces grands dessins géométriques que dans la période de l'art persan, où le goût arabe prédominait, on obtenait à l'aide d'inscriptions coufiques. J'ai vu de ces sujets dont la révolution demandait plusieurs mètres carrés et qu'il eût été impossible de réduire à un cadre plus petit; ces grands décors sont employés pour ornementer les coupoles ou les portails des mosquées, et sont le plus souvent exécutés en briques émaillées. Nous aurons l'occasion de nous en occuper lorsque nous traiterons des poteries.

Les sabres portent très-rarement des damasquinures. Si la lame est d'un damas très-beau, cet ornement n'ajouterait rien à sa valeur; si le damas est de qualité inférieure, il ne mérite pas une pareille dépense. Cependant presque tous les sabres ont, à 6 pouces environ de la poignée, deux timbres : l'un porte le nom de l'ouvrier, et souvent le nom du propriétaire avec la date de la livraison, et l'autre qui est placé de l'autre côté de la lame, contient soit un vers, soit une parole sainte. Ces deux timbres sont damasquinés. Mais autant les Persans sont sobres d'ornements sur les sabres, autant ils en sont prodigues sur les poignards. Je comprends sous cette dénomination toutes les armes de ceinture sans distinction de forme et de nom.

L'ornement que l'on trouve sur tous les camas' du Daguestan est identique. Les haches à un ou deux tranchants ont aussi un décor particulier, et le dos représente toujours un lion terrassant une gazelle. Quelquefois la gazelle est remplacée par une vache; c'est avec le faucon abattant un canard ou un héron, deux motifs exclusivement persans, et qu'on retrouve partout. J'ai vu un de ces combats, sur des briques, sur des tapis, sur des poteries, sur des armes et même sur des manuscrits; c'est, à mon avis, du moins le signe le plus certain d'une provenance persane, et je n'hésiterai jamais à classer sous ce nom tout objet qui en sera revêtu.

Quelques autres sujets sont également d'un usage très-répandu, mais on les trouve moins fréquemment sur les damasquinures; ce sont, par exemple: un chasseur à cheval perçant avec une lance un animal féroce et se tournant du côté du public en souriant ou bien encore quelques-unes des scènes des poëmes de Khosro et Chirin, Jouslouf et Zuleika, Leia et Meignoum, etc.; mais ces derniers sont plus souvent employés par les peintres que par les autres artistes.

Certaines fleurs sont également très-affectionnées par les Persans; dans ce nombre il faut mettre les iris blancs et violets, les églantines, et les violettes qui me paraissent également pouvoir servir à indiquer la provenance d'un objet et sa nationalité.

Les oiseaux, et particulièrement le rossignol et les perdrix, jouent un grand rôle dans les décors persans.

Enfin, parmi les ornements qui rentrent plus ou moins dans le système des arabesques, le fuseau terminé par deux fleurs de lis et la fleur de lis simple.

J'ai eu entre les mains un bouclier qui, je crois, appartient aujourd'hui au ministre d'Angleterre, dont l'ornementation consistait en une vaste inscription coufique symétrique et géométrique. Je regrette vivement de ne pouvoir en donner le dessin ici.

Il y a trois méthodes de damasquinage employées en Perse.

La première, appelée *zarkhonden* persan, s'emploie lorsque l'on veut obtenir des damasquinures en relief. Voici le procédé adopté: d'abord on trace avec un pinceau les traits du dessin que l'on désire sur la surface de l'objet, ensuite on repasse ce trait avec le burin, puis on fait les creux en ayant soin de laisser les bords un peu raboteux, on prend alors de petites barres d'or, et l'on comble avec les trous et les rigoles. Il faut que ces barres soient assez épaisses pour fournir une saillie. De place en place; on fixe ces plaques avec des clous d'or de manière à en bien assurer la solidité, puis à l'aide de la gravure, on achève les détails. Exemple : si l'on a voulu reproduire un oiseau à l'aide du burin, on a dessiné les contours, puis creusé; l'or incrusté a bien l'apparence d'un oiseau, mais ses ailes, ses plumes, ses yeux ne sont pas indiqués, et il faut avoir recours à la gravure pour ces détails.

La deuxième méthode a pour nom *zarnichanest* et offre peu de différence avec la précédente; la principale consiste dans l'absence du relief. L'or une fois placé, on le presse avec une pierre de jade, et tout ce qui dépasse le niveau est ou aplati ou supprimé. Cette méthode est plus économique que la précédente, et offre peut-être plus de solidité. En général, on polit l'or avec un mélange d'émeri et d'huile d'olive.

La troisième méthode s'appelle *zarkoufté*, du verbe *koubiden*, piler, écraser. C'est la plus généralement employée; seulement son usage est limité aux métaux : les pierres ou l'ivoire se briseraient sous les coups de marteau. Au lieu de préparer une sorte de chambre à l'or ou à l'argent, on se borne à indiquer le dessin avec le burin, ensuite avec un instrument spécial on couvre de petits trous imperceptibles la surface que l'on veut remplir d'or; on se sert ensuite d'un filigrane extrêmement mince que l'on place sous une presse en jade jusqu'à ce que l'or soit parfaitement incrusté; ensuite on présente l'objet au feu, et lorsque la chaleur est assez intense pour obtenir une sorte de soudure, on le retire et on le polit de nouveau avec le jade. Il faut, en général, répéter cette opération deux ou trois fois avant d'arriver à une solidité parfaite; enfin on termine par un polissage à l'émeri et à l'huile d'olive.

La quantité d'or employée par cette méthode est très-restreinte, puisque 5 grammes d'or suffisent pour obtenir 60 mètres de ce filigrane. Le damasquinage d'un objet, comme par exemple un casque ne peut pas coûter, façon et métal, plus de 6 à 7 fr.

Les meilleurs ouvriers damasquineurs se trouvent à Ispahan, mais ils sont loin d'être aussi habiles que ceux qui habitaient autrefois cette même ville et Chiraz, et cet art est dans une décadence complète. Cependant, proportionnellement à l'état où sont les autres arts industriels, on ne peut pas trop se plaindre du manque d'habileté des ouvriers damasquineurs qui ont encore, soit dans l'agencement du dessin, soit dans l'application du métal, conservé une apparence de tradition. Ainsi que je le disais en commençant ce chapitre, ils remplacent souvent la qualité par la quantité, et trouvent plus simple de plaquer un gros lion ou un oiseau que d'orner le même espace par trois ou quatre traits; mais enfin, si on les compare aux ouvriers en poterie, on ne peut qu'exalter leur habileté. Je crois également que, pour être juste, on doit faire la part du temps; les objets damasquinés qui ont beaucoup servi ont perdu par le frottement cet éclat uniforme que possède l'or récemment travaillé pour prendre, au contraire, une couleur plus éteinte et plus harmonieuse. Il m'est impossible d'admettre cette explication comme une excuse suffisante et de m'en faire un argument pour nier la décadence; ce serait tout à fait contraire à mes opinions : seulement j'ai cru devoir constater que quelques œuvres médiocres anciennes ne doivent la supériorité inconstestable qu'elles ont sur les modernes qu'à cette absence de clinquant, mérite qu'on doit plus attribuer au temps qu'à l'ouvrier.

CHAPITRE XXI.

Des métaux.

Nous avons indiqué quels étaient les produits naturels de la Perse et combien les montagnes de cette contrée étaient riches en minéraux. Le cuivre, sous plusieurs formes, l'étain, le fer, le plomb, l'oxyde de cobalt, s'y trouvent presque à chaque pas, et le voyageur le plus étranger à cette matière ne peut traverser l'Elbours sans s'apercevoir de la vérité de ces faits. La terre prend toutes les teintes possibles depuis le bleu clair jusqu'au rouge sang. Mais aucune de ces richesses n'est exploitée, et les Persans, quoique possédant non-seulement ce qui est nécessaire à leur consommation, mais encore les éléments d'une exportation des plus productives, consentent à être tributaires de la Russie et des autres pays. Nous avons exposé dans le paragraphe précédent que la fonte, le fer et l'acier étaient introduits par la Russie ou par les Indes, et je n'ai cité les fourneaux de Mazenderan que par excès de conscience et pour ne pas laisser le moindre doute sur l'exactitude de mes renseignements.

Le plomb, l'étain, le cuivre, introduits en Perse, viennent également de la Russie ou des Indes, où ces métaux sont convertis par l'industrie locale aux besoins du pays. C'est donc de cette seule transformation que nous avons à nous occuper ici.

L'usage du plomb est peu répandu en Perse. Quant à l'étain, on ne s'en sert guère que pour étamer le cuivre et pour le souder. Il n'en est pas de même du cuivre, et il y a peu de pays où l'on en fasse autant d'usage; tous les ustensiles de ménage sont en cette matière, ce qui s'explique par l'absence du fer-blanc, et par la difficulté que l'on éprouve à transporter à dos de mulet et par des chemins souvent bien difficiles des poteries casuelles.

Cachan est la ville où l'on travaille le cuivre sur la plus grande échelle. C'est le Saint-Flour de la Perse.

Le cuivre que l'on apporte en Perse provient de trois sources : la Russie, qui fournit les lingots, voie d'Astrakhan, les Indes qui fournissent le cuivre en feuilles, voie de Bombay; et enfin le cuivre dit de Mesched, qui provient des exploitations turkomanes. Ce cuivre est de deux espèces : 1° le cuivre à l'état natif que l'on apporte à Mesched, et qu'il suffit de faire fondre; 2° le cuivre composé que l'on trouve dans les différentes mines qui sont au milieu des tribus turkomanes. Au temps des Séfewiehs, le Khorassan était complétement soumis, et cette exploitation avait une certaine extension, aussi avait-on fait de grandes provisions de minerais. Comme il est plus facile de charger ces terres que de faire de nouvelles extractions et qu'elles sont loin d'être épuisées, on ne se livre à aucun travail souterrain, et on se borne à remplir les sacs avec les terres accumulées par les anciens souverains de la Perse.

Le minerai apporté à Mesched est traité de la manière suivante : après le lavage, on le met dans le creuset jusqu'à la fusion; on écume alors les matières étrangères, on remplit de nouveau le creuset et on répète l'opération trois fois pour que le creuset soit comble; ensuite, on fait une première coulée à l'aide d'une cuiller, on jette le métal en fusion par terre. Lorsque ces lingots sont refroidis, on les remet dans un deuxième creuset en y joignant un léger alliage de plomb, ensuite on coule dans des moules en terre.

Les chaudronniers achètent les lingots. Le cuivre mis en morceau subit le battage et est modelé suivant les formes que l'on désire ; de là il passe entre les mains de l'ouvrier chargé de le parer, ce qui a lieu à l'aide d'un marteau de main ; de là il va chez le tourneur, puis chez le mouleur, et enfin entre chez le graveur.

La pièce de cuivre subit encore deux ou trois opérations : 1° celle de l'ouvrier chargé de repasser à l'encre d'imprimerie les traits de la gravure. Lorsque la pièce en vaut la peine, on remplace l'encre par une sorte de vernis noir qui prend l'apparence du laque. Lorsque la pièce au contraire est tout à fait insignifiante, on se contente de la frotter avec du verjus, et ensuite de la saupoudrer avec du charbon pulvérisé. 2° Enfin, cette suite de travaux est terminée par l'étamage qui coûte 50 centimes par 6 kilos.

Prix courants.

Cuivre d'Astrakhan............	6 kilos,	17 t.
Cuivre de Bombay............	6 kilos,	20
Cuivre du Khorassan.........	6 kilos,	16 t. 50

Prix du cuivre travaillé.

Ordinaire....................	6 kilos,	28 t.
Très-soigné.................	6 kilos,	30
Batterie de cuisine...........	6 kilos,	27
Assiettes	6 kilos,	28
Vases à goulot...............	6 kilos,	32
Flambeaux	6 kilos,	36
Bouilloires....................	135 gramm.	0,60

Il ressort de ces prix que pour 6 kilogrammes l'ouvrier gagne 12 francs, mais 9 fr. 50 sont employés pour les frais et pour l'impôt ; il reste donc 2 fr. 50 net.

Il existe une autre espèce de cuivre que les Persans appellent Bérindje ou métal de Kirman, c'est une composition qui a beaucoup d'analogie avec celle des cloches. Voici les détails que j'ai pu me procurer sur place : les plus communs de ces vases sont composés de cuivre rouge avec un alliage de 25 p. 100 d'étain. Ce mélange fondu et coulé en plaques est travaillé au marteau, puis aminci autour et enfin poli à la poudre d'émeri. Les vases d'une qualité supérieure s'obtiennent ainsi :

Cuivre rouge,	4 dixièmes.
Laiton,	3 —
Étain,	2 —
Argent,	1 —

Cet alliage est fondu et travaillé comme le précédent ; on le reconnaît à sa teinte blanchâtre. Cette industrie n'a plus aucune importance ; non-seulement les vases que l'on fabrique aujourd'hui sont d'une qualité inférieure, mais leur nombre est fort restreint et la totalité de la production a de la peine à s'élever à 2,000 francs par an. Autrefois il n'en était pas ainsi de cette fabrication, véritable art dont on retrouve encore des traces nombreuses.

Les bijoutiers persans ne sont pas très-habiles, et les bijoux qu'ils font sont en général assez laids. Les pierres employées pour ce travail sont souvent d'un choix défectueux, et les montures toujours lourdes et sans élégance ; cela résulte de ce qu'en matière de bijoux les Persans tiennent surtout au fond des métaux précieux et n'accordent qu'une très-faible remise à l'ouvrier pour son travail. Il n'en est pas de même des travaux d'orfévrerie, et j'ai vu plusieurs pièces d'argenterie dont les formes étaient d'un goût parfait.

Les métaux précieux employés par les Persans sont purs de tout alliage ; c'est ce qui rend le placement des nôtres assez difficile, car dans l'ignorance où ils sont des moyens de vérifier un titre, tout alliage leur inspire une grande défiance.

Voici les procédés employés pour frapper la monnaie. J'ai trouvé intéressant de donner le détail de cette fabrication, non qu'elle puisse servir de modèle, mais comme ces mêmes procédés sont en usage depuis la plus haute antiquité, peut-être les numismates les liront-ils avec plaisir.

La première opération que l'on fait subir au métal est de le mettre en fusion et de le couler en lames ; ce travail coûte : par 5 kilos, or. 4ᶠ,50
— argent. . . 1ᶠ,25
— cuivre. . . 0ᶠ,10

Ces lames sont remises à l'ouvrier qui les coupe :
par 5 kilos, or. 1ᶠ,28
— argent. . . 0ᶠ,40
— cuivre. . . 0ᶠ,10

Un autre ouvrier perce et arrondit la pièce :
par 5 kilos, or. 2ᶠ,50
— argent. . . 0ᶠ,60
— cuivre. . . 0ᶠ,10

De là il la passe dans les mains du batteur :
par 5 kilos, or. 2ᶠ,50
— argent. . . 0ᶠ,60
— cuivre. . . 0ᶠ,20

Ensuite, dans les mains du polisseur qui blanchit et polit avec une décoction d'alun :

par 5 kilos, or 0ᵗ,60
— argent . . . 0ᵗ,20

Enfin la pièce arrive dans les mains du frappeur qui se sert du marteau :

par 5 kilos, or 0ᵗ,60
— argent . . . 0ᵗ,60
— cuivre . . . 0ᵗ,10

Un toman équivalant à 11 fr. 60 de notre monnaie, contient 10 krans composés chacun de 20 chays. Il y a des pièces d'or d'un toman, de 5 krans et de 2 krans. Les pièces d'argent sont d'un kran, 1/2 kran ou panabat, 1/4 de kran ou 5 chays. Quant à la monnaie de billon, elle varie de valeur suivant l'agio ; dans les derniers temps de mon séjour, elle perdait 1/3 ; ainsi il fallait donner 30 poulsia pour avoir un kran.

Le toman pèse 18 nokhoud d'or.
Le kran pèse 26 nokhoud d'argent.
Le chay pèse 2 miskal 1/2 de cuivre.

Système des poids et mesures.

Le nokhoud	=	4 gueredonne	=	
Le meskal	=	4 nokhoud	=	5 grammes.
Le cir	=	16 miskal	=	80 —
Le tcherck	=	10 cirs	=	800 —
Le batmantebriz	=	4 tcherek	=	3,200 —
Le batmanchay	=	7 batmantebriz	=	6,400 —
Le batmanrey	=	4 batmantebriz	=	12,800 —
Le kharvar	=	100 batmantebriz	=	320 kilos.

Pour les pierres précieuses, on se sert

du ghirate = 1/24 de miskal = 0g.222
16 anès = 1 ghirate = 0g.064

Les Persans n'ont pas de mesures de contenance, et tout se vend au poids. Quant aux mesures de longueur, les deux unités sont l'archine qui équivaut environ au mètre, et le farsack qui est tout à fait de fantaisie et varie suivant l'imagination des individus. Les farsacks du Khorassan sont réputés pour être très-longs. Lorsque l'on a un cheval qui marche bien le pas, on peut compter qu'il fait un farsack à l'heure; et lorsqu'il s'agit d'évaluer les farsacks en kilomètres, il est d'usage de compter approximativement six kilomètres par farsack. C'est d'après ces bases que j'ai toujours calculé, et je ne crois pas m'être beaucoup trompé.

Les villes où l'on frappe la monnaie sont : Téhéran, Ispahan, Tebriz, Meschéd, Caswin, Astérabad, Cachan, Yezd, Zindgan, Recht, Chiraz, Kirman, Khoï et Hamadan.

CHAPITRE XXII.

Des émaux.

Les Persans ont-ils connu l'émail sur métaux dans les anciens temps? Telle est la question qu'on doit naturellement se faire dès qu'on aborde cette matière; et je dois avouer que ce problème me paraît encore insoluble, car s'il est difficile de produire aucun fait concluant à l'appui de l'affirmative, il est au moins impossible de nier qu'elle ait de grandes probabilités. En général, une question de cette nature demande à être prouvée ou par des exemplaires d'origine incontestable, ou par des textes d'auteurs compétents et de bonne foi, et quelquefois même ces preuves ne suffisent pas; on commente les textes, on critique les objets, et la question loin d'être éclairée par ces discussions, ne fait que s'embrouiller davantage.

Pour les émaux orientaux, l'obscurité est complète : pas un texte, à ma connaissance du moins, ne vient aider dans les recherches, pas un monument ne donne une preuve matérielle d'existence antérieure. D'un autre côté, doit-on conclure de ce silence des auteurs et de cette absence de preuves matérielles que l'émail n'ait pas été connu des anciens Perses? Cela me paraît douteux. Est-il acceptable que cet art si répandu chez les Byzantins, ait été inconnu de leurs voisins, et que le Bas-Empire, dont les arts, l'industrie, le commerce et même les institutions avaient pris naissance chez les Persans, ait pu trouver une expression nouvelle de l'art, sans qu'elle se répandît dans tout l'Orient? Et d'ailleurs, les églises de l'Arménie, de la Chaldée et de toutes les provinces limitrophes de l'empire des Perses, étaient remplies de christs, de vierges et de reliquaires émaillés; il est impossible d'admettre que les Chrétiens sujets des Sassanides ne fussent également possesseurs de quelques-uns de ces objets qui, tombés entre les mains d'artistes intelligents et habiles, durent suffire pour introduire l'émail en Perse.

Veut-on d'autres suppositions? N'est-il pas naturel de penser que les Persans, qui connaissaient d'une manière si complète la théorie de l'émail sur terre cuite, et qui sont depuis la plus haute antiquité possesseurs du secret de l'opacité de l'étain, secret que nous n'avons connu qu'à la suite de l'invasion arabe, et dont nous avons donné les honneurs de l'invention à ce peuple, qui jamais n'a été capable d'inventer quoi que ce soit en matière d'art ou de civilisation, mais qui, entraînant après lui des flots de populations vaincues, s'est trouvé être, sans le chercher, le propagateur de la civilisation? Comment expliquer autrement ce fait de tribus de quelques milliers de cavaliers composant des armées innombrables et envahissant en même temps le nord de l'Afrique, l'Espagne, la France jusqu'à la Loire, la Sicile, l'Italie, la Perse, le Turquestan et les Indes? Comment admettre qu'un peuple que les historiens de tous les siècles nous montrent pauvre, nomade et à peine constitué en société, ait pu tout d'un coup se révéler architecte, artiste, législateur et guerrier; comment, dis-je, admettre une pareille révolution autrement que par une crise sociale? Les travaux récents de M. le baron de Slane et de M. Hanoteau tendent à jeter un grand jour sur cette question ; et il n'est plus guère possible de nier que l'élément arabe fût le plus faible et le moins nombreux dans les armées musulmanes qui ont envahi l'Europe méridionale. Si l'on considère ces tribus entières de Perse, d'Égypte, où femmes et enfants s'étaient mêlés à la milice, ayant quitté leur pays sans idée de retour, fascinés par ce qu'ils avaient entendu dire des pays d'Occident et tentés par l'espoir du pillage ; il est donc souverainement injuste de donner le nom d'arabe à une civilisation et à un art dont ce peuple n'était ni l'auteur ni même le propagateur. Les Arabes, je le répète, n'ont fait que détruire ; il suffit, pour s'en convaincre, de jeter un coup d'œil sur la Perse des Sassanides, sur l'Égypte et la Syrie des premiers siècles de notre ère, et sur l'Algérie à l'époque de saint Augustin, et d'observer ces mêmes pays après que le fléau de l'Islam eût pesé sur eux. Nomades et pasteurs, les Arabes n'ont cherché qu'à détruire les villes, les cultures et les sociétés qu'ils envahissaient, et, pour me servir de l'expression heureuse d'un savant écrivain, qu'à reculer les limites du désert.

On peut donc, sans affirmer que la science d'émailler fut originaire de la Perse, admettre cependant que les anciens Persans, soit par leurs rapports avec Byzance, soit par la connaissance qu'ils avaient de l'émail stannifère sur poterie, ont dû être à même d'émailler sur métal ; mais on doit s'arrêter à cette conjecture et il est impossible d'arriver à une certitude absolue ; car, comme je le disais en commençant ce paragraphe, on ne peut trouver aucun monument pour servir de preuve.

Mais cette absence elle-même a une raison d'être et cesse d'étonner si l'on fait attention qu'il ne nous reste de l'antiquité persane que quelques bas-reliefs sassanides et un grand nombre de monnaies et de pierres gravées. Je ne parle ni de Persépolis ni des découvertes qu'ont amené les fouilles faites à Khorsabad, à Babylone et sur plusieurs points de la vallée du Tigre et de celle de l'Euphrate. Ces monuments d'une autre époque ne peuvent pas être rangés exclusivement parmi les œuvres persanes, puisque l'empire assyrien qui les a produits était un mélange de plusieurs races, et qu'au milieu de cette société les Perses, quoique représentant les vainqueurs, étaient dans une proportion infime, par rapport au nombre général de la population.

Depuis les temps les plus reculés jusqu'à nos jours, la Perse, théâtre permanent d'invasions terribles ou de guerres civiles acharnées, a été détruite et rebâtie tant de fois qu'il a fallu que les anciens, pour faire parvenir leur souvenir jusqu'à nous, laissassent l'empreinte de leur passage sur des rochers inaccessibles ou enfouissent les preuves de leur civilisation dans les entrailles de la terre. Or, aucune de ces deux places ne convient à des émaux, et l'on n'a pas l'espoir, comme en Égypte, de trouver des tombeaux où l'on ait renfermé de ces objets ; je n'affirme pas d'une manière absolue qu'il soit impossible de trouver quelques débris d'émail sur métal dans les immenses rivières qui couvrent la Perse ; mais jusqu'à ce jour aucune fouille n'a été exécutée, à l'exception de celles que font sur quelques points les Juifs à la recherche des médailles, mais ces fouilles ne sont pas sérieuses ; on pourrait à peine leur donner le nom de grattage. Pour pouvoir affirmer que ces tumulus ne contiennent rien, il faudrait en avoir étudié plusieurs avec soin, ce qui jusqu'à ce jour n'a été entrepris par personne.

Les temps modernes, c'est-à-dire ceux qui se sont écoulés depuis l'Islam, n'ont pas été plus heureux pour la conservation des arts jusqu'à l'époque des Séfewiehs.

Sans compter les invasions tartares, mongoles et seljouck, la Perse était divisée en une quantité de petits fiefs se faisant la guerre les uns aux autres et se détruisant à tour de rôle. Pour donner une idée du passé de la Perse, on n'a qu'à prendre l'emplacement de Rhey et à compter combien de villes se sont succédées les unes aux autres sur ce terrain. On y trouve des débris de tous les temps, en raclant un peu la surface on rencontre d'abord des débris de faïences modernes; un peu plus bas on arrive à des briques émaillées qu'on doit rattacher à l'époque mongole; plus bas encore, sont les médailles et les pierres gravées antiques. Les Séfewiehs eux-mêmes, malgré la splendeur des règnes des deux Chah-Abbas et de Chah-Soleiman, ont laissé bien peu de traces; je sais que les monuments d'Ispahan sont encore debout pour la plupart et dans un état de conservation qui permet parfaitement de les apprécier; mais les objets mobiliers ont presque disparu, et, à part quelques cuivres gravés et damasquinés, quelques armes et quelques poteries, pour la plupart ébréchées ou fêlées, il ne reste plus rien de ce luxe admirable que les voyageurs nous dépeignent avec tant de complaisance.

Mais chose bien singulière et bien faite pour donner des doutes à un homme consciencieux. D'émail, il n'en reste pas vestige. Les monuments de cette époque sont couverts de plaques de faïence dont l'émail est d'une perfection dont il est difficile de se faire une idée sans les avoir vues de près, et cependant, d'émail sur métaux, il n'en est pas question. L'époque la plus éloignée à laquelle on puisse remonter pour trouver des traces de cet art, est le commencement de ce siècle ou tout au plus la fin du XVIII°; quelques têtes de kalioun datent, dit-on, des Zindhys, et les habitants de Chiraz ont été pendant longtemps considérés comme les dépositaires de la tradition et comme les meilleurs émailleurs de la Perse. Cet art, aujourd'hui est très-répandu, et il est impossible de nier que la décadence qui a atteint d'une manière si complète et si fâcheuse tous les centres, n'ait pas respecté cette branche de l'art industriel. Les émaux persans, sans être aussi parfaits que les émaux anciens que l'on trouve en Europe, sont supérieurs à ceux que nous produisons aujourd'hui. Les couleurs en sont vives et bien ordonnées et les dessins corrects et harmonieux; ceux qui représentent des personnages sont inférieurs à ceux qui représentent des fleurs.

En écrivant les pages qui précèdent, je me suis inspiré des paroles de Montaigne : « Je voudrais que tout le monde écrivît ce qu'il sait » et de celles de M. de Verneilh : « Tous, tant que nous sommes, nous marchons péniblement et nous avançons par degrés vers la vérité et encore une vérité relative; car la vérité complète absolue, n'est guère à la portée des historiens de l'art. Nous raisonnons de notre mieux sur les faits connus, et à mesure qu'il s'en produit de nouveaux, nous devons modifier notre système. »

Enfin, que l'émail sur métaux ait été importé ou non en Perse, et que cet art ait été connu ou non dans l'antiquité, toujours est-il qu'aujourd'hui il est très-répandu et que, comparativement aux autres branches de l'art industriel, il est dans une situation très-florissante. Il y a peu de personnes aisées qui ne possèdent une ou deux têtes de kalioun en or émaillé, et parmi les grands personnages, j'en connais qui en ont un véritable magasin; car l'élégance consiste à ne faire jamais paraître deux fois le même kalioun pendant tout le temps que dure une visite. Le moins que les domestiques présentent la pipe est cinq fois, mais si la visite se prolonge, et si les invités passent la soirée, le nombre de pipes devient incalculable, et, je le répète, je connais plusieurs ministres qui ont une maison assez bien montée pour qu'on ne soit pas obligé, quelque temps que dure une réunion, de fumer deux fois dans la même pipe.

Je pourrais presque dire que c'est le seul objet où l'on applique de l'émail, car les quelques bijoux que l'on fait, et les quelques commandes des Européens, sont tout à fait insignifiantes et ne fourniraient pas uu travail suffisant à un seul ouvrier, tandis que dans la seule ville de Téhéran, il y a plus de trente émailleurs distingués qui ont plus d'ouvrage qu'ils ne peuvent en faire.

Les émaux persans sont faciles à distinguer de ceux de toutes les autres nations, car ils représentent des personnages. Les costumes sont reproduits jusque dans leurs moindres détails; pas une partie de cachemire, pas un poil de la fourrure ne vous échappe, et s'il s'agit d'une tête de femme, on dirait qu'il n'y a qu'une femme en Perse, ou mieux, qu'un seul type, qu'un seul idéal, tant tous les portraits se ressemblent les uns aux autres ! On dirait un poncif; la similitude existe jusque dans les poses et même dans la composition, le nombre des sujets est très-restreint, et je crois qu'on aurait de la peine à compter jusqu'à dix.

Les émaux qui représentent des fleurs ont aussi un caractère bien déterminé ; les bouquets sont grêles et élancés et les tiges un peu disproportionnées ; l'iris, la jacinthe sont les fleurs favorites avec la rose à cent feuilles et l'églantine blanche ou pourprée, mais dans ce cas, ces fleurs sont presque toujours accompagnées de quelque oiseau. Les bordures sont aussi typiques et il est rare qu'elles s'écartent d'une grecque, d'un feston, simple ou fleurdelisée, ou d'une imitation de cachemire à raies sur lequel on retrouve la palme classique. J'ai vu quelques têtes de kalioun dont tout l'émail consistait en une guirlande de lierre ou de feuilles de vigne. J'en ai vu également qui ne représentaient ni fleurs, ni fruits, ni personnages, mais simplement des arabesques, ou une suite d'écailles, mais en général ces motifs sont fort rares et ce sont les fleurs qui sont le plus recherchées ; il est vrai de dire que les Persans sont d'une très-grande habileté dans leur reproduction et surtout d'un réalisme charmant. Peut-être anatomiquement, si je puis me servir de ce terme, les fleurs de Redouté ou de nos peintres sur porcelaines sont-elles plus exactes, les pétales, la corolle sont étudiés avec plus de science ; mais les Persans ont mieux étudié les habitudes et la physionomie, et, si l'on veut me permettre une comparaison, je dirais qu'elles sont photographiées, mais plus vivantes et plus spirituelles que les fleurs peintes en Europe ; du reste, nous reviendrons sur cette distinction lorsque nous nous occuperons des peintres persans.

Les Persans reconnaissent deux sortes d'émaux : l'émail translucide, et l'émail opaque : le premier s'applique indistinctement sur l'or et l'argent, et toutes les couleurs employées dans ce procédé sont de provenance européenne et appliquées à l'eau ; de plus, comme pour les émaux que nous appelons émaux des orfèvres on prépare de petites excavations avec le burin et on les remplit d'émail, seulement ce procédé n'a rien de commun avec les émaux cloisonnés. L'étude de ces émaux ne pourrait rien nous apprendre de bien neuf. Nous ne nous occuperons donc que des accords ou émaux opaques. Ils peuvent se poser sur l'or, l'argent et le cuivre, mais c'est plus généralement ce dernier métal qui est préféré.

On applique cet émail avec un vernis dont voici la composition :

>Sandaraque, 1 partie.
>Encens blanc, 2 parties.
>On extrait la colle par l'alambic.

Autre composition :

>Gomme de lentisque fondue, bouillie et filtrée, et ensuite distillée.

Ce dernier vernis est préférable au premier, il se volatilise plus facilement au feu et, sitôt que l'émail est dans le creuset, il s'échappe comme une fusée. L'emploi de ce vernis permet au peintre d'être plus maître de son pinceau, et si je puis me servir de cette expression, d'inspecter plus facilement le métal qu'il veut émailler.

On enduit d'abord d'un émail blanc opaque les parties du métal que l'on veut ensuite peindre. Cet émail blanc est mis en deux couches de qualités différentes; naturellement la seconde est supérieure à la première. Lorsque ces opérations sont terminées et que le blanc est uni comme une glace et a passé au feu, on s'occupe de disposer les différentes couleurs.

Je dois signaler ici une invention moderne. Il y a quelques années, les émailleurs ne pouvaient émailler sur l'argent qu'avec les couleurs bleues, vertes ou violettes, par la raison que c'étaient les seules qui pussent s'appliquer directement sur ce métal ; quant aux autres qui demandent à être placées sur un émail stannifère, il n'y fallait pas songer, cette substance ne réussissant pas sur l'argent. Un émailleur appelé, je crois, Oustad, Hassan-Chirazi, a récemment inventé le procédé suivant qui a bien réussi : il couvre d'abord l'argent d'une couche d'émail vert translucide, puis par-dessus il applique l'émail stannifère qui dans ces conditions réussit parfaitement et permet ensuite d'employer toutes les couleurs que l'on désire.

On doit aussi observer que l'envers de la feuille de métal doit être engobée d'une couche d'émail grossier, afin d'empêcher le métal d'être en contact trop direct avec les variations de température.

Il y a encore une autre variété d'émail extrêmement répandue chez les Persans. On enduit un objet d'une couche d'émail bleu foncé, et au moment de la fusion, on retire l'objet du creuset et on dispose sur sa surface des petites paillettes métalliques en forme de fleurs, d'étoiles, de palmes, puis on laisse refroidir. Cette méthode est principalement employée pour les fonds; l'effet en est agréable, quoique à mon avis un peu clinquant.

L'émail blanc s'obtient de la manière suivante :

 Oxyde de plomb, 2 parties.
 Oxyde d'étain, 1 partie.
 Verre pilé, 6 parties.

On forme un mélange de ces trois substances réduites en poudre, puis on ajoute une quantité égale de soude et on fait fondre. La fusion dure douze heures, après quoi on retire, et l'émail une fois en pain, on en sépare la quantité que l'on désire, que l'on réduit en poussière presque impalpable et on pose avec l'eau.

La seconde qualité d'émail blanc supérieure à la précédente se compose ainsi qu'il suit :

 Oxyde d'étain, 2 parties.
 Oxyde de plomb, 1 partie.
 Cristal pilé, 6 parties.

Mélangées à une quantité égale de soude, on fait fondre et on emploie comme le précédent avec cette différence que la fusion doit être plus complète et la chaleur plus intense.

Vert pistache. — On fait cuire jusqu'à calcination vingt parties de silex que l'on réduit en poudre et que l'on mélange ensuite à trente parties de potasse épurée, puis l'on fait fondre :

40 parties de ce mélange.
1 partie de laque rouge, ou d'oxyde de cuivre.

Il faut vingt-quatre heures pour obtenir la fusion. Si elle est trop difficile, on ajoute alors un peu de soude ou de borax ; on place cette couleur avec le vernis.

Bleu : 160 parties, cristal pilé.
45 parties, oxyde de cobalt.
1 partie, lapiz-lazuli.
Quantité égale de soude ou de borax.
On fait fondre à grand feu.

Rouge. — 1. On prend deux vases en verre ou en porcelaine ; dans chacun on verse 5 grammes d'eau régale, puis dans l'un 40 centigrammes d'or pur, et dans l'autre 120 centigrammes d'étain ; ensuite on jette les deux mélanges dans un vase plein d'eau à laquelle on ajoute une dissolution de sel gemme qui facilite le précipité ; puis on verse l'eau, et lorsque le dépôt est parfaitement sec, on mélange ces 160 centigrammes avec 40 grammes de cristal pilé.

2ᵉ *espèce de rouge.* — Acétate de plomb, 80 grammes que l'on fait fondre ; après la fusion, cette substance se vitrifie, on réduit en poudre en ayant soin de jeter les quelques parcelles de plomb qui se trouvent au milieu. On fait fondre 40 centigrammes d'or que l'on allie à 80 centigrammes de plomb pur; ensuite on fait la préparation suivante :

20 centigrammes à l'alliage précédent;
160 centigrammes d'acétate de plomb vitrifié;
80 centigrammes de poudre d'agate calciée;
80 centigrammes de cristal pilé;

On mélange ces produits en ayant soin de les réduire en poussière impalpable, ensuite on place ce mélange sur une feuille de pierre, et l'on passe au feu jusqu'à calcination.

3ᵉ espèce. — On opère comme pour le n° 1, seulement on y ajoute un peu d'étain que l'on laisse dans l'eau mélangée d'eau régale et de sel, jusqu'à ce qu'elle devienne violette; ensuite on opère la dessiccation :

20 centigrammes de ce mélange;
15 grammes de cristal pilé;

On met le tout dans une solution d'eau et d'eau régale, puis on laisse déposer, et l'on se sert du dépôt avec le vernis.

Quand cette couleur est bien préparée, elle est supérieure aux deux précédentes, mais un rien la gâte.

Violet : 3 parties de rouge d'or;
1 partie oxyde de cobalt.

On varie les proportions suivant les nuances.

Jaune : plomb, 9 parties;
étain, 1 partie.

On prépare comme l'émail blanc, puis on ajoute 2 parties 1/2 d'arsenic pendant la fusion, et l'on coule dans un vase plein d'eau.

Noir : verre pilé, 4 parties;
oxyde de fer, 1 partie.

Ces deux substances pilées ensemble et réduites en poudre, on prend une quantité égale de soude, un peu d'oxyde de cobalt, puis on passe le tout au feu.

Rouge orangé. — On enduit l'objet d'une couche d'émail jaune sur deux couches d'émail blanc, puis on fait adhérer au feu; par-dessus on met une couche de rouge d'or, puis on fait adhérer de nouveau; si, au lieu de passer une couche de rouge d'or, on emploie de l'oxyde de cobalt, on obtient un vert très-brillant.

Il n'y a pas d'autre couleur opaque employée par les émailleurs persans. Quant aux couleurs translucides, on les apporte toutes d'Europe; il n'y aurait donc aucun intérêt à en donner le détail.

L'art de l'émailleur est, je le répète, dans un état très-florissant en Perse, et je pourrais presque ajouter qu'il serait difficile de trouver aujourd'hui en Europe des ouvriers aussi habiles. Dans la seule ville de Téhéran, il y a plus de deux cents émailleurs, mais cinq ou six seulement méritent ce nom et sont capables d'entreprendre des travaux sérieux. Pendant quelque temps, il a été de mode en Perse d'avoir des têtes de kalioun émaillées à Genève ou à Paris, mais je dois avouer que la comparaison était si peu à notre avantage, que ces objets ont vite disparu; certainement les personnages étaient plus régulièrement dessinés, et les paysages plus conformes aux règles de la géométrie; mais quelle différence dans l'éclat des couleurs et dans le goût des détails! Les uns étaient ternes et ressemblaient à une peinture sur porcelaine, tandis que les autres étaient d'une vigueur de tons qui les faisaient ressembler à une gouache.

CHAPITRE XXIII.

Du cartonnage et de la peinture.

Les Persans n'ont aucune idée de la peinture comme nous l'entendons, et qui plus est, ils ne la comprennent pas. A plusieurs reprises, les souverains persans ayant entendu parler de la valeur que nous attachions à cet art, ont fait venir des tableaux, envoyé des élèves étudier à Rome. Mais les tableaux qu'on leur apporte sont détestables, et les élèves envoyés en Europe n'apprennent rien et reviennent en disant, pour expliquer leur ignorance, que nous n'avons rien de remarquable en fait de tableaux, et que le dernier balayeur des rues de Téhéran saurait mieux manier une brosse que Raphaël ou Titien. Cependant la vierge à la chaise a trouvé grâce devant l'un d'eux, mais, bien entendu, il l'a *persianisée* avant de la reproduire ; d'abord elle n'était pas assez décolletée, puis il a changé les couleurs, enfin il faut beaucoup de bonne volonté pour retrouver le modèle.

Dans la grande salle d'hiver du palais du tchehelsetoun à Ispahan, il y a six ou huit grandes peintures qui représentent les hauts faits des souverains Séfewieh ou quelque scène de leur vie ; il y a également une grande bataille où figure le portrait de Nader-Chah. Cette salle contient encore les portraits des souverains de la dynastie actuelle. Les peintures qui représentent les deux Chah-Abbas sont évidemment du même auteur, quelque Hollandais ou quelque Flamand égaré dans ce pays. Je ne puis pas dire que ce soient de bons tableaux, mais ils sont intéressants à cause des costumes et des détails, tels que brocs, porcelaines, pipes qu'ils contiennent.

On ne peut se figurer jusqu'où l'aberration du goût a pu mener les Persans; leurs maisons sont pleines de lithographies licencieuses qu'il doit même être difficile de se procurer à Paris. Le trésorier du Roi, un des plus riches particuliers de la Perse, a une chambre pleine de Vénus, dans toutes les postures, et quoiqu'il soit admis de dire que le nu n'est pas indécent, cette collection semble donner un démenti à cette assertion.

Quant aux peintures que les Persans produisent eux-mêmes, c'est à faire grincer les dents; non-seulement ils ignorent les principes de la perspective et du dessin, non-seulement leurs couleurs sont mauvaises, et leur méthode de brosser détestable, mais on ne peut s'expliquer comment un peuple, dont le goût est si délicat dans certains cas, et qui possède à un si haut degré la science de la couleur, peut consentir à regarder de pareilles horreurs. Je connais un portrait de Méhemet-Chah habillé d'une tunique rouge-sang, couverte de taches blanches indiquant les perles et les diamants; à côté de lui est son fils, le roi actuel, vêtu d'une tunique vert-pomme avec un arc rouge dans la main et un pantalon lilas. L'ancien Sadre-Azem fit bâtir un palais il y a quelques années, et dans la grande salle il fit peindre le portrait du Roi entouré de ses fils; des deux côtés sont placés les portraits de tous les ministres, de tous les grands et même des représentants étrangers. Les malheureux ainsi mutilés, sont : M. de Gobineau, alors chargé d'affaires; M. de Lagowski, aujourd'hui consul général à Alexandrie, et Hayder-Effendi. C'était pendant la guerre anglaise, de sorte que le portrait de M. Murray ne s'y trouve pas. Rien au monde de plus bouffon que ces portraits ; ces Messieurs tombent les uns sur les autres, et les couleurs de leurs costumes sont de la plus haute fantaisie ; à côté de ces monstruosités, les vêtements de cachemire de leurs voisins sont rendus avec une exactitude et une finesse de détail qui feraient honneur au plus habile miniaturiste.

Que faut-il conclure de là ? — Que les Persans sont des ornemanistes et rien au delà, et que la peinture chez eux est un art complétement industriel et tout à fait en dehors des données esthétiques auxquelles nous sommes habitués.

C'est donc à ce point de vue que nous avons à nous occuper des peintres persans. Autrefois les manuscrits étaient chargés de décors peints et dorés, et il n'est personne qui n'ait eu entre les mains quelques-unes de ces miniatures indiennes ou persanes qui ont tant de rapports, non pas pour le style, mais pour les procédés d'empâtement, avec les livres byzantins ou avec les manuscrits religieux du moyen-âge. Les personnages, ou les fleurs sortent en relief sur un fond d'or ou vert. Les couleurs employées sont si épaisses qu'elles ressemblent à un mastic ; les plus belles de ces enluminures se faisaient aux Indes, et quoiqu'elles fussent tout à fait dans le goût persan, il est facile de les reconnaître à cause du type des personnages qui même sous des habits persans, conservent le caractère de leur nation. La barbe est rare et pointue, le teint olivâtre et le regard d'une douceur ineffable. Les femmes ont les cheveux rejetés en arrière, les oreilles chargées d'immenses anneaux, et presque toujours le profil grec avec le teint bistré. Il y a de ces pages qui ont une grande valeur artistique et prouvent que leur auteur avait un immense talent. J'en ai vu dont les détails regardés à la loupe, tant ils étaient menus et déliés, offraient une régularité et une sûreté de main surprenantes! Les briques émaillées qui décorent les édifices, les inscriptions qui sont aux frontispices des portes, les fleurs des tapis, tout jusqu'aux palmes des cachemires, et aux étoiles métalliques de la mousseline des turbans, est reproduit avec une exactitude mathématique. A vrai dire, je n'ai vu aucun manuscrit persan écrit en Perse qui contînt de semblables merveilles, mais malgré la provenance indienne de ceux dont je viens de donner la description, on peut cependant les classer dans l'art persan; car je suis persuadé par mille détails, par la manière dont les fleurs des arabesques sont posées, par la disposition des couleurs, par le choix même des fleurs, que ces enluminures sont l'œuvre d'artistes persans. Le nombre et la richesse des princes indiens permettent de supposer qu'ils attiraient à leur cour un certain nombre d'artistes persans dont ils se faisaient les Mécènes, comme encore aujourd'hui à Bombay on imprime les livres persans, ou pour parler plus exactement, on autographie tous les chefs-d'œuvre de la littérature de cette langue, et tous les écrivains et employés de ces établissements sont persans. Hayder-Abad était presque une ville persane, et les plus beaux manuscrits sont datés de cet endroit. Ces artistes s'inspiraient des populations qu'ils avaient sous les yeux et peignaient à Hayder-Abad des Indiens comme ils auraient peint des Persans à Ispahan, des Turcs à Tauris et des Mongols à Samarkhand, mais leurs idées, leur goût et leurs procédés étaient persans.

Un fait assez singulier à observer et qui vient à l'appui de ce que je disais plus haut, c'est-à-dire que les peintres persans sont des enlumineurs, et des ornementistes de premier ordre, mais que ce ne sont pas de vrais artistes. C'est en effet que leurs compositions cessent d'être possibles s'ils augmentent l'échelle des personnages.

Aujourd'hui l'art d'enlumineur est en décadence, le goût fait défaut à la plupart des artistes persans, et leur coloris est dur et heurté. On sent qu'ils ne composent plus leurs couleurs eux-mêmes et qu'ils se servent de substances dont ils ne sont pas maîtres; il leur manque aussi l'harmonie et le fondu des tons qui souvent est l'œuvre du temps; mais leur principal défaut est dans la copie des images européennes qui leur sont tombées entre les mains. A force de nous avoir entendu vanter nos artistes et critiquer les leurs, les Persans ont cru qu'ils nous plairaient en les copiant. Comme ils savent très-bien quel est le prix des œuvres de nos maîtres et quel est le prix des leurs, et que d'une autre part, nous sommes les seuls qui les fassions vivre; car les grands personnages persans s'éloignent chaque jour davantage d'eux, pour employer leur argent à acheter nos produits, ils ont pensé pouvoir nous satisfaire et augmenter le prix de leurs œuvres en y introduisant ce qu'ils appellent la méthode *frangui*. Mais ayant pour modèles les images lorraines qui garnissent les devantures de nos perruquiers de village ou les lithographies qui décorent les appartements d'auberge; l'Asie, l'Afrique, Nina, le sourire de Mathilde, un incendie dans le Nouveau Monde, ou ce qui est pire encore, les gravures ordurières qu'on ne vend que dans les arrière-boutiques de certains quartiers; n'ayant aucune notion de dessin, ignorant les lois les plus simples de la perspective et ne comprenant pas l'art à notre manière, et par conséquent, n'ayant aucune critique pour fixer leur jugement et éclairer leur goût, ils copient avec un soin minutieux les compositions les plus plates et les plus absurdes, et s'efforcent d'éteindre l'éclat de leur coloris afin de se rapprocher le plus possible de la couleur morne et fausse des lithographies coloriées.

On ne doit pas perdre de vue que de tout temps, en Orient, l'artiste est un marchand ou un ouvrier, et que l'on n'achète pas ses œuvres à cause de leur mérite intrinsèque, mais à cause du besoin que l'on en a. Aussi maintenant que l'autographie est très-répandue, les peintres enlumineurs meurent-ils de faim et ont-ils été obligés de se faire décorateurs pour gagner leur vie. On n'écrit plus aujourd'hui à la main que quelques livres de philosophie dont les lecteurs sont trop rares pour permettre de faire les avances des frais d'impression, ou quelques livres religieux de sectes contraires à l'Islam qu'il serait peu prudent encore de produire au grand jour et dont le gouvernement n'autoriserait jamais la vente.

Ce n'est pas à dire, comme le croient quelques orientalistes, qu'on ne trouve plus de manuscrits en Perse; il y en a beaucoup et des plus précieux, soit par leur rareté, soit par le luxe de leurs décors. Toutes les personnes compétentes qui sont allées dans ce pays en ont rapporté une ample moisson et, principalement à Tauris, on rencontre parfois des volumes de l'ancienne bibliothèque qui sont du plus haut intérêt. Chaque personnage considérable conserve précieusement un ou deux volumes remarquables, plus par leur perfection matérielle que par la rareté; et chacun tient à honneur d'avoir un Koran, un Ghulistan, un Haffez, un Chah-Nameh, un Mas-Névi, dont l'écriture soit aussi belle que possible et qui contienne de belles enluminures. Il existe même encore quelques belles bibliothèques. Le Chahzadè-Alighouli-Mirza a une des plus belles de Téhéran; mais tous ses manuscrits sont anciens et les plus récents ont au moins quarante années d'existence. Les peintres auxquels ce genre de travail manque aujourd'hui ont eu recours aux décors d'appartements et aux peintures sur cartonnage. Les cartonnages persans se fabriquent, pour la majorité, à Ispahan; ce sont ou de larges feuilles pouvant servir de couvertures à des livres, ou des étuis à miroir, ou des encriers, ou des boîtes; les uns sont décorés avec des fleurs; les autres avec des personnages. Si l'on ne voyait facilement que les procédés sont les mêmes, on pourrait croire à deux sources différentes, tant leur mérite comparatif est éloigné! Autant les personnages sont gauches et burlesques, autant les fleurs sont fines et intelligentes. Comme je le disais dans le chapitre précédent à propos des émaux, un dessinateur de botanique trouverait beaucoup à redire aux fleurs persanes. Il est facile de se convaincre que leur auteur n'a pas lu Linnée et qu'il ignore le nom, la famille et le genre de la plante qu'il veut reproduire. Mais, ce qu'on ne saurait nier, c'est qu'il a passé de longues heures à la contempler, qu'il s'est faufilé dans son intimité et qu'il connaît tous ses goûts, toutes ses habitudes, et que sa coquetterie ou son laisser-aller n'ont plus de secrets pour lui. S'il veut peindre une fleur à haute tige, comme un iris ou une jacinthe, il y a, dans la courbure de la tige, une vérité et une vie étonnantes. Les pétales de la fleur ont encore ce nacré qui les rend si séduisants, et l'on comprend que les oiseaux ou les papillons qui font toujours partie d'une semblable composition éprouvent autant de plaisir à vivre parmi ces fleurs inanimées que leurs confrères vivants à faire leur nid dans ces buissons, que le printemps fleurit exprès pour eux.

Ce que l'on peut reprocher aux peintres persans, c'est leur peu d'imagination. Leurs compositions se ressemblent toutes et, depuis des centaines d'années, le même sujet est toujours traité de la même façon : ce sont les mêmes passages des poëtes qui les inspirent, et l'on pourrait ouvrir vingt Yousouf et Zuleika sans trouver dans l'un une seule image qui ne fût pas dans les autres. Les quatre poëmes Khorso et Chirin, Yousouf et Zuleika, Leila et Megmoun, Ferhad, ont surtout excité la verve des peintres et fourni une trentaine de sujets que l'on trouve partout traités de la même façon. Khorso à cheval, la couronne sur la tête, vêtu d'habits resplendissants de pierreries et suivi par un esclave également à cheval, qui tient sur sa tête un parasol rose, arrive par la droite et reste pétrifié à la vue de Chirin qui, dans le costume de Suzanne ou à peu près, se baigne dans une source ; une servante étend derrière sa maîtresse, pour garantir ses attraits des regards indiscrets, une grande pièce d'étoffe généralement dorée ; le reste de la scène est occupé par quelques plantes, quelques lévriers et par le cheval de Chirin, qui boit dans la source où se baigne sa maîtresse.

Une autre fois c'est Zuleika, au milieu d'un cercle de femmes qui lui demandent comment il se fait qu'elle ait pu s'abaisser jusqu'à aimer un esclave. « Vous allez voir si j'ai raison, » dit-elle, et elle commande qu'on apporte des fruits et des rafraîchissements. Chacune des invitées une orange dans une main, un couteau dans l'autre, est tellement frappée d'admiration à la vue de Yousouf, qui entre chargé d'un plateau, qu'elle coupe ses doigts au lieu de peler son orange.

Une autre fois c'est Ferhad sculptant, à l'aide d'un marteau, le portrait de sa maîtresse sur le rocher, pendant que cette dernière passe sur le devant de la scène accompagnée d'une suite nombreuse.

Les autres sujets les plus en vogue sont : La mort de Ferhad. Ce tendre amant, trompé par les rapports d'une vieille femme, croit Chirin morte et se tue de chagrin ; à peine est-il mort que Chirin arrive et contemple ce triste spectacle ; le combat de Roustem avec le dive Séfid, épisode tiré du Chah-Nameh ; le repas que Joseph donne à ses frères. Joseph, habillé de rose, couronne en tête et couvert de pierreries, ordonne qu'on apporte des aliments à ses frères et, suivant l'usage oriental, le repas est divisé sur un certain nombre de plateaux. Celui qu'on a destiné à Joseph est plus riche et plus chargé que les autres ; Benjamin le partage avec lui. La figure de Joseph est voilée, mais au moment où il va mettre la main dans les plats, Benjamin éclate en sanglots et s'écrie : « Seigneur, je ne puis retenir mes larmes en voyant vos mains, tant elles sont semblables à celles du frère que j'ai perdu ! »

Quand les peintres persans sortent des sujets tirés de leurs poëmes, ils représentent quelques sujets semi-religieux, comme la vierge à la chaise ; mais la reproduction de la figure des prophètes ou des imans leur est défendue, et chaque fois que la composition exige que l'un d'eux paraisse, sa figure est voilée ainsi que celle des anges. Cependant, si le saint personnage n'a pas encore commencé sa mission au moment où se passe l'action, c'est-à-dire s'il s'agit de quelque détail de son enfance, le voile n'est pas absolument de rigueur. Un des sujets de ce genre les plus appréciés est celui où l'on représente deux saints personnages du temps des Séfewiehs, Mir-Damad et Cheik-Bahak. Les deux docteurs sont assis l'un en face de l'autre; le premier, coiffé d'un turban vert qui indique sa qualité de fils du Prophète, tient dans ses mains la tête d'un lion, couché à ses pieds; l'autre est coiffé du turban blanc, commun à tous les savants musulmans. Le reste de la scène est occupé par un kalioun, quelques serviteurs et les détails des tapis. En général, ils sont assis près d'une croisée qui regarde sur un jardin.

D'autres fois le peintre, abandonnant la légende ou la religion, s'efforce de reproduire quelques cérémonies de cour, comme la réception du prince indien qui vint demander l'hospitalité à Chah-Soleiman, ou bien encore un festin donné par Chah-Abbas à des ambassadeurs; un autre peindra le portrait de Feth-Ali-Chah, toujours reconnaissable à la longueur démesurée de sa barbe et à sa taille de guêpe, entouré de quelques-uns de ses fils et de quelques grands personnages, ou bien encore une scène de chasse dans laquelle ce même prince transperce un lion couvert de pierreries. Cet animal avait sans doute mis ses joyaux pour montrer à quel point il était flatté de l'honneur que le Chah lui fait en le tuant de sa royale main.

Les grandes solennités de la vie humaine ont également inspiré le pinceau des peintres persans; les fêtes du mariage, de l'accouchement, de la circoncision, y sont reproduites avec une crudité de détails qu'envierait le plus furieux de nos réalistes. La douleur n'arrête pas l'artiste persan, et il peindra une scène d'enterrement ou de lavage de cadavre avec la même insouciance qu'une danse ou un intérieur de Harem. Dans ces représentations de la vie humaine, les Persans mettent un tel soin à n'oublier aucun des détails, même les plus insignifiants, que souvent ils obtiennent des contrastes du plus haut comique auxquels il ne manque, pour être des traits de génies, que l'interprétation. Mais, comme je le disais en commençant ce chapitre, les peintres orientaux sont toujours des ornemanistes, et le grand art leur est complétement étranger ; ils excelleront à peindre un vêtement, ils n'oublieront aucun pli, aucun bouton ; les coutures et les piqûres seront placées où elles doivent l'être, mais le corps qu'il renfermera sera inanimé ; on ne pourra même pas le comparer à un mannequin, car les poupées de nos jours remuent les yeux et ont un semblant de vie. Parfois, à force de réalisme, ils parviendront à produire un effet saisissant, mais jamais leurs personnages n'auront d'âme ; je n'en veux pour preuve que ce fait, que toutes leurs figures se ressemblent.

J'ai eu entre les mains tous les poncifs d'un peintre persan assez célèbre, environ cent cinquante, et il m'a été facile de me convaincre, par la vue de ces cartons, que cet artiste travaillait par la routine et qu'il n'avait aucune connaissance du dessin. Toutes les têtes de femmes sont rondes, avec une figure plate, éclairée par deux yeux de grandeur surnaturelle surmontés de sourcils épais et formant l'arc parfait, et se réunissant à la naissance du nez, ce qui, pour les Persans, est le dernier mot de la beauté. Toutes ces figures possèdent en outre une sorte d'ouverture au-dessous du nez ; je me sers de ce mot, car je ne puis employer celui de bouche pour désigner un trou si petit qu'une cerise aurait peine à entrer.

Quant aux hommes, ils ont tous dix-huit ans ou soixante. Les premiers sont évidemment les jumeaux des femmes dont je viens de parler. Le caractère le plus saillant des seconds est leur calvitie et leur barbe blanche.

La composition des bouquets n'est pas beaucoup plus

variée que celle des scènes animées; c'est presque toujours une fleur à haute tige, ou une branche d'arbuste en fleur, tel que rosier ou jasmin (quelquefois les deux), qui forment le bouquet principal auquel viennent se joindre à la base quelques autres fleurs détachées; des oiseaux et des papillons se posent sur les fleurs et donnent un peu de vie à cette composition. Dire le goût avec lequel ces fleurs sont assemblées, faire comprendre l'harmonie des tons et l'éclat des couleurs demanderait une plume plus exercée que la mienne; mais ce que je dois dire, au risque même de m'attirer la colère de nos peintres sur porcelaine, c'est qu'ils devraient se procurer à tout prix quelques-uns de ces cartons et les étudier avec soin; peut-être trouveraient-ils dans ce travail le secret de rendre vivantes des compositions où le botaniste le plus sévère ne pourrait reprendre aucune faute, et qui prouvent d'une patience et d'une conscience incroyables, mais qui ressemblent à ces bouquets de fleurs séchées que l'on rencontre dans quelques herbiers ou plus souvent dans les coins les plus intimes d'un boudoir ou d'un cabinet de travail.

Le carton dont se servent les peintres persans est artificiel, c'est-à-dire que c'est une superposition de plusieurs feuilles de papier reliées entre elles par une colle végétale appelée séreck, que l'on a soin de préparer très-liquide, de manière à éviter les bosses; il y a des cartons depuis huit feuilles jusqu'à trente.

Une fois ce carton obtenu, si l'on veut peindre des figures, on l'empâte d'une composition formée de colle, de verjus et d'eau de chaux; lorsque le carton est sec, on passe dessus une couche d'acétate de plomb; ensuite on décalque le poncif au crayon, on peint et on vernit.

Pour les fleurs, on suit la même méthode ; seulement on ne met pas d'acétate de plomb à la place ; on peint le fond, on le vernit une première fois, puis on peint les fleurs et l'on donne le second vernis. Les fonds les plus estimés sont ceux qui sont nacrés ou dorés ; pour obtenir ces effets, on se sert ou d'un sable contenant des parcelles métalliques ou de petites paillettes d'or dont on couvre le carton et que l'on fait adhérer au moyen d'un vernis.

Le vernis des Persans est d'une qualité exceptionnelle par son brillant et sa solidité. Il se compose :

Sandaraque, 1 partie.
Huile de sésame, 2 parties.

On fait fondre la sandaraque au feu, et pendant la fusion on la mélange avec de l'huile, en remuant constamment ; on laisse cuire le mélange jusqu'à ce qu'il ait pris un corps suffisant.

L'huile de noix épurée remplace avantageusement l'huile de sésame.

Il y a un autre vernis que l'on emploie le dernier ; il se compose de gomme de lentisque que l'on fait fondre dans l'eau bouillante et que l'on mélange avec un peu d'essence de térébenthine ; on fait filtrer.

Les couleurs employées par les Persans sont toutes européennes ; on s'en sert à l'aquarelle ou avec de la gomme arabique.

Pour l'or, on se sert d'or en coquille ou en feuille, que l'on mélange avec un peu d'eau chaude légèrement salée ; on broie bien pour faciliter le mélange, puis on ajoute une petite quantité de colle de poisson ; lorsque le mélange est bien complet, on rince deux ou trois fois, et on le place. Tout le mérite de cette préparation est dans le soin que l'on apporte dans sa confection.

Suivant l'habileté du peintre, il vend ses produits depuis 2 fr., et peut-être moins, jusqu'à 200 fr.; pour avoir un encrier convenable, il faut mettre 20 fr., et 50 ou 60 fr. pour une couverture de livre ou un étui à glace.

Les bazars de Constantinople sont encombrés de ces produits dont le débit est très-facile; mais les objets que l'on exporte de Perse sont en général de bas prix, et j'avoue que si je n'avais été prévenu, je n'aurais jamais supposé que les cartonnages de Constantinople eussent la même provenance que ceux que j'ai vus ensuite en Perse.

CHAPITRE XXIV.

Des poteries.

Nous suivrons dans cette étude la division naturelle, c'est-à-dire que nous séparerons la production en trois classes : la porcelaine, la faïence et la terre cuite.

Jusqu'à ce jour, l'existence de la porcelaine persane a été vivement contestée par des savants allemands et français; aussi, avant d'entrer dans le sujet qui nous occupe, devons-nous commencer par démontrer d'une manière irrécusable l'existence de la porcelaine persane; et d'abord quelles sont les objections que l'on élève contre cette poterie : 1° l'absence de monuments connus ; 2° que Chardin et les voyageurs des XVIe, XVIIe et XVIIIe siècles n'étaient pas compétents; 3° que les Persans eux-mêmes ne croient pas à cette production ; 4° les fautes d'orthographe relevées par le docteur Grass sur plusieurs vases contenant des inscriptions persanes.

Ces fautes d'orthographe ne signifient rien par la raison que les potiers ne sont pas nécessairement membres de l'Académie de leur pays, et qu'ils n'ont pas besoin d'être des grammairiens accomplis pour bien tourner une assiette. M. Demmin qui relève cette objection et semble la trouver irréfutable, n'a sans doute pas fait attention que dans son *Guide de l'amateur* il donne à l'article

Nevers la description d'un saladier de sa collection qui porte l'inscription suivante :

> Belles quittez moi *c'est* amants
> Qui ne sont pour vous que des *glacé*
> . . . .
> Mes dames nous allons descendre
> *Appaizée* toute votre fureur
> Nous vous allons donner nos cœurs
> Que *voulée* vous donc entreprendre
> Allons *descendée* chers amans
> Et ne soyez plus rebelles
> Vous *serée chérits* tendrement
> De vos *maitresse fidèle*.

Et cependant l'orthographe française est beaucoup plus simple que l'orthographe persane, dont la pratique exige de longues années d'étude et une connaissance approfondie de la langue arabe.

Je n'ai pas vu le vase dont il s'agit et ne mets nullement en doute sa provenance chinoise ou japonaise, mais cela pour d'autres motifs. Depuis longtemps les grands personnages persans ont l'habitude de faire des commandes en Chine, et de faire écrire leur nom précédé du mot *fermaïche*, c'est-à-dire par les ordres. J'ai vu des centaines de ces pièces, quelques-unes ne portent pas de nom, mais simplement le mot *fermaïche* en lettres de forme arabe. Comme ces inscriptions sont généralement envoyées par des Persans de la haute classe, elles n'ont aucune faute d'orthographe à se reprocher, et elles ont toujours un cachet calligraphique qu'il est aisé de reconnaître pour peu qu'on ait eu l'occasion de voir et d'étudier l'écriture persane.

Cependant la provenance chinoise des porcelaines ainsi timbrées n'est pas plus douteuse que celle des services que les grands seigneurs français du XVIIe et du XVIIIe siècle faisaient faire en Chine en ayant soin d'envoyer aux missionnaires qui se chargeaient de ces commandes une empreinte de leurs armoiries.

J'ai dans ce moment sous les yeux une assiette couverte d'inscriptions persanes. Voici la méthode que j'ai employée pour m'assurer de sa provenance et les diverses phases du raisonnement qui m'a conduit à la croire persane.

Cette assiette, d'une pâte kaolinique assez commune, est décorée d'ornements et d'inscriptions ; au centre se trouve un médaillon renfermant un talisman ; autour est un cordon contenant une légende qui répète plusieurs fois la profession de foi musulmane. Enfin sur l'extrême bord on lit une prière en langue arabe qui célèbre les louanges d'Ali. Or, il n'y a qu'un Persan qui ait pu tracer ces mots cabalistiques que l'on emploie fréquemment en Perse, mais après avoir réfléchi pendant de longues années, si chacune des lettres composant chacun des vers est placée de façon à ne rien perdre de sa puissance.

Ce n'est pas tout : l'écriture de ces légendes provient d'une main bien peu exercée, et il faut descendre tout à fait dans les bas-fonds de la société pour trouver son origine. La calligraphie est un art, je dirais presque une science en Perse, et il n'est pas rare de rencontrer des hommes de 50 ans s'exerçant encore à faire des jambages ou des liaisons. Quand on a dit d'un individu *Khat dared*, c'est-à-dire il a une bonne écriture, on a tout dit et l'on ne saurait renchérir sur un pareil éloge. D'après cela, on s'expliquera parfaitement qu'une chose à laquelle on attache tant de prix est rare et difficile à obtenir ; aussi les gens du peuple écrivent-ils d'une manière presque illisible, et chaque fois qu'ils sont obligés de tracer quelques caractères, c'est un labeur pour eux.

Quant à un personnage dont on peut dire *khat dared*, jamais il ne s'abaissera jusqu'à écrire chez un potier, mais il consentira volontiers à composer un cachet pour un grand personnage, et cette empreinte envoyée en Chine, servira de modèle pour timbrer toutes les pièces d'un service. Et comme les Chinois sont les gens du monde qui exécutent avec le plus d'exactitude une copie, nul doute que toutes les inscriptions persanes sortant de leurs ateliers ne soient parfaitement régulières, tandis que les potiers persans réduits à leurs propres forces commettent des fautes grossières qui loin d'être, comme le pensent M. le docteur Grass et plusieurs autres savants, une preuve de provenance étrangère, sont peut-être une des meilleures garanties d'origine persane.

Cependant il ne faudrait pas conclure de ce qui précède qu'on doit accepter les yeux fermés toutes les inscriptions persanes pourvu qu'elles soient fautives, et rejeter toutes celles qui sont exactes. Je possède un grand plat en faïence de la fabrication la plus commune qui contient une grande inscription décorative en l'honneur des fils d'Ali. Cette composition extrêmement tourmentée est l'œuvre d'une mirza habile qui, sans doute, avait écrit ces sentences pour servir d'ornement à la première page d'un manuscrit ou à l'entrée d'une mosquée, et le potier l'a décalquée et s'en est fait un poncif pour des plats communs.

D'un autre côté, il se fait dans le Caucase, et je crois à Astrakan et à Moscou, une grande quantité de vases en porcelaine commune, revêtus d'inscriptions talismaniques en langue persane ; ces compositions fourmillent de fautes de toute nature, et leur origine se manifeste par une foule de détails.

En céramique orientale, une inscription ne prouve

rien, ni pour, ni contre. En Chine, en Angleterre, en France, en Russie, on fait des poteries pour l'Orient qui sont chargées d'inscriptions, et cela souvent sans mauvaise intention de la part des fabricants; ainsi presque toutes les tasses à thé que l'on apporte à Téhéran sont timbrées *London* en persan. Mais lorsque le sens de l'inscription est parfaitement conforme aux idées et aux mœurs du pays, lorsqu'elle est tracée suivant le goût oriental, et que tant par sa forme que par son fond elle appartient parfaitement aux Persans, je crois qu'on peut s'abstenir de regarder si elle contient ou non des fautes d'orthographe.

Un fait extrêmement singulier sur lequel je reviendrai à l'occasion des faïences, mais qu'il est bon de signaler ici pour prouver combien on peut se tromper en fait de poteries orientales lorsqu'on s'en rapporte à des inscriptions, est celui-ci : Je possède quatre ou cinq pièces de faïence à grands ramages bleus sur fond blanc, sur l'origine desquelles il est impossible d'émettre le moindre doute, et cependant ces pièces sont marquées, les unes d'une inscription chinoise à huit caractères, les autres du timbre Siao-tcheuan. Il est vrai que lorsque l'on examine de près ces marques, on s'aperçoit de l'imitation, et l'ouvrier, par son inhabileté, a donné une preuve de la provenance persane qu'il voulait cacher.

Nous pouvons conclure de tout ce qui précède que les inscriptions peuvent être un auxiliaire avantageux dans la recherche d'une origine, mais que l'on ne saurait en faire la base d'un système, et surtout accepter ou rejeter un vase d'après les fautes de grammaire commises par un artisan. On doit plutôt porter son examen sur la composition même du texte, et s'il est en rapport avec les idées, avec les mœurs du peuple auquel on croit devoir l'attribuer, on a acquis une certaine dose de probabilités, surtout si l'on est bien convaincu de la difficulté de composer un texte talismanique sémite ; dans ce cas, du moins, la critique est plus facile que l'art, et quelqu'un d'exercé à ce genre de travail aura bien vite démontré la fausseté de l'imitateur. On pourra m'objecter que parmi les Orientaux eux-mêmes, peu sont capables de composer un pareil texte et de ménager toutes les puissances comminatoires ou imprécatoires, cela est vrai ; mais alors on rentre dans une voie où il est plus facile encore de découvrir l'erreur, car alors il s'agit des sentences qui sont dans la bouche de tout le monde et qui sont devenues presque des idiotismes de langage comme celle-ci : *Ja-Ali-mollah*.

Passons maintenant à une autre objection, celle de l'ignorance des Persans en matière céramique, ignorance qu'ils poussent à ce point qu'ils n'ont pas d'autre mot pour exprimer la porcelaine que le mot *tchini*, c'est-à-dire de Chine, provenance de Chine. J'avouerai franchement que cette objection m'a longtemps arrêté, et que je ne pouvais m'expliquer comment une industrie assez avancée pour produire les pièces que je lui attribuais, et cela dans une époque assez récente, avait pu être abandonnée à ce point que non-seulement on ne retrouve aucune trace des fabriques, mais que le fait même ne peut s'énoncer sans exciter des éclats de rire. Cependant, après examen, je ne tardai pas à m'apercevoir que cette ignorance s'étendait aux faïences, et l'on me présenta plusieurs pièces dont la matière était si peu discutable qu'il suffisait d'ouvrir les yeux pour la reconnaître. Je me souviens entre autres d'un bol en terre rouge recouvert d'un émail blanc avec dessins bleus sous couverte, dont l'émail était si beau qu'il aurait pu faire illusion, si la terre rouge n'eût reparu dans divers endroits et si l'opacité n'eût été absolue, malgré le peu d'épaisseur des parois; on me présenta, dis-je, ces vases pour du vieux chine, et lorsque j'essayai de démontrer à mon interlocuteur que ce n'était qu'une faïence et qu'il avait tort de vouloir me la vendre comme de la porcelaine, car en Perse autant la dernière de ces substances est à la mode, autant la première est un objet de mépris, il me rit au nez en me disant que jamais en Perse on n'avait produit de poteries analogues à celle-là. Une autre fois j'admirais les carreaux émaillés qui revêtent toutes les parois intérieures de la cathédrale d'Ispahan, et je m'informais auprès d'un prêtre, du reste assez instruit, à quelle époque ils pouvaient remonter. « Au temps de Feth-Ali-Chah, me répondit-il ; on les a apportés de Chine. » Or, ce fait était matériellement impossible, par la raison que ces carreaux sont identiques à tous ceux qui décorent les anciens palais d'Ispahan, et qu'on sait avoir été fabriqués en Perse. Je dirai même plus : la terre de ces briques est analogue à celle des briques modernes.

Cependant comme j'avais fait part de mes doutes à quelques personnes et qu'on savait que je m'intéressais beaucoup à cette question, peu à peu les renseignements m'arrivèrent de tous côtés et me prouvèrent d'une manière irréfutable que je ne m'étais pas trompé. J'appris d'abord que M. Fochetti, chimiste italien au service du Chah, ayant été désigné pour accompagner Ferrouk-Khan dans son voyage en Europe, avait apporté avec lui du kaolin qu'il avait acheté à Tebriz ou qui avait été trouvé aux environs d'Ourmiah, et qu'avec cette terre on avait fabriqué à Sèvres un certain nombre de pièces, dont quelques-unes sont restées dans cet établissement, et les autres ont été rapportées en Perse, où M. Fochetti lui-même m'a montré une tasse de cette provenance. Ce chimiste est encore en vie et dirige, je crois, une usine de poterie aux environs de Florence.

J'appris ensuite que Malek-Cassem-Mirza, l'un des fils de Feth-Ali-Chah, mort depuis une quinzaine d'années, en son vivant gouverneur du district d'Ourmiah, avait monté une fabrique de porcelaine, et qu'on peut encore dans cette ville en trouver quelques morceaux. Je tiens ces renseignements de M. l'abbé Vareze, supérieur de l'établissement des Lazaristes d'Ourmiah.

Je recevais également des renseignements de Mesched, où l'on me disait que jusqu'à Nader-Chah on fabriquait dans cette ville des porcelaines aussi belles que celles de Chine, mais que l'on avait dû cesser devant la concurrence russe, qui livrait à des prix qui ne rémunéraient pas les fabricants persans des porcelaines d'une qualité inférieure, il est vrai, mais qui suffisaient aux consommateurs peu aisés.

M. Bernay, commis de la chancellerie de notre légation, et M. le docteur Fakergreen, qui tous deux ont habité longtemps Chiraz, m'ont donné sur cette ville les mêmes renseignements, ajoutant que le gouverneur de cette province, Hussein-Khan-Nizam-ed-Dooulet, avait présenté au roi Méhémet-Chah deux bols, un de provenance persane, un de provenance chinoise, et qu'il fut impossible de les distinguer. Encore aujourd'hui, il existe un ouvrier qui fait de la porcelaine; j'ai entre les mains des pièces de sa fabrication. Comment les Persans ignorent-ils tous ces faits et par quelle incroyable incurie en sont-ils arrivés à ce point d'insouciance que de semblables essais passent inaperçus et sans les intéresser?

Quant à la faïence, chose plus étonnante encore! on ne

trouve dans les bazars de Téhéran et d'Ispahan ou des autres villes que des faïences de Khoum, de Cachan, de Naïns, d'Hamadan, qui sont toutes très-défectueuses et comme matière, et comme cuisson, et comme ornements, pendant que dans une petite ville du Khorassan, qu'on appelle Nahienne, on produit des faïences gros bleu d'un goût excellent et d'une fabrication très-supérieure ; le hasard me les fit découvrir et j'en parlai à plusieurs Persans qui furent aussi étonnés que si je leur annonçais la découverte d'un monde, et, depuis ce temps, j'en rencontrai parfois quelques exemplaires dans les maisons où j'allais dîner.

Les faïences que l'on fait aujourd'hui à Mesched sont très-supérieures à toutes celles qui se font dans tout le reste de la Perse, et cependant, pour en avoir quelques exemplaires, j'ai dû écrire dans cette ville et attendre plusieurs mois une réponse.

J'arrive à l'objection qui consiste à nier la compétence de Chardin ; j'avoue que je ne comprends pas trop ce qu'on trouve à redire à la description de cet illustre voyageur, et, comme l'a fait observer très-judicieusement M. A. Brongniart, que peut être une poterie translucide, d'émail pur en dedans et en dehors, excepté une porcelaine ? et d'ailleurs le texte de Chardin n'est pas le seul, et tous ceux rassemblés par MM. Leblanc et Jacquemard sont concluants. Comment, par exemple, suspecter la compétence de Paw ? Ce voyageur si malveillant pour la Perse n'aurait pas manqué de déprécier les poteries de ce pays, si cela lui eût été possible ; et Gersaint Kempfer, qui parcourut non-seulement la Perse, mais la Chine et le Japon, pouvait-il se tromper aussi grossièrement ? Quant à la salle d'Ard-bil, dont parle Fraser, tous nos contemporains l'ont vue, et son existence est tellement connue en Perse que c'est l'argument qui m'a le mieux réussi auprès des Persans.

Je ne crois pas qu'il soit utile d'appuyer plus longuement sur ce sujet, et je renvoie les lecteurs qui désireraient plus de détails au livre de MM. Edmond Leblanc et Albert Jacquemart. Les textes que ces savants céramistes ont recueillis et publiés ne peuvent laisser aucun doute à ceux qui ne nient pas l'existence de la porcelaine persane de parti pris. Aucune preuve, pas même la vue d'exemplaires certains, ne les pourrait convaincre ; ils sont nombreux cependant les monuments dont l'origine ne peut être discutée, et, pour ma part, je possède près de cent pièces sur lesquelles je crois de toute impossibilité à la critique la plus sévère de formuler la moindre objection. Ce sont d'abord un certain nombre de carafes, semblables à celles que MM. Jacquemart et Leblanc ont fait graver, et dont ils donnent la description à la page 376. Je me permettrai cependant de faire une légère critique à ces messieurs : le vase qu'ils représentent dans la planche XVIII, et qu'ils désignent sous le nom de gargoulette, est tout simplement la carafe d'une pipe à eau ; les peintures décoratives des palais d'Ispahan ne peuvent laisser aucun doute à cet égard ; elles représentent à chaque pas des Persans assis et fumant des kaliouns de cette forme, soit en poterie émaillée, soit en terre cuite, soit en métaux. J'ai moi-même une pipe de cette forme, et je possède sept ou huit autres carafes identiques, mais en faïence.

Parmi les pièces de cette fabrication que j'ai étudiées, il en est une qui affecte tout à fait la forme de nos carafes du temps de l'Empire ; elle est d'une fabrication si ordinaire, et le coup de feu qui dépare sa panse est tellement affreux qu'on doit, en la regardant, exclure toute idée d'importation, et c'est une des preuves les plus certaines que l'on puisse donner de l'origine persane de toutes les pièces analogues.

Les poteries de cette fabrique ne sont pas de formes très-variées et je n'ai trouvé que des bouteilles, des carafes, des Kaliouns et un sucrier; mais quelque soin que j'aie pu apporter à mes recherches, je n'ai pu acheter ni même voir chez les amateurs aucun vase affectant une autre forme.

Le Céladon de Kirman se reconnaît à l'épaisseur des parois qui est telle qu'il est impossible, même avec une lumière, de reconnaître la translucidité. Le vase est engobé d'un émail stannifère extrêmement épais et teinté en vert d'eau; sous cette couverte, sont disposées une suite d'arabesques en creux exécutées avec un moule; ces porcelaines, sur l'origine desquelles il est impossible d'élever le moindre doute, grâce à la nature des ornements dont je viens de parler, sont horriblement lourdes; les formes habituelles sont des potiches et de grands plats dans lesquels on sert les agneaux entiers. C'est également à ces poteries que l'on attribuait autrefois, et que les Persans attribuent encore aujourd'hui, la propriété de s'altérer au contact des poisons végétaux. C'est une fable qu'on aura beaucoup de peine à déraciner, car les possesseurs des pièces de cette fabrication ne consentiront jamais à laisser entreprendre sur leurs vases une suite d'expériences dont le résultat serait de faire baisser le prix qui est du reste fort élevé. Un des plats dont je viens de parler coûte facilement 50 ou 60 fr.

Les Persans acceptent parfaitement l'origine persane de ces poteries, et toutes les personnes à qui j'en ai parlé m'ont indiqué soit la ville de Kirman, soit le Beloutchistan comme centre de fabrication, et quelque temps avant mon départ de la Perse, j'ai vu un assez grand nombre de ces vases qui avaient été envoyés de Kirman pour être vendus au Chah. Ces poteries sont connues en Perse sous le nom de Jachmi, c'est-à-dire de Jade, à cause de l'identité de couleur et de reflet qui existe entre ces deux objets.

Une autre espèce de porcelaine persane est celle que l'on appelle *minaï*. La nature du décor exclut toute idée de provenance étrangère : d'une part, les palmes dorées, et de l'autre, le faucon chassant le canard, sont des sujets trop persans et sur lesquels nous avons appelé trop de fois l'attention du lecteur pour qu'il soit besoin d'y revenir. Mais à défaut de ces critérium que j'appellerai certains, la nature des fleurs et la manière dont elles sont disposées suffiraient pour indiquer une origine persane. Ces vases, assez faciles à trouver, sont tous décorés avec une telle similitude de détails que l'on est obligé d'accepter l'idée d'un poncif et par conséquent l'unité du lieu de fabrication. Cette porcelaine, extrêmement mince, est d'une translucidité parfaite ; il est impossible de la rayer avec une pointe d'acier, et elle supporte bien l'eau chaude, mais sa couleur n'est pas parfaitement blanche, et si l'on attaque l'émail, on s'aperçoit qu'au four la matière a pris une teinte jaunâtre très-accusée ; c'est ce qui, pendant quelque temps, m'avait fait hésiter sur la nature de cette poterie ; mais, je le répète, elle est translucide, résiste à l'eau chaude, et ne peut nullement être rayée par l'acier. Or, une poterie qui remplit toutes ces conditions ne peut être qu'une porcelaine dure, et comme d'ailleurs sa couleur n'est semblable ni à celle de la porcelaine chinoise, ni à celle de la porcelaine indienne, ni à celle de la porcelaine européenne, on est conduit à admettre cette poterie au nombre des porcelaines persanes, puisque sa pâte et son décor sont tous deux d'accord à le démontrer.

Il nous reste encore une espèce de porcelaine à examiner, celle qui vient du Korassan et qui est bleue et blanche. Sa pâte savonneuse et peu cristallisée l'a souvent fait prendre pour de la faïence, et comme son épaisseur est quelquefois énorme, il est impossible de savoir si elle est translucide ou non. A mon avis, on ne doit pas hésiter à classer ces poteries parmi les porcelaines à pâte kaolinique, et voici les raisons qui appuient mon opinion. Je possède deux petits bols qui sont identiques comme matière, comme travail et comme décors aux poteries qui nous occupent en ce moment et qu'on ne saurait par ces motifs attribuer à une autre fabrique; ces deux bols, plus soignés que ne le sont les autres pièces de Meched, offrent tous les caractères de la porcelaine dure, translucidité, dureté et résistance au feu. Le peu de cristallisation de la pâte après la cuisson qui a empêché quelques amateurs de classer ces poteries parmi les porcelaines, doit s'expliquer par le peu de propreté de la pâte, ou mieux, par un mélange étranger au feldspath et au kaolin, car, d'après les renseignements que j'ai pu recueillir, jamais en Perse il n'a été d'habitude de laisser la pâte exposée pendant plusieurs mois aux intempéries, de façon à provoquer une sorte de pourriture ou de fermentation qui remplace l'épuration chimique dans les pays où cette science n'est pas assez avancée pour que les fabricants puissent se servir de ses procédés. Ce genre de porcelaine est évidemment une dérivation de produits chinois, et c'est sans aucun doute celle que Chardin veut désigner lorsqu'il parle d'une porcelaine persane que les Hollandais achetaient pour revendre en Europe comme provenant de Chine. Aujourd'hui, avec les progrès qu'ont fait les fabriques, il serait difficile de se laisser tromper; ni la pâte, ni la couleur, ni même la disposition des ornements ne permettent un seul instant d'hésitation. Comme je l'ai dit plus haut, la pâte est plus onctueuse, plus massive et moins cassante que celle des produits chinois; la partie inférieure des vases est toujours incomparablement plus lourde et plus épaisse que la partie supérieure. Cette épaisseur arrive quelquefois à des proportions inouïes.

La couleur bleue employée dans l'ornementation de ces pièces est toujours l'oxyde de cobalt que l'on trouve en grande quantité aux environs de Cachan; la qualité de cette substance est remarquablement belle; aussi toutes les pièces ornées avec cette couleur, depuis les plus médiocres jusqu'aux plus belles, ont-elles un éclat, une profondeur et une égalité de tons qu'il est inutile de chercher chez les Chinois.

Quant au dessin de ces ornements, il est beaucoup plus net que celui des Chinois; la fleur se détache mieux du fond blanc, et il n'y a pas chez les Persans de ces tons vagues, de ces traits indéterminés que l'on retrouve si fréquemment chez leurs voisins; ils essayent bien d'imiter les fleurs qu'ils ont vues sur les vases chinois. Ainsi la chrysanthème, le lotus et toutes les plantes aquatiques forment-elles le fond des ornements de cette fabrique, mais ces fleurs sont dessinées d'une manière plus précise, les contours en sont plus nets, et l'esprit ne doit faire aucun effort pour les reconnaître; quant au feuillage et à la manière dont sont disposées les guirlandes, l'amateur habitué à l'étude de l'art persan, démêlera facilement des détails qui, pour lui, auront la valeur d'une signature. Voilà donc le signalement de ces poteries du

Khorassan parfaitement déterminé : pâte savonneuse et lisse, d'une épaisseur inégale, et d'une pesanteur excessive, décor en bleu de cobalt sur un fond blanc avec contours noirs toujours parfaitement exécutés, et essayant de copier les poteries analogues chinoises, mais différant de ces dernières par la pureté du cobalt et par l'absence de ces teintes nébuleuses tendant à reproduire les nuages ou la terre. La composition persane est toujours simple ; une guirlande de fleurs ou un bouquet grêle, et dont chaque fleur et chaque feuille est encadrée par un trait, mais jamais ni maison, ni personnage, ni fouillis de bambous et d'herbes ; en un mot, absence complète de fantaisie. Il ne me reste plus pour compléter ce que j'ai à dire sur ces porcelaines que d'expliquer pourquoi je les attribue à Mesched, capitale du Khorassan. La raison en est bien simple. Un ami que j'ai dans cette ville, le même dont j'ai déjà parlé lorsque je cherchais à prouver l'existence de la porcelaine persane, m'a envoyé, sur la demande que je lui faisais de rechercher pour moi quelques débris de l'ancienne fabrique de Mesched, des pièces parfaitement semblables à celles dont je viens d'entretenir les lecteurs.

Les quatre genres de poteries que nous venons d'étudier offrent des caractères si absolus et sont revêtus de signes si indélébiles, qu'il suffit d'avoir vu une pièce de chacune de ces espèces pour ne plus se tromper ; car qui en a examiné attentivement une est aussi avancé que celui qui a vu cent pièces passer entre ses mains.

Voici donc quatre grands centres de fabrication déterminés ; il nous reste à examiner s'il n'est pas possible de sortir de ces quatre genres, dont un seul est polychrome. J'avoue que dans cette seconde partie de notre travail nous ne trouverons plus de règle fixe, et ce n'est qu'à tâtons que nous pourrons trouver notre route.

D'abord je crois que les porcelaines que MM. Jacquemart et Leblanc désignent sous le nom de famille rose, ont également inspiré les céramistes persans, surtout les fabricants d'un ordre inférieur. Encore aujourd'hui, parmi les potiers, ce sont ces modèles dont ils se servent pour exécuter leur vaisselle commune, les bordures à médaillons et à hachures simulant les clôtures en bambous, les bouquets enrubannés affectant la forme du vieux saxe. L'emploi du rouge d'or et du brun préférablement à toutes les autres couleurs, les tons crus et criards, et l'absence presque complète du bleu, telles sont les poteries que l'on trouve en grande quantité en Perse, et cela depuis les faïences les plus grossières jusqu'à la porcelaine de matière assez supérieure. Parmi ces dernières, il n'y a aucun doute que beaucoup ne soient chinoises; mais il y en a d'autres qu'il serait difficile d'attribuer à cette provenance; de ce nombre sont celles qui sont connues en Perse sous le nom de djaffer-khani. Quel était ce Djaffer-Khan? Je l'ignore; car il n'est guère permis de supposer que Djaffer-Khan-Zindhy, qui occupa pendant quelques mois le trône de Perse dans la seconde moitié du siècle dernier, eût pu prendre sous sa protection une fabrique et donné son nom à ses produits. Cet homme n'avait ni le goût, ni les connaissances, ni même besoin d'une pareille entreprise; occupé à se dérober à ses ennemis et à faire massacrer ses rivaux, il avait toute autre chose à faire que de relever l'industrie de son royaume, et les Persans étaient dans un tel état de misère et de terreur à la suite de l'invasion des Affghans, du règne de Nader-Chah et des terribles guerres civiles qui précédèrent l'avénement des Kadjars, qu'ils n'avaient aucune idée d'ouvrir des fabriques et de se livrer à la confection d'objets de luxe. Le doute, si l'on pouvait en avoir, serait complétement détruit par l'examen de ces poteries. De toutes celles qui ont été produites en Perse, ce sont certainement les plus parfaites comme matière, et l'imitation chinoise est si absolue que l'on serait tenté de les attribuer à ce pays, si l'on ne faisait attention que toutes les pièces se ressemblent et que leur grand nombre exclut l'idée d'importation. En effet, sur vingt pièces de porcelaine que l'on trouve à Ispahan, le tiers au moins appartient à cette fabrication. La poterie désignée sous le nom de djaffer-khani appartient évidemment à la famille rose; c'est le même empâtement de couleurs, le même abus du rouge d'or, la même mignardise de dessin. On la reconnaît cependant à deux signes, l'absence de tout être vivant dans sa composition et l'usage assez fréquent du bleu clair que les Persans appellent firousi, ce qui veut dire indistinctement bleu de ciel ou bleu turquoise.

Il est encore une sorte de porcelaine que l'on trouve assez fréquemment et que nous pouvons cependant ranger parmi les fabrications exceptionnelles : ce sont des potiches à fond de cobalt sur lequel on a empâté fortement une composition de différents tons de rouge de pourpre, depuis le blanc rosé jusqu'au pourpre violacé et de tons bleu de cuivre. Cette composition, extrêmement chargée, renferme des fleurs de fantaisie, des papillons et des coléoptères, et par-dessus tout des rosaces. Je n'ai d'autre motif pour attribuer à ces pièces une origine persane que les trois suivants : 1° que je n'ai jamais vu de porcelaine chinoise ainsi décorée; 2° que les quelques pièces que j'ai rencontrées en Perse, où elles ne sont pas absolument rares, étant toutes identiques, cela indique l'usage d'un poncif et par contre d'une fabrication assez active; or, comment expliquer alors la présence fréquente de ces vases en Perse et l'absence complète ailleurs, sinon par une provenance persane ; 3° les amateurs persans attribuent tous ces potiches à Herat, qui, quoique situé dans l'Affghanistan, est une ville persane qui n'est sortie de la domination du Chah que depuis la dernière guerre anglaise. Pour cette dernière porcelaine, je n'affirme rien ; je ne fais qu'exposer une opinion que je suis prêt à retirer dès qu'on aura quelque chose de mieux à lui substituer. Le couvercle de la potiche de cette espèce que j'ai eu entre les mains, est en cuivre gravé, et c'est la gravure sur cuivre moderne la plus parfaite que j'aie rencontrée.

Je crois inutile, après tout ce que je viens d'écrire, d'appuyer plus longuement sur les signes auxquels on peut reconnaître la porcelaine persane ; toutes les pièces dont nous avons parlé sont si faciles à distinguer des autres fabrications, qu'il faudrait le vouloir pour commettre une erreur. Que l'on présente une porcelaine iachmi, minaï du Khorassan ou émail brun à un amateur, il verra de suite, par la description que j'ai donnée de ces pièces, qu'aucune confusion n'est possible. Quant aux pièces qui sont en dehors de ces quatre grandes familles et qui n'appartiennent ni à celles des porcelaines djaffer-khani, ni à celles que nous avons désignées sous le nom de herati, si l'on croit qu'elles peuvent être persanes, voici les signes auxquels on pourra affirmer son opinion. D'abord on peut être sûr que leur fabrication sera peu soignée ; la pâte jaunâtre sera mal purifiée et sera marquée d'une infinité de petits trous, quelques-uns noirs, les autres jaunes, provenant des matières minérales qui sont mélangées à tous les terrains du royaume. Le dessous du vase est rarement passé à la meule et porte toujours quelques grains du sable qu'il a ramassé dans le four, ou les traces de la griffe sur laquelle il a été posé; l'émail est toujours d'une très-belle qualité et d'un éclat indescriptible; le cobalt employé dans le décor est également supérieur à la teinte analogue des Chinois. Les vases persans sont en général assez mal tournés, et il est fort rare qu'ils soient réguliers; en outre, ils sont souvent gauchis au four et déshonorés par un coup de feu; voici pour la partie matérielle. Quant à l'ornement, quelque exacte que puisse être la copie, elle montre toujours le bout de l'oreille, et il est facile de s'assurer, soit par les courbes de l'arabesque, soit par le choix des fleurs, soit par celui des animaux, soit par l'esprit de la composition, si la pièce que l'on étudie est d'une fabrique persane ou chinoise. Au reste, j'ai remarqué que la représentation humaine était extrêmement rare sur les poteries persanes, et, pour ma part, dans les quelques centaines de pièces qui me sont passées par les mains, je n'en ai vu qu'une; et parmi les faïences, en faisant abstraction des carreaux de revêtement où ces compositions sont très-fréquentes, je n'ai qu'une bouteille dont le col est cassé et quatre ou cinq flacons informes, où l'on ait essayé de reproduire des hommes. Je n'ai jamais vu non plus de sujet hiératique proprement dit, et je crois qu'on doit, sans hésiter, classer dans la production hindoue toutes les pièces de ce genre. Les Persans, on ne doit pas l'oublier, appartiennent, au moins ceux qui s'occupent d'art et d'industrie, à la race sémite, et n'ont jamais été très-attirés vers les spéculations mystiques de l'Inde, et, par conséquent, n'ont jamais introduit dans leur art cet élément si fréquent chez leurs voisins. L'art persan est si pareil dans toutes ses branches, qu'infailliblement si les potiers avaient introduit l'élément mystique dans leurs compositions, les teinturiers, les fabricants de tapis, les émailleurs, etc., n'auraient pas manqué de se fournir à la même source. Je dirai plus encore : dans l'architecture où souvent l'artiste introduit la représentation humaine, soit pour décorer l'intérieur d'un appartement à l'aide de la peinture, soit pour décorer l'extérieur d'une maison. En employant les briques émaillées dans ces deux cas, que voyons-nous? soit une scène de chasse, soit un combat, soit un festin, soit une danse. Quelquefois, même dans les palais royaux, les briques émaillées représentent des soldats de grandeur naturelle qui ont l'air d'être en faction; mais de sujets religieux, jamais.

Presque toutes ces porcelaines appartiennent à la famille rose polychrome. Leur principal ornement consiste en hachures brunes semblables à celles que l'on rencontre souvent sur les pièces chinoises de cette nature et sur les porcelaines de Saxe. Des rubans entremêlés de fleurs et formant guirlande, des grecques pour les bordures, et pour orner la panse du vase des bouquets de fleurs détachés, mais groupés d'une manière différente de celle des bouquets chinois. Les fleurs sont plus réelles et plus nettes, les tiges et les feuilles mieux accentuées et en général le bouquet est plus grêle et plus élancé. Quant aux couleurs, ce sont d'abord le rouge pourpre ou d'or de toutes les nuances depuis le brun et le violet jusqu'au rose le plus pâle, le blanc de cobalt, le bleu de cuivre, dit turquoise, le vert de cuivre, le jaune de chrome, le noir de manganèse et quelquefois, mais rarement, le rouge de cuivre et le brun de fer. Ces pièces sont indistinctement peintes sous couverte et sur émail, mais les dernières sont peut-être plus communes, surtout parmi les pièces qui n'ont pas de valeur. Ces porcelaines n'ont ni la teinte blanche des produits français, ni la teinte laiteuse et bleuâtre des produits chinois ou japonais, mais une teinte jaunâtre et terreuse qui les ferait prendre pour des porcelaines artificielles ou, comme on dit, pâte tendre, si ce n'était qu'elles ne sont pas rayables à l'acier et qu'elles supportent l'eau chaude. Les formes sont très-peu variées des assiettes, des bols de différentes grandeurs, des plats ronds d'un diamètre plus ou moins grand, quelques bouteilles de kalioun, quelques vases à col que l'on appelle en persan goulab-pash, littéralement qui répand l'eau de senteur. On trouve aussi quelques vases à ablutions et quelques potiches.

L'assiette dont j'ai donné la description au commencement de ce chapitre est d'une fabrication assez singulière, elle est d'une pâte presque grise, et les inscriptions et ornements en émail stannifère blanc. L'ouvrier qui l'a faite avait sans doute en vue d'imiter ces porcelaines chinoises extrêmement fines que l'on désigne, je crois, dans le commerce sous le nom de porcelaine grains de riz. J'ai eu trois ou quatre exemplaires de cette fabrication; seulement les autres pièces ne portent point d'inscriptions et sont simplement ornées avec des fleurs et des arabesques.

Quant aux porcelaines pâte tendre, il est bien difficile de les distinguer d'avec les faïences trop cuites. La translucidité que l'on remarque dans quelques pièces qui ne sont pas de pâte kaolinique provient du hasard; ce ne sont que des faïences trop cuites. J'ai visité avec soin les différents centres de fabrication, et avec les procédés employés, il est parfaitement compréhensible que des ouvriers qui n'ont aucune certitude, ni sur le degré de chaleur de leur four, ni sur les variations qu'un changement atmosphérique peut faire subir à l'intensité d'un feu allumé, pour ainsi dire en plein air, obtiennent une cuisson très-variable. En effet, avec une cuisson de douze heures, faite en été sous une chaleur atmosphérique de 45 degrés, on obtiendra des pièces bien autrement cuites qu'avec une cuisson d'égale durée, faite en hiver sous une température extérieure de 4 ou 5 degrés au-dessous de zéro. Les Persans n'apportent non plus aucune attention au combustible qu'ils emploient. Un jour ils rempliront leur four avec du bois sec d'une qualité parfaite, et le lendemain, le bois vert même venant à leur manquer, ils font cuire leurs poteries avec des broussailles ou des racines d'épine de chameau. Ils apportent la même incertitude dans la composition de la pâte et ne prennent aucun soin pour purifier les matières qu'ils doivent employer. Leurs terres sont toujours un mélange de terres siliceuses et alumineuses auxquelles ils ajoutent parfois un fondant comme la soude ou le borax et une partie de verre pilé. Avec cette composition, ils peuvent et doivent obtenir souvent la translucidité, mais je le répète, au moins aujourd'hui, ce n'est qu'un fait accidentel et dont les fabricants ne sont nullement maîtres. Je n'hésite donc pas à classer parmi les faïences trop cuites les quelques pièces auxquelles une translucidité plus ou moins partielle donne les apparences d'une porcelaine artificielle ou pâte tendre. J'ajouterai encore à l'appui de mon opinion que les poteries ainsi obtenues sont très-difficilement rayables par l'acier et qu'elles n'ont pas cette apparence laiteuse qui caractérise les pièces analogues que l'on fabrique à Sèvres ou dans divers autres endroits en Europe. J'ai eu sous les yeux trois morceaux de poterie fabriqués à trois époques différentes avec les terres des environs de Meschëd. Le premier, œuvre d'un certain Chah-Chérif qui vivait du temps des Séfewiehs, est un morceau de potiche fond blanc avec dessins bleus de cobalt sous couvertes. C'est une imitation très-exacte du genre chinois, avec cette différence que les parois sont plus épaisses que ne le sont en général celles des vases chinois, et que la cuisson de la pâte est moins parfaite, ce qui rend, si je puis me servir de ce mot, la cristallisation moins brillante.

Le deuxième est une assiette signée Chérif, qui vivait sous le règne de Nader-Chah, c'est-à-dire dans le commencement de la deuxième moitié du xviiie siècle. Les défauts que j'ai signalés dans la pièce précédente sont bien plus apparents et la cristallisation de la pâte est presque nulle.

Le troisième est un bol avec sa soucoupe blanc, d'un dessin genre chinois, bleu de cobalt sur couverte. Ce vase a bonne façon et sort des mains d'un tourneur habile, l'émail en est excellent et le décor posé avec une netteté extraordinaire; mais ce n'est plus qu'une terre cuite, et l'on sent que la pièce dépouillée de son émail tomberait en poussière.

Je terminerai ce travail sur la porcelaine persane par quelques critiques sur les opinions généralement reçues en Europe. La première et la plus saillante est celle qui consiste à croire aux décors hiératiques et à se servir de cette idée pour reconnaître les produits persans. Comme je le disais plus haut, rien n'est plus faux; les Persans n'ont jamais été disciples de Boudha, et si une pièce portant d'ailleurs tous les autres caractères persans est affublée d'un décor de cette sorte, on peut être sûr que c'est une réminiscence du potier persan, d'une idée qui n'est pas sienne et qui lui paraît flatter le goût des chalands en imitant les Chinois. MM. Jacquemard et Leblanc parlent d'une coupe très-évasée, sans profondeur et montée sur un pied monumental ; ils donnent même la gravure de cette pièce. J'avoue que je n'ai rien vu de semblable en Perse, et que surtout cette forme me paraît tout à fait en dehors des habitudes persanes, et je ne saurais trop me figurer à quel usage une semblable poterie pouvait être destinée. J'ai également observé plus haut que certains vases n'étaient pas des gargoulettes, mais tout simplement des bouteilles de pipes à eau, et qu'avec les bols c'était la forme la plus répandue.

Et, enfin que les savants auteurs de l'histoire de la porcelaine me pardonnent de les tourmenter autant, le mot Martâban indique une forme et non une matière, et s'emploie lorsque l'on veut parler d'une potiche, quelle que soit d'ailleurs sa provenance. Ainsi l'on dit Martâban Tchini, c'est-à-dire une potiche de Chine ; Martâban Cachi, une potiche de faïence ; Martâban Yachmi, une potiche en céladon ; d'après cela, il n'est pas douteux que ces messieurs aient raison lorsqu'ils appliquent au céladon la fable si souvent répétée de changer de couleur sous l'action d'un poison végétal. Chaque fois qu'une pièce de cette nature m'est tombée sous la main, le vendeur n'a jamais manqué de m'expliquer sa cherté par ce prodige : seulement, suivant les uns, il se manifestait en changeant la couleur ; suivant les autres, par une sorte de fermentation qui ferait craquer le vase et le réduirait en mille morceaux. Je n'ai pas besoin d'ajouter que les Persans eux-mêmes sont rarement dupes de cette fable.

Il est beaucoup plus facile de se reconnaître dans les faïences persanes ; elles sont toutes marquées du sceau persan, et l'erreur n'est pas possible malgré l'immense variété de genre et de forme.

En fait de faïences anciennes, les plus rares sont celles qui sont polychromes, et les plus communes sont celles qui sont blanches et bleues. Parmi ces dernières il en est une espèce très-recherchée; la pâte est une argile rouge comme les poteries étrusques, elle est recouverte d'un émail stannifère merveilleusement beau et ornée d'un décor en bleu de cobalt sous couverte; la cuisson en est complète et ces pièces rendent un son comme celui d'une cloche lorsqu'on la fait vibrer. J'ai trois ou quatre exemplaires de cette fabrication; l'un d'eux est un bol qu'évidemment on a essayé de faire passer pour chinois. Non-seulement le décor affecte les allures chinoises, mais encore le potier a pris soin de reproduire tous les signes hiératiques qu'il avait remarqués sur les porcelaines chinoises, la perle, la pierre sonore, le kouei et la hache sacrée; ce n'est pas tout encore, et la pièce est timbrée d'une inscription à huit caractères. Quant aux autres exemplaires de cette fabrication, ils portent simplement la marque de Siao-Tchouan, mais si mal réussie qu'il est impossible qu'elle fasse illusion un seul instant.

Parmi les autres faïences marquées, il en est une espèce dont les couleurs sont extrêmement brillantes et dont l'émail est uni comme une glace, sauf sous le pied de la pièce, où il est toujours fendillé et où il prend l'aspect d'une feuille de mika; c'est, à mon avis, la meilleure fabrique.

Les couleurs qu'elle emploie sont le bleu de cobalt et le rouge orange de fer.

J'ai tout lieu de croire que ces faïences étaient fabriquées à Cachan; car c'est dans cette ville seulement que j'ai trouvé des exemplaires de cette poterie revêtus de cette marque. Ces faïences sont franchement persanes, et le potier qui les faisait, s'occupait aussi peu de la

Chine que si elle n'avait pas existé, et le critique n'a pas besoin, comme pour quelques porcelaines et pour quelques faïences, comme celles dont nous avons parlé plus haut, d'examiner la révolution d'une arabesque ou son épanouissement pour trouver l'origine persane; elle saute aux yeux.

J'ai encore observé, en fait de faïences anciennes, ce genre hybride dont j'ai parlé plus haut, qui doit à une cuisson plus ou moins élevée une translucidité quelquefois complète, plus souvent partielle. La matière est blanche et provient soit d'une carrière du Khorassan, soit d'une carrière des environs d'Ispahan, appelée Varthoun, soit d'une montagne auprès de Téhéran, connue sous le nom de Bibi-Cher-Banon. C'est là même où la superstition musulmane place le miracle opéré en faveur de l'iman Hussein. Après la bataille de Kerbalei et la mort du fils d'Ali, sa femme, dernier rejeton du sang sassanide, se réfugia dans une grotte pour éviter la poursuite des vainqueurs; elle pria son mari de la sauvegarder des outrages qu'on réservait à sa pudeur, et aussitôt un quartier de rocher descendit du ciel et vint boucher l'entrée de la grotte. Depuis ce temps on a nommé cette montagne Bibi-Cherh-Banon, du nom de la princesse sassanide, et l'on a bâti sur son sommet une chapelle réservée aux dévotions féminines. On prétend que si un homme osait se présenter à la porte, il serait immédiatement foudroyé; ce qui n'empêche pas qu'un peu plus bas on rencontre un grand bas-relief dans lequel est représenté Feth-Ali-Chah et sa cour, qui certainement n'est pas l'œuvre d'une femme; mais qu'importe, dans un pays où la foi aux choses surnaturelles est aussi vivace? Ces contradictions n'arrêtent personne et s'expliquent très-simplement par une nouvelle explosion de surnaturel. Parce que tel homme a pu sculpter le portrait de Feth-Ali-Chah sur un rocher dont l'approche est défendue aux hommes suivant la tradition, cela ne veut pas dire que la tradition soit erronée, mais seulement qu'il s'est trouvé un homme assez en relation avec les êtres surnaturels pour que son pouvoir cabalistique fût supérieur à celui qui défendait l'entrée de la montagne.

Mais revenons aux faïences. Quelle que soit la carrière dont on tire la terre, on lui fait subir les préparations suivantes : on la lave, ensuite on la fait sécher, puis elle passe au moulin et au tamis pour la rendre aussi menue que de la farine, puis on opère le mélange.

Terre de Varthoun,	1 partie.
Verre pilé,	1 partie.
Terre de Bibi-Cher-Banon,	8 parties.
Oxyde de plomb,	1/2 partie.

On prétend que, pour bien réussir la poterie, il est nécessaire d'avoir un peu de pâte déjà travaillée et de la mélanger à la nouvelle.

L'émail de ces faïences se compose :

Oxyde de plomb,	3 parties.
Oxyde d'étain,	1 partie.
Verre pilé,	5 parties.
Gomme adragante,	1/8 de partie.

La cuisson dure douze heures, et l'on enfourne sur des pattes de coq ou sur des plateaux. Lorsque le décor est sous couverte, la pièce ne subit que cette seule cuisson; lorsque au contraire il est posé sur le vernis, on donne à la pièce une seconde cuisson de six heures pour faire adhérer les couleurs.

Les procédés employés aujourd'hui doivent être les mêmes que ceux dont se servaient les potiers anciens sauf la cuisson, qui devait être plus longue ou qui devait avoir lieu dans des fours construits de façon à pouvoir se chauffer à un degré supérieur. D'après les renseignements que j'ai pu me procurer, la chaleur des fours actuels dépasse rarement quatre cents degrés et souvent n'atteint pas à trois cents, ce qui fait que les poteries modernes ne tiennent que par l'émail, et que dès qu'il cède, la pièce se réduit en poussière.

Ce mélange de verre pilé, ajouté à la pâte, explique parfaitement cette translucidité partielle que l'on découvre dans les poteries persanes et qui, jusqu'à présent, excite l'étonnement des amateurs. La petite quantité d'oxyde de plomb mélangé à la pâte contribue encore à rendre la vitrification plus complète.

Les Persans sont vraiment extraordinaires pour les nuances d'émail qu'ils donnent à leurs poteries qui, par ce seul fait, méritent l'étude la plus minutieuse. J'ai vu des vases couleur de tabac, d'autres gris perle, d'autres brun-rouge. Les uns affectent un reflet métallique, les autres, au contraire, sont décorés en bleu turquoise et cependant ont dû être cuits au moins au demi-grand feu. Comment expliquer cette habileté avec la dégénérescence actuelle? Ce n'est pas une décadence, ce n'est pas une décrépitude; c'est un oubli complet et auquel la raison ne peut trouver aucune explication plausible, pas même celle des crises terribles que cette nation a traversées. Quel est le peuple qui n'a subi de secousses si violentes que tout semble s'écrouler autour de lui? Quel cataclysme plus violent peut-on imaginer que celui qui tomba sur la France en 1793? Combien a-t-il fallu d'années à ce pays pour se remettre?

L'échafaud était à peine démoli que le Directoire donnait le signal d'une renaissance dans les arts, renaissance de mauvais goût, je le veux bien, mais enfin renaissance en ce sens que la fabrication reprit un mouvement rapide que, depuis ce temps, ni les guerres, ni les invasions, ni les révolutions intérieures n'ont pu l'entraver. Et parmi ces hommes que nous considérons comme nos maîtres actuels, la plupart ont vu leur jeunesse occupée et leurs études entravées soit par la Révolution, soit par les grandes guerres du premier empire; cela a-t-il empêché les écrivains d'écrire, les artistes de peindre et de sculpter et les savants de faire des découvertes? Cuvier, Geoffroy-Saint-Hilaire, Ampère, Gay-Lussac et, dans la partie qui nous occupe en ce moment, Brongniart auraient-ils produit davantage s'ils avaient vécu dans un temps plus calme? Il est permis d'en douter. A quoi donc faut-il attribuer cette indifférence dans laquelle est tombée la nation persane, qui, après avoir produit des poteries égales, sinon supérieures aux plus belles poteries connues, après avoir construit les palais d'Ispahan et d'Achraff, après avoir fait des aciers inimitables et des étoffes qui depuis deux ou trois cents ans étonnent encore les personnes qui les regardent, en est arrivée à se vêtir de cotonnades anglaises ou suisses, à manger et à boire dans de la vaisselle anglaise ou russe et à n'avoir pour orner ses maisons que les lithographies de Lorraine?

Je crois qu'on peut dire de l'industrie persane ce que Montesquieu disait de la propriété turque : « Comme la propriété turque est incertaine, l'ardeur de la faire valoir est ralentie. » L'industriel est comme le laboureur: quand il voit des motifs de crainte autour de lui, il borne son travail au gain du pain journalier; la production diminuant, la concurrence s'affaiblit, et, avec cette dernière, la qualité des produits; tel est le cas de la Perse. L'ouvrier n'est certes pas molesté par l'autorité, et les cas de violences sont si rares qu'ils seraient loin de pouvoir servir de base à une terreur; mais la méfiance est innée chez l'Oriental et n'est combattue que par l'appât du gain; le Persan ne veut courir aucune chance, pas même celle de s'enrichir; il produit au jour le jour les objets qui lui ont été commandés et payés d'avance. Ignorant des principes les plus simples d'économie sociale, il craint toujours, en élevant sa production, de diminuer le prix des objets, et il est inutile d'essayer de lui faire comprendre qu'un gain faible, mais répété, est préférable à un gain plus considérable, mais aléatoire; l'accaparement est le but vers lequel il tend, c'est le *desiderium* de son imagination. Cette année, se dit le potier, je ne ferai qu'une fournée, et je m'arrangerai pour que mes camarades n'en fassent pas davantage, et alors nous vendrons les bols un toman au lieu d'un kran. Malheureusement un arrivage d'Europe vient renverser ce pot au lait, et Perrette-potier éprouve une désillusion aussi violente que Perrette de la fable.

J'ai déjà cité plusieurs fois le nombre incroyable de jours de chômage qu'un ouvrier persan croit devoir s'accorder pendant le cours de l'année. Essayer de le raisonner sur ce point, c'est vouloir se battre contre des moulins à vent; il répondra invariablement: A quoi bon me tuer de travail? je n'en profiterai pas et on me prendra ce que j'ai. Mais quel est cet *on* qui doit le dépouiller? Il l'ignore; il sait même qu'il n'existe que dans son imagination, mais c'est une croyance passée à l'état de superstition; c'est assez dire combien il est difficile de la déraciner.

Une autre cause contribue encore à l'affaiblissement de l'art industriel en Perse, c'est l'absence complète de sens moral qui caractérise ces populations. Elles n'ont d'autres freins que la force et le texte de la loi coutumière, mais d'honnêteté et de délicatesse, il n'y faut pas songer; manquer à sa parole n'a rien de déshonorant, et pour peu qu'on y trouve son intérêt, on ne doit pas manquer de le faire. J'ai naturellement été très-souvent en rapport avec cette classe de la société persane pendant un séjour de cinq ans et avec le genre d'études qui m'occupait, et je puis affirmer qu'il ne m'est pas arrivé une seule fois d'obtenir la livraison d'une commande et l'exécution des conventions, sans avoir été obligé préalablement de menacer, ce qui n'empêchait pas l'ouvrier auquel j'avais prouvé la veille qu'il s'était trompé et que je n'étais pas un de ces clients auxquels on peut en imposer, de conclure avec moi le lendemain un nouveau marché et de payer quelques jours afin de l'éluder. Leur principal moyen consiste à se faire payer d'avance et à déclarer, à moitié du travail, qu'ils ont déjà dépensé tout l'argent qu'ils ont reçu, et que la commande étant ruineuse pour eux, il leur est impossible de continuer. Si l'on a le malheur d'écouter ces plaintes, on est perdu, et l'on est sûr de payer un objet qui vaut 10 fr., trois ou quatre fois sa valeur; mais si l'on répond qu'on est désolé, mais que le marché conclu doit être tenu, et si l'on renforce ce raisonnement de la présence de deux ou trois domestiques, les plaintes s'affaissent et la livraison se fait.

L'ouvrier persan, dans ce cas, est sous une influence psychologique des plus singulières : il est content parce qu'il a la conscience qu'il ne pouvait pas obtenir un prix plus élevé de son travail. Jusqu'à ce qu'il soit bien convaincu de ce fait, il est rongé de remords! Qui sait? Si j'avais demandé 100 fr. au lieu de 50, peut-être qu'on me les aurait accordés; cette supposition, après quelques heures, prend les proportions d'une certitude, et cette certitude le mène à se considérer comme opprimé, et, par contre, lui donne le droit de représailles : de là ce manque de foi que l'on reproche avec tant de raison aux ouvriers persans et qui rend leurs transactions avec les étrangers à peu près impossibles.

Mais revenons à nos faïences. Autant les faïences anciennes sont belles et dignes d'être étudiées, autant les faïences modernes sont détestables; elles ont bien toujours ce cachet d'élégance qu'ont toutes les poteries orientales : les formes sont gracieuses et élancées, les dessins élégants et faciles, et les couleurs chatoyantes et harmonieuses; mais la cuisson est si mauvaise qu'on craint toujours que le vase que l'on examine se brise entre les mains, et l'exécution en est si défectueuse que ces poteries ne peuvent supporter l'examen. De loin, grâce au cachet de leur ensemble, elles peuvent faire illusion, et il m'est arrivé souvent, passant à cheval dans les bazars, de m'arrêter séduit par l'apparence d'un bol ou d'un plat et de demander à l'examiner de près; mais dès que le marchand satisfaisait mon désir, j'étais étonné de m'être laissé prendre à un trompe-l'œil aussi grossier.

Malgré tout, ces poteries sont intéressantes à étudier; d'abord pour s'édifier sur la manière dont les Persans entendent l'imitation. La plus grande partie de ces vases sont chargés d'un décor qui s'inspire de la Chine; mais le dessin est entendu d'une façon si particulière, les arabesques se tordent dans des contours si différents de ceux adoptés par les Chinois, qu'on est tout étonné de trouver, au lieu d'un pastiche chinois, un décor persan. Les potiers s'inspirent aujourd'hui de la famille rose chinoise ; les fleurs sont enguirlandées, enrubannées, partout des hachures représentant les bambous, et, pour les poteries polychromes, abus de tons rouges et bruns. Ces vases ne se tiennent absolument que par l'émail qui est d'une épaisseur, d'une solidité et d'un éclat incroyables pour une fabrication aussi médiocre.

Les principales fabriques se trouvent à Téhéran, à Kaswine, à Hamadam, à Koum, à Cachan, à Natins, à Nahinne et à Mesched ; ces trois dernières sont les meilleures, et j'ai quelques pièces de Mesched qui vraiment sont assez bonnes et qui seraient encore supérieures si elles étaient un peu plus cuites, quoiqu'elles soient arrivées à un degré qui permet déjà la translucidité.

A Nahinne, on s'occupe plus spécialement de poterie bichrome blanche avec des dessins bleus de cobalt ; la cuisson est supérieure à celle de Mesched, mais les produits sont biens moins artistiques. Les fabricants de Nahinne copient d'une façon plus servile les porcelaines chinoises ou japonaises et s'inspirent surtout des paysages. Ces pièces offrent des irrégularités dignes de remarque : au milieu d'un paysage chinois représentant une pagode au milieu d'un fouillis de végétaux, le potier persan a trouvé moyen de placer des oiseaux impossibles et indiqués seulement par trois traits, et d'en faire une sorte de pyramide ; ce n'est pas tout encore : dans un coin il pose un de ces arbres que les Persans appellent neshrvend qui ne pousse qu'en Perse ; c'est une espèce d'orme qui s'élève peu au-dessus de terre et qui forme naturellement le chou ; les Persans l'aiment d'une manière particulière, tant à cause de la beauté de sa forme qu'à cause de son ombre impénétrable, même aux rayons du soleil de juillet le plus implacable. Dans presque tous les jardins persans il y a une espèce de plate-forme abritée par quatre de ces arbres, et, pendant la belle saison, on y passe tolérablement une grande partie de la journée, surtout si autour de cette plate-forme coule un ruisseau d'eau courante.

Tous les produits de Nahinne sont marqués de la même marque et datés en dessous ; c'est la seule fabrique qui ait cette précaution. Il y a une grande analogie entre ces poteries et les porcelaines dites opaques que fabriquent les Anglais ; seulement elles sont beaucoup moins régulières, les potiers de Nahinne ne se servant d'aucun moyen mécanique soit pour imprimer le décor, soit pour le composer. Il existe encore une autre différence : tandis que les Anglais peignent sur un émail sec et peu profond, les Nahinnes posent leur décor sur un émail très-épais et très-brillant, ce qui rend leurs produits plus agréables à l'œil que les produits anglais.

Natinz est une petite ville située entre Ispahan et Cachan ; elle est hors des grandes routes et par conséquent peu connue, mais il y a certainement plus de sept cents ans que l'on y fabrique des poteries. J'ai eu sous les yeux plusieurs pièces de cette sorte, datées d'une façon certaine. Les faïences qui sortaient de ce centre étaient magnifiques, et je ne serais pas éloigné de croire que nulle part en Perse on n'en produisait de plus belles. Aujourd'hui Natinz est encore le centre le plus actif du pays pour la production des poteries communes, les bazars de toutes les grandes villes sont encombrés de ses produits, mais je ne puis cacher que si la fabrication ne s'est pas ralentie quant à la quantité, elle s'est bien amoindrie pour la qualité.

On fabrique à Natinz deux sortes de faïences, celles à deux couleurs, fond blanc avec dessins sur émail bleu de cobalt, et celles qu'ils appellent *achtring* (huit couleurs) ou polychrome. Les huit couleurs sont le rouge d'or, le bleu de cobalt, le vert de cuivre, le jaune de chrome, le noir de fer, le violet de manganèze, le bleu turquoise ou de cuivre et le rouge orangé ou de fer. Chacune de ces couleurs offre une gamme infinie de tons suivant la quantité d'émail auquel on la mélange.

La pâte de ces poteries est friable et de mauvaise qualité; elle ne peut supporter une longue cuisson, ni une température élevée, sans doute à cause des parties calcaires qu'elle contient. L'émail que l'on fait à Natinz est très-inférieur à celui de Mesched ou de Nahinne, et surtout il est placé d'une façon bien moins habile. Dans certaines parties il est trop épais, et dans d'autres il est si mince que, malgré son opacité, il laisse découvrir la terre qu'il est censé recouvrir. Ces poteries se relèvent un peu par l'élégance de leurs formes; mais les couleurs sont noyées sous un nuage d'émail de mauvaise qualité; le rouge ressemble à du papier buvard, le jaune à une terre sale. Les décors sont de mauvais goût et affectent des formes totalement inusitées à l'art persan et dont j'ai recherché en vain l'idée première.

Les poteries de Cachan sont de deux sortes, bleu de turquoise uni ou polychrome; les dernières sont parfaitement semblables à celles de Natinz et peut-être même encore inférieures, les couleurs ont encore moins d'éclat; quant aux poteries bleu de turquoise, c'est dans cette ville où on les fait le mieux; les formes les plus usitées sont les bouteilles et les têtes de Kalioun. Pris isolément, ces produits ne sont pas absolument dénués de charme, mais mis à côté des poteries anciennes, ils deviennent intolérables; ce n'est plus ni la même profondeur, ni la même franchise de ton. Autant les pièces anciennes se rapprochent du ton laiteux et franchement bleu du ciel d'Orient, autant les modernes s'en éloignent et tirent sur le vert; c'est du reste un fait universellement reconnu que les potiers persans ont perdu le secret de cette composition qui a fait la gloire de leurs pères; mais s'ils sont aussi inférieurs à leurs prédécesseurs, ils sont cependant très-supérieurs à ce qui se fait ailleurs. Il faut croire que cette couleur est très-difficile à obtenir puisque ni en France, ni en Angleterre, ni en Chine, on n'a pu parvenir à la reproduire. Les procédés employés sont pourtant bien simples, je les ai vu appliquer plusieurs fois, et j'en donne la description à la fin de ce chapitre avec celle de tous les procédés employés pour les autres couleurs.

Les fabriques de faïences de Cachan étaient autrefois les premières de la Perse et leur supériorité était si incontestable qu'elles avaient donné leur nom à toute la production. Ainsi, de même que les mots *zarf-tchini* indiquent la porcelaine, quelle que soit sa provenance, de même *zarf-cachi* (littéralement vases de Cachan) s'appliquent à toutes les faïences indigènes ou étrangères. Ainsi j'ai assisté plusieurs fois à des conversations où l'on discutait, ce qui du reste est fort compréhensible, sur la matière des poteries anglaises; les uns lui appliquaient l'adjectif *tchini*, tandis que les autres ne voulaient pas démordre de la qualification de *cachi;* mais comme en réalité ni l'une, ni l'autre de ces dénominations ne conviennent à cette fabrication, les Persans ont fait comme nous, ils lui ont donné un nom spécial; seulement, suivant la nomenclature qu'ils ont adoptée pour les objets industriels, c'est-à-dire de faire suivre le nom générique d'un nom propre de personne ou de lieu, ils disent *zarf-London* (vases de Londres), quand ils veulent parler de la porcelaine opaque. Je ne sais si je me trompe, mais je trouve cette méthode très-supérieure à la nôtre; vases de Londres, vases de Chine, vases de Cachan, cela veut dire quelque chose, mais porcelaine pâte tendre, porcelaine opaque, qu'est-ce que cela indique? C'est absolument comme si l'on disait un soleil obscur ou une eau solide. Cela peut avoir une signification, mais seulement pour des adeptes qui ont la clef.

Cachan a donc eu la gloire de donner son nom aux faïences, mais cette ville est bien déchue. La fabrication des poteries bleu de turquoise peut employer une centaine d'ouvriers; et celle des poteries polychromes une dizaine. Je crois qu'il ne reste plus qu'un seul four qui cuise ces dernières, du moins, pour ma part, dans les trois fois que j'ai visité cette ville, je n'en ai pas vu d'autres. La fabrication des vases bleus est plus active, d'abord parce que l'usage des carafes de Kalioun de cette sorte est assez répandu, ensuite parce que les mêmes fours qui cuisent ces bouteilles contiennent également une sorte de losange découpé très-fréquemment employé pour orner les maisons; on en fait des balustres plus ou moins élevés qui entourent les terrasses du côté intérieur et qui sont d'un effet assez élégant. Malgré tout, on ne peut pas considérer comme une ressource pour une population d'une quinzaine de mille âmes, une industrie qui emploie à peine cent cinquante individus.

Les poteries de Goum sont d'une tout autre nature que les précédentes; j'ai peine à les appeler des faïences, et je crois qu'on pourrait plutôt leur appliquer la dénomination de terres cuites recouvertes d'un émail. En effet, elles sont formées d'une pâte argileuse qui n'offre aucune différence avec celle que l'on emploie pour faire les briques ou les tuiles, avec cette différence qu'elle doit, sans aucun doute, contenir quelques parcelles calcaires; car après cuisson elle est friable et poreuse et serait d'un emploi impossible sans l'émail qui la recouvre. Ce qui appuie encore mon opinion sur la qualité calcaire de ces terres, c'est que tous les potiers de Goum se plaignent de ne pouvoir prolonger la cuisson de leurs produits ou élever le degré de chaleur de leurs fours sans être exposés à ne sortir que des cendres au lieu des pièces qu'ils y avaient déposées.

La fabrication assez active de cette ville se divise en deux catégories très-distinctes : 1° celle des potiers qui font des espèces de bouteilles à col fort allongé et légèrement évasé par le haut, et dont la panse est aplatie sur les deux faces. Ces bouteilles, que l'on fabrique par milliers, sont toutes semblables; elles sont enduites d'un émail bleu verdâtre qui a une certaine analogie avec la couleur de la mer du Sud quand elle est calme; elles sont élégantes de forme et de ton et n'ont que deux inconvénients : 1° celui d'être excessivement casuelles; 2° celui d'être poreuses et de laisser échauffer le liquide qu'elles renferment par les parties que l'émail ne recouvre pas d'une manière complète, comme le dessous du pied, par exemple.

La seconde fabrication de Goum se compose de petites lampes ayant la forme des lampes antiques grecques, et de plats creux destinés à renfermer des fruits. La terre des poteries est la même que celle des bouteilles dont nous venons de parler; l'émail est le même et la couleur ne se distingue que par une propension plus marquée au vert de mer, mais ce qui établit une différence notable entre elles, c'est que les bouteilles sont d'une couleur unie, tandis que les produits de la deuxième fabrique sont ornés de dessins noirs sous couverte qui leur donnent un caractère étrange et, je dois l'avouer, plus original qu'agréable. Le lecteur se rappelle peut-être un genre de service à dessert assez à la mode en France il y a une quinzaine d'années et qu'on trouvait chez un marchand qui demeurait dans le passage Delorme, à Paris; sauf la qualité de la pâte de ces poteries, qui était très-supérieure à celle des faïences de Goum, ces deux produits ont de grandes analogies comme couleur et comme décor.

Les faïences de Téhéran sont, de toutes les poteries persanes, les plus mauvaises, et ce fait a lieu d'étonner quand on pense que Téhéran est la capitale du royaume et que les ouvriers de toutes les autres villes s'y rendent dans l'espoir de trouver un travail plus abondant et mieux rétribué. Les premiers essais faits dans cette ville datent du commencement du règne actuel, c'est-à-dire d'une quinzaine d'années; j'ai vu un bol de cette époque d'un décor très-chargé et d'assez bon goût, mais, chose singulière, il a l'air d'avoir été décoré à l'aquarelle, tant les couleurs sont ternes et peu vitrifiées; c'est, du reste, la seule pièce originale que j'ai vu sortant de cette fabrique. Toutes les autres conservent le cachet de la ville d'où le potier est venu; ainsi on trouve des poteries analogues à celles de Cachan, de Natinz ou de Mesched provenant des fours de Téhéran; nous n'avons donc pas à appuyer plus longuement sur les produits céramiques de cette ville.

Les faïences d'Hamadan se fabriquent peu dans cette ville, mais dans un petit village distant de deux lieues; mais comme ce hameau est de peu d'importance, on a l'habitude de les désigner sous le nom de *zarf-Hamadani*. Ces poteries n'offrent rien de bien remarquable et sont des terres cuites recouvertes d'un engobe bleu turquoise, dont la couleur est un peu plus foncée que celui des faïences de Cachan. Toutes les pièces que j'ai vues, étaient destinées à des usages journaliers, et comme leur fabrication n'offre aucun intérêt au point de vue de l'art céramique, ni au point de vue de l'industrie, puisque leur production est très-restreinte, je ne les aurais pas même mentionnées, si je n'avais trouvé important pour l'exactitude de mon travail de les signaler. Les Persans poussent très-loin l'amour du clocher, et si vous parliez poterie à un habitant d'Hamadan, il vous dirait sans aucun doute que les faïences de Mesched ou de Nahinne ne sont rien en comparaison de celles de sa ville natale, et le voyageur n'ayant aucune raison pour douter de cette assertion, ne manquera pas de noter le fait et d'en parler, s'il n'a pas eu l'occasion d'en vérifier la fausseté par lui-même ; c'est pourquoi, dans une étude aussi minutieuse que celle que j'ai faite de cette industrie, j'ai cru ne devoir passer aucun des autres genres de fabrication sous silence, même quand ces produits n'offrent aucun intérêt.

Ce que je viens de dire d'Hamadan s'applique également à Kaswine. Les poteries de cette ville ne sont intéressantes ni par leur perfection, ni par leur nombre. Leur fabrication n'offre aucun détail nouveau. Ce sont les mêmes vases que ceux que nous avons précédemment décrits, avec cette différence qu'ils sont très-inférieurs et se réduisent à ce qui est strictement nécessaire pour la consommation locale.

Dans presque toutes les villes persanes on fabrique des poteries. Les communications entre les différents points du royaume sont extrêmement difficiles, et tous les transports ont lieu à dos de mulets ou de chameaux. Aussi, pour des objets d'un usage aussi indispensable que la poterie et dont le prix est aussi peu élevé, les habitants d'une ville ont-ils intérêt à fabriquer ce qui leur est nécessaire; cela leur est d'autant plus facile que les conditions géologiques de toute la Perse, si l'on en excepte cependant le Ghilan, le Mazenderan et l'extrême sud, sont presque identiques, et qu'à peu de différence près, les terres qui se trouvent dans les environs d'Ispahan se trouvent dans tout le reste du pays; cette différence, du reste, si elle existait, ne serait pas suffisante pour compenser celle des prix de transport.

Si le lecteur a eu la patience de lire jusqu'au bout tout ce que nous venons d'écrire sur les faïences persanes, il partagera notre opinion, que les produits de la Perse moderne sont aussi loin des faïences persanes relativement anciennes, que les poteries communes que l'on fabrique aujourd'hui en divers points de la France le sont des belles faïences renaissance de Rouen et de Nevers, et que le chine moderne l'est du chine ancien; il serait fort intéressant sans doute de rechercher les causes de cette décadence générale, si peu d'accord avec les progrès de la science dans certains pays et avec les efforts immenses que font quelques industriels pour soutenir la concurrence de leurs rivaux; mais ce sont des considérations qui nous feraient sortir du cadre que nous nous sommes imposé, et nous ne devons pas oublier que nous n'écrivons pas un livre traitant spécialement de l'art céramique.

Les briques émaillées qui jouent un si grand rôle dans l'architecture persane et qui sont admirées dans l'univers entier, sont une sorte de faïence; nous devons donc en placer la fabrication entre celle des faïences proprement dites et celle des terres cuites non émaillées.

Les plus belles briques émaillées qui se soient faites en Perse sont celles qui décorent la mosquée de Natins et une des nombreuses chapelles de Koum; ni les briques qui décorent les mosquées de Seljouk, de Tébriz, de Sultanieh et de Véramine, ni celles des Séfewiehs qui recouvrent la plupart des monuments d'Ispahan ne sont comparables.

Ces briques sont enduites d'un émail couleur feuille morte dont les reflets sont métalliques. Pendant longtemps on a cru, et quelques personnes croient même encore que ces reflets sont produits par les restes d'une dorure, et qu'autrefois ce fond, qui nous paraît aujourd'hui si singulier, était simplement doré; mais la majorité des amateurs s'est rangée à l'opinion d'un émail spécial contenant une certaine partie d'arsenic. Je n'ai fait aucune expérience pour m'assurer de la composition de cet émail, mais ce qui est certain, c'est que personne n'a jamais vu une faïence de cette fabrication sur laquelle l'or ait laissé des traces visibles, tandis que tout le monde a vu, soit parmi les faïences sicilo-arabes ou hispano-arabes, soit parmi les faïences persanes ou seljouk, où cet émail est fréquemment employé, a pu admirer des reflets identiques. Il me semble que la déduction de ce fait est toute simple et qu'il doit porter à admettre un procédé dont nous ignorons peut-être tous les détails aujourd'hui, mais qui, à cette époque, était très-répandu et produisait un effet certain et connu à l'avance.

Les briques de Natinz que je possède sont donc de cette nature; sur ce fond se promène une arabesque à contexture persane, s'épanouissant en tulipe dans certains endroits, et dans d'autres se terminant en feuillage; des oiseaux de grandeur démesurée par rapport à celle des fleurs, sont perchés par-ci par-là, et donnent de la vie et de l'animation à cette composition; arabesques, fleurs, feuilles et oiseaux sont blancs avec des ombres vert bleuâtre. Jusque-là, il n'y a rien de bien extraordinaire, et qui distingue parfaitement ces briques de celles produites sous les Seljouk; mais ce qui constitue l'originalité vraiment exceptionnelle de ces produits, c'est que par-dessus le décor dont je viens de parler, et qui n'est à vraiment parler que le fond, se trouve une inscription persane en relief; les lettres, qui peuvent avoir 5 ou 6 centimètres d'élévation, sont en bleu de cobalt. Comme netteté d'exécution, comme beauté de couleur, comme cuisson, on ne peut rien voir de plus parfait que ces briques; l'extérieur de l'édifice est peut-être plus remarquable encore, les briques qui le décorent sont anologues à celles de l'intérieur, avec cette différence que les inscriptions, également en relief et bleu de cobalt, sont placées sur un fond bleu turquoise jaspé. Cette mosquée ou ce collége, comme on voudra l'appeler, a été construit il y a environ sept cents ans, ainsi que l'indique une date inscrite à côté du tombeau de l'architecte.

Les briques seljouk ne sont pas aussi belles; cependant on en trouve à Véramine et à Sultanieh qui sont loin d'être à dédaigner.

De suite après celle-ci, et par ordre chronologique aussi bien que par rang de mérite, nous devons nous occuper de briques émaillées faites sous les Séfewiehs et dont les palais d'Ispahan sont complétement décorés. Les deux endroits où elles sont le mieux réussies, et où l'amateur peut le mieux se rendre compte de la beauté de cet ornement, sont, sans contredit, la grande mosquée d'Ispahan, dite mosquée du Chah, et le dôme de la mosquée de Louft-Ullah. Dans le premier de ces monuments, toutes les briques employées sont bleu de cobalt, jaune d'or, bleu de turquoise ou blanches. Dire l'art avec lequel les arabesques s'enlacent; décrire la pureté des courbes, l'harmonie des couleurs et l'éclat de l'ensemble est chose très-difficile et qui demanderait une plume plus exercée que la mienne. Rien ne saurait rendre l'effet que produit la cour intérieure la première fois qu'on la contemple, et il faut l'avoir vu soi-même pour le comprendre.

Pendant tout le brouhaha d'invasions et de guerres civiles qui suivit la chute des Séfewiehs, les arts industriels aussi bien que le commerce se trouvèrent détruits; il est donc inutile de rechercher la nature des briques que l'on fabriquait à cette époque; il ne serait peut-être pas impossible cependant de rencontrer quelques exemplaires du temps de Nader-Chah.

Parmi les briques modernes, les premières qui doivent nous occuper sont celles du temps de Feth-Ali-Chah. J'ai recueilli deux ou trois échantillons de cette époque dans le palais qui est aux environs de Cachan et que l'on appelle Bagh-fine; le décor bleu de cobalt est placé sous couverte, et l'émail est beaucoup plus opaque que dans les briques plus anciennes; il a tout à fait l'apparence d'une feuille de mika; il est craquelé, opaque et d'une teinte fauve comme ce produit. Sous Méhemet-Chah, malgré les efforts du premier ministre Hadji-Mirza-Aghassi, les briquetiers n'ont rien ou presque rien produit, et ce n'est que depuis le règne actuel et le ministère de l'émir Nizam que cette industrie a repris quelque importance. Comparés à leurs confrères les potiers, les briquetiers sont dans une situation très-florissante. Le goût de ce décor a repris avec une grande intensité, et l'on ne rencontre pas un bain ou une mosquée dont la porte d'entrée ne soit ornée d'un tableau de cette nature. Je ne saurais avouer que les briques modernes soient égales à celles qui se fabriquaient sous les Séfewiehs; mais je ne saurais non plus affirmer le mépris avec lequel les amateurs les traitent. J'en ai rencontré dans plusieurs endroits dont les couleurs étaient vives, le dessin correct et élégant et les tons harmonieux et bien assortis.

Ce que l'on peut par exemple reprocher, et avec raison, aux produits modernes, c'est d'être d'un aspect un peu grêle et de manquer de ce grand air qui caractérise les produits antérieurs. J'ai vu quelques coupoles de mosquées ou de chapelles nouvellement édifiées ou restaurées, et je dois avouer que leur effet n'est ni séduisant ni heureux; on voit que les ouvriers ont perdu l'habitude de ces grands travaux et qu'ils ne sont pas parfaitement maîtres des effets d'optique. Les parties d'un édifice, qu'il est de mode aujourd'hui de décorer avec des briques émaillées, supportent mieux un travail léché et soigné dans ses détails qu'une coupole ou un de ces grands portails qu'il était d'usage, au siècle dernier, de couvrir de briques émaillées depuis le bas jusqu'en haut. A cette époque, le décorateur devait s'occuper surtout de l'effet à produire, et quelquefois les parties qu'il avait à recouvrir étaient tellement élevées, qu'il eût été inutile de chercher à faire admirer la beauté des détails là où tout au plus l'œil pouvait saisir la différence des couleurs. Aujourd'hui, au contraire, s'il s'agit par exemple de décorer l'entrée d'un bain, le passant touche des mains le panneau, dont le développement ne comporte pas plus de 3 mètres de large sur 1 de hauteur, et peut distinguer non-seulement chaque fleur, mais chaque trait, et, pour me servir d'une comparaison qui rend parfaitement ma pensée, il existe entre les décors actuels et les décors anciens la même différence qu'entre une décoration d'opéra et une décoration d'appartement : chacune exige des mérites différents et serait déplacée à la place de l'autre.

On fait des briques émaillées dans toutes les grandes villes de Perse, mais je crois que les meilleures se fabriquent à Téhéran, d'abord parce qu'étant la capitale et renfermant les demeures de tous les grands personnages, la consommation y est plus considérable et attire les bons ouvriers de tous les autres points du royaume, ensuite parce que les matériaux que l'on emploie sont de meilleure qualité. Quelques-uns viennent d'Europe tout épurés, comme le sulfate de cuivre, et d'autres sont nettoyés sur les lieux mêmes de production avec plus de soin que ceux que l'on destine à la consommation locale, à cause du prix des transports; ainsi le cobalt que l'on envoie de Cachan à Téhéran est très-supérieur à celui que l'on emploie à Cachan même.

L'art persan se retrouve tout entier dans les décors en briques émaillées : arabesques se terminant en tulipes ou en volutes, se reproduisant à distances égales ; fleurs réelles groupées en bouquets grêles et élevés, placées dans un vase à deux anses ou bien disposées en guirlandes enrubannées ; sujets de chasses ou de guerres, représentation des héros favoris, séries d'amour et d'ivresse, bordures à grecques, et, par-dessus tout, symétrie qu'aucune circonstance ne saurait empêcher. Telles sont les principales conditions qui frappent l'œil de celui qui veut étudier ces produits; la symétrie est souvent singulière, et il arrive qu'une travée est fond blanc avec ornements bleu turquoise et la suivante bleu turquoise avec ornements blancs, et ainsi de suite pendant tout le tour d'une cour. Un architecte persan auquel je demandais la cause de cette symétrie constante, me répondit : Les qualités d'un bon style sont l'allitération et les assonnances ; eh bien! il en est de même de l'art du décorateur : les retours périodiques et les inversions de couleurs sont son allitération et ses assonnances, sans l'emploi desquelles on ne fait que des barbouillages.

J'ai cité cette anecdote parce qu'elle montre l'artiste persan sous un jour sur lequel je ne saurais trop appuyer, celui de la corrélation qui existe entre les différentes branches de l'art et la similitude des procédés employés pour produire un effet analogue.

Je crois qu'il n'est pas inutile, en terminant ce grand travail sur les poteries, d'indiquer les procédés dont se servent les Persans pour obtenir leurs diverses couleurs :

Bleu de cobalt. — On prend d'abord :

Oxyde de cobalt. . . 1 partie.
Borax. . . . . 1 partie.
Colle de raisin. . . 1/4 de partie.

On fait cuire ce mélange jusqu'à fusion, puis on casse cette matière et l'on en retire tout le cobalt qui a l'apparence de grains de plomb.

Ensuite on prend :

5 grammes de ce cobalt.
100 — verre pilé.
50 — salpêtre.
50 — soude.
50 — borax.

On fait fondre ; on réduit en poudre, puis on s'en sert avec un mélange de gomme adragante.

Vert de cuivre.

55 grammes sulfate de cuivre.
80 — oxyde d'étain et de plomb.
5 — soude.
10 — borax.

Vert de cuivre translucide.

Cristal pilé	400 grammes.
Oxyde de cuivre. . . .	30 —
Silex.	80 —
Soude.	240 —

Vert de cuivre (autre variété).

Jaune d'antimoine. . .	80 grammes.
Oxyde de cuivre. . . .	5 —
Soude.	5 —

Autre vert.

Mourdarsing.	1 partie.
Oxyde de plomb. . . .	2 parties.
Silex.	1/2 partie.
Soude.	1/2 partie.

On appelle mourdarsing la terre qui se trouve dans le creuset des orfèvres et qui contient des parcelles d'or et d'argent.

Rouge d'or. — 3 parties d'or déposées dans l'acide azotique (eau forte).

Lorsque les métaux sont désagrégés, on les mélange après avoir retiré l'eau forte.

Or et étain.	9 grammes.
Verre pilé.	360 —
Soude.	75 —

Rouge de cuivre. — Il s'obtient avec une terre appelée terre de Mahalat, qui contient du sulfate de cuivre.

Rouge de fer.

    Limaille de fer. . . . . 80 grammes.
    Acide azotique. . . . . 120 —

Bleu de cuivre.

    400 grammes oxyde de plomb et d'étain.
    660 — de cristal pilé.
    80 — oxyde de cuivre.
    80 — silex.
    240 — soude.

On réduit ce mélange en poudre ; on fait fondre ensuite ; on réduit de nouveau en poussière et l'on s'en sert avec de la colle.

Violet d'or.

    Cobalt. . . . . 5 parties.
    Rouge d'or. . . . . 1 partie.

On obtient également le violet avec l'oxyde de manganèse, mais il est beaucoup moins beau que le violet d'or.

Noir.

    400 grammes verre pilé.
    240 — oxyde de fer ou de manganèse.
    160 — silex.
    240 — salpêtre.
    160 — soude.

Jaune.

    Plomb. . . . . 3 kilogrammes.
    Etain. . . . . 320 grammes.
    Silex. . . . . 640 grammes.

Brun tabac.

> Du jaune précédent. . 1 partie.
> Du noir. . . . . 1 partie.

Autre variété.

> Limaille de fer. . . . 5 parties.
> Sel ammoniaque. . . 2 parties.

On prend de ce mélange deux parties :

> Cristal pilé. . . . . . 5 parties.
> Salpêtre. . . . . . . 2 parties.

Maintenant que nous avons dit tout ce que nous savions sur les poteries émaillées, il ne nous reste plus à nous occuper que des poteries non vernissées, ou terres cuites proprement dites. M. Théophile Gautier a dit quelque part, dans son *Voyage à Constantinople*, je crois, que l'on pouvait estimer la civilisation d'un peuple en raison inverse de la richesse du harnachement des cavaliers et de l'élégance de leurs vaisseaux en terre; s'il en est ainsi, les Persans sont bien peu civilisés, car leurs chevaux sont couverts d'or et de pierreries, et il serait difficile de trouver un seul cavalier dont la monture ne soit ornée d'une petite chaîne d'argent et de quelques morceaux de verroteries ou de coquillage. Les couvertures dont on couvre les chevaux pendant qu'ils attendent leurs maîtres à leur porte sont toujours de couleurs brillantes et tranchantes, on les fait à Recht; elles se composent d'une mosaïque de petits morceaux de draps disposés de façon à produire soit une palme, soit des fleurs, soit des arabesques, soit quelquefois même des personnages; ces morceaux sont réunis par une broderie en soutache. Il est impossible d'inventer quelque chose de plus voyant que ces couvertures.

Les vaisseaux en terre employés pour les usages du ménage sont également d'une forme ravissante ; les cruches ont conservé cette tournure élégante et élancée que l'on remarque dans les vases représentés dans les tableaux bibliques; seulement elles ont l'inconvénient de ne pas pouvoir se tenir droites, on doit toujours les appuyer contre un mur et leur donner une petite inclinaison. Leur matière est une argile peu résistante et qui probablement n'est pas exempte d'un peu de calcaire, car elle ne peut supporter ni une grande cuisson ni la gelée, et conserve toujours une certaine porosité. En somme, ce sont de détestables poteries. Les parois de la cruche sont si minces qu'il arrive constamment qu'elles ne peuvent résister au poids du contenu et que le vase se brise dans les mains de l'imprudent qui a voulu le soulever.

Comme en Espagne et dans tous les pays chauds, l'usage des vases poreux est très-répandu en Perse; il y en a de toutes les formes et quelques-uns sont fort jolis. Presque tous ces vases portent un décor incrusté au moule ou découpé au couteau, qui ajoute encore à la légèreté de leurs formes.

Plus un vase est poreux, plus l'eau qu'il contient est rafraîchie, et par conséquent plus il a de mérite ; aussi ne doit-on pas s'étonner que tous les efforts du potier tendent vers ce but. A Goum, où sont les principales fabriques de ces vases, on emploie un moyen extrêmement ingénieux dont la simplicité prouve l'antiquité: on mélange à la terre une petite quantité de duvet de roseaux. Lorsqu'on dépose ces vases dans le four, le premier effet du feu est de consumer toutes ces parcelles végétales et, par conséquent, de former une quantité innombrable de trous imperceptibles. A Bagdad, à ce que l'on m'a dit, on remplace ce duvet par du sel qui se fond la première fois que l'on trempe le vase dans l'eau; mais ce procédé a un inconvénient: quelquefois le vase se fend dans le four, et en tout cas le sel laisse pendant longtemps un mauvais goût à l'eau que l'on dépose dans ces vaisseaux.

On trouve parfois à Téhéran des vases en terre cuite d'un rouge très-foncé, ornés avec des arabesques dorées; ces vases, très-écrasés de forme et très-petits, sont fort estimés, et il est rare d'aller dans la maison d'un grand seigneur sans en rencontrer. C'est, en effet, une terre cuite d'une très-belle qualité; la pâte en est fine et serrée comme celle des étrusques et, quoique aucun vernis, engobe ou émail, n'en recouvre la surface, ils sont polis et brillants comme un morceau de vieux chêne satiné par le temps. Ces vases viennent de Tébriz.

On fabrique à Mesched une sorte de vases qui n'ont rien de commun avec les poteries; cependant, comme je dois dire quelques mots de ces produits et que je ne saurais ni ouvrir un chapitre spécial pour un objet d'aussi peu d'importance, ni trouver une autre place pour en parler, je me suis décidé à les placer à la fin de ce travail.

Les vases dont il s'agit sont taillés dans une espèce d'ardoise très-commune aux environs de Mesched. Cette pierre, comme l'onyx, avec laquelle du reste elle n'a que ce rapport, est en couches alternativement bleu ardoise et blanc sale; comme cette pierre est très-tendre, on fait, à l'aide du couteau, un dessin de deux couleurs assez original. Cette fabrication n'est d'aucune utilité, mais sert cependant à faire vivre un certain nombre d'individus ; car, de même que les pèlerins qui vont à Kerbelâ ont l'habitude de rapporter pour eux et pour leurs amis des chapelets dont les grains sont en terre cuite, de même ceux qui vont à Mesched se voient obligés de distribuer quelques-uns de ces vases en ardoise à leur retour.

CHAPITRE XXV.

De l'architecture.

L'art persan, ainsi que nous le disions en commençant cette étude, ne s'est jamais inspiré de lui-même : toute son originalité consiste à se servir des idées étrangères et à les approprier au goût et aux usages nationaux. Aussi, pour se bien pénétrer des intentions et du mérite d'un artiste persan, doit-on s'inquiéter de l'état des esprits de ses contemporains et rechercher à quels courants ils puisaient les idées, de telle sorte que l'étude de l'art persan est intimement liée à l'étude de l'histoire politique et sociale de ce peuple.

L'Islam ne s'attaquait pas seulement aux croyances religieuses des populations qu'il soumettait; il apportait avec lui une révolution sociale qui bouleversait les lois, les coutumes, les mœurs et jusqu'aux arts des contrées qu'il envahissait. Comme Moïse, Mahomet possédait un génie plutôt politique et pratique que religieux et spéculatif, et il s'inquiétait moins d'exposer une doctrine que de fonder une société; c'est ce qui explique le succès inouï de son entreprise. Doué d'une grande perspicacité, il connaissait à fond les tendances des populations sémites parmi lesquelles il vivait, et avait étudié avec un soin tout particulier les institutions de l'empire sassanide, avec lequel il avait des rapports constants et intimes ; aussi connaissait-il le fort et le faible de cette société. Il savait, à n'en pouvoir douter, que le Judaïsme était trop vieux et le Christianisme trop occidental pour satisfaire ses contemporains ; il rajeunit l'un, et s'emparant de ce qui pouvait lui convenir parmi les opinions des sectes chrétiennes orientales, il exposa cette doctrine de prédestination et d'insouciance qui cadre si bien avec le caractère sémite. Point de culte, comme chez les Chrétiens, dont les cérémonies religieuses mal comprises, et surtout mal expliquées, les faisaient passer pour idolâtres ; point de clergé comme chez les Juifs et les Perses, formant une classe privilégiée et tyrannique ; point d'ingérance dans les opinions intimes de l'individu : qu'il prononce une formule, on ne lui en demande pas davantage. Après cela, que ses opinions philosophiques soient panthéistes ou dualistes, que ce soit un disciple de Platon ou de la cabale juive, ou même de la philosophie indienne, qu'importe? Dieu est Dieu, et Mahomet est son prophète. Pareille profession de foi ne pouvait gêner que des Chrétiens, et c'était l'ennemi qu'il s'agissait, non de convaincre, mais de détruire.

Quant à la morale, en dehors de celle prêchée par le Christ, elle se réduit dans les autres religions aux deux grandes lois : ne pas voler, ne pas assassiner. C'est dans ces limites restreintes que Mahomet trouva la société qu'il voulait prophétiser ; c'est également dans celles-là qu'il resta, trouvant que s'il parvenait à faire exécuter ces deux lois, il aurait sensiblement amélioré la moralité de ses adhérents ; car les Arabes d'alors, s'il faut en croire les récits des contemporains, étaient arrivés à un tel état de relâchement qu'ils n'étaient séparés de la brute que par une limite facilement franchissable.

Mais si, comme novateur religieux, Mahomet resta

au-dessous de son rôle, il n'en est pas de même comme novateur politique ; car son œuvre était si bien adaptée aux esprits auxquels il s'adressait, que 1300 ans d'existence n'y ont apporté aucun changement ; et de même que Constantin rompit avec l'antiquité grecque et romaine et ouvrit une nouvelle ère sociale et artistique, de même Mahomet rompit avec l'antiquité orientale ; car s'il faut poursuivre jusqu'à Justinien et même jusqu'à Théodose pour voir la révolution byzantine et occidentale accomplie, c'est-à-dire pour voir, la Grèce et Rome définitivement dépouillées de leur suprématie artistique, on ne peut s'empêcher d'en faire remonter les causes à celui qui le premier abandonna le foyer du paganisme pour aller à un autre bout du monde créer une nouvelle ville, et former une société dont les croyances et les besoins exigeaient une transformation de l'art antique.

De même Mahomet, dont la vie se passa entre Médine et la Mecque, ne put voir s'accomplir sous ses yeux aucun des résultats de la révolution qu'il avait entreprise ; ce ne fut que plus tard, quand les khalifes, ses successeurs, eurent conquis à l'ouest la Syrie, l'Égypte, les côtes de Barbarie, l'Algérie, l'Espagne et les Gaules jusqu'à la Loire, et à l'est, la Perse, le Turquestan, une partie des Indes et l'Affghanistan, que l'art que nous connaissons sous le nom d'arabe se formula.

C'est cette formule qui doit seule nous occuper, car plus heureux que l'art gothique qui sortit de la révolution occidentale, et qui après un règne de 3 à 4 siècles, vint aboutir à une renaissance grecque et romaine, l'art occidental musulman s'implanta sur les ruines de l'art sassanide et l'étouffa si bien que toute renaissance devint impossible, et qu'après treize siècles et une multitude de variations il est encore la base de toute production artistique depuis le Maroc jusqu'à Samarkhande. Ce qui ne veut dire ni qu'il soit partout le même, ni qu'il n'ait subi aucune modification.

Ainsi que je l'ai déjà dit plus haut, c'est à tort que l'on considérerait les Arabes comme les auteurs de la civilisation qui porte leur nom ; elle ne fut que la conséquence de leurs conquêtes, c'est-à-dire qu'elle naquit de l'amalgame des différentes populations que l'Islam réunit. La doctrine de Mahomet amena une révolution qui, entraînant les deux empires vermoulus de Suze et de Byzance, rompit les derniers liens qui retenaient l'antiquité à la vie.

Le Koran, en s'immisçant dans les moindres détails de la vie de ses adhérents, les régla avec une connaissance du caractère sémite si complète que l'entraînement fut général, et quoiqu'il soit généralement admis que le mahométisme dut ses succès aux armes et aux massacres, je ne puis m'empêcher de croire que l'enthousiasme ne fut pour beaucoup dans cette diffusion rapide dont on chercherait en vain un second exemple dans l'histoire. Cette théorie répondait si parfaitement aux idées, aux mœurs, aux passions mêmes des populations auxquelles elle était adressée qu'il y aurait lieu de s'étonner qu'elle n'eût pas réussi ; aussi, lors de son avénement, se répandit-elle avec la rapidité de l'éclair ; l'étincelle n'enflamme pas plus vite un baril de poudre, et du sud au nord, de l'est à l'ouest, et réciproquement, la Mecque devint en peu d'années le centre vers lequel se tournaient les regards de toute la société asiatique, qu'elle habitât l'Espagne ou l'Inde, Carthage ou Samarkhande. Ce fut une révolution complète, et l'antiquité orientale se transforma en mahométisme, comme l'antiquité grecque et romaine s'étaient transformées en féodalité chrétienne, dès que les populations germaniques furent assez indépendantes pour affirmer leur formule.

Les deux grandes races se trouvèrent de nouveau séparées par une différence peut-être plus profonde encore que celle que la Rome des empereurs avait cherché à aplanir en réunissant sous la même domination les Gaules, la Germanie, la Grande-Bretagne, la Syrie, l'Arménie et l'Égypte. Ce fut une lutte étrange, et l'islamisme fut arrêté par les Carlovingiens avec la même facilité que les Musulmans repoussèrent nos croisades; les deux sociétés étaient trop jeunes, trop vivaces et trop croyantes pour pouvoir s'entamer, et tout le moyen âge s'écoula dans cette grande lutte où l'on se battait aussi bien à coups d'idées qu'à coups de sabre. Lorsque les Turcs, ayant à leur tête Mahomet II, parvinrent à s'emparer de Constantinople, et par contre, élevèrent des prétentions à la domination absolue de l'Islam, ce fut le premier échec que reçut cette institution, et sortant définitivement de la race sémite, il subit pour toujours le joug étranger. Les populations assez éloignées pour s'en affranchir formèrent les différents schismes, shyite, cheikhi, djaferi, et conservèrent, surtout les premiers, une sorte de vitalité, tandis que les Turcs, battus en brèche par les attaques incessantes de l'Occident, finirent par arriver à cet état de faiblesse où nous les voyons aujourd'hui. Quant aux différentes sectes que nous venons de nommer, elles formèrent scission complète avec le tronc, et aujourd'hui, religieusement, politiquement, socialement et industriellement parlant, les Persans sont aussi éloignés des Turcs que nous.

Mais revenons à notre sujet. Le Christianisme et surtout le Catholicisme prononçant la déchéance de l'antiquité païenne, nous menèrent à l'art gothique en passant par l'art roman et byzantin. La plupart des archéologues sont aujourd'hui d'accord pour accorder à la France l'honneur d'avoir inventé cet art qui se dénatura suivant les pays où il fut transplanté, et forma le gothique allemand, le gothique italien et le gothique anglais, le plus important peut-être de tous ces rameaux, et pourtant le plus dissemblable de la souche.

De même l'art arabe, propagé par l'islamisme, se fonda sur les ruines de l'antiquité orientale, s'appuyant, comme l'art gothique, sur l'art byzantin qui était en honneur parmi les populations soumises. Il y a plus d'un rapprochement à établir entre ces deux révolutions artistiques, rapprochements qui pourraient peut-être faire envisager la question sous un nouveau jour. Lorsque l'empire romain, pourri jusqu'aux fondements, s'écroula sous les coups que lui portaient et le christianisme et les peuples qu'on est convenu d'appeler les Barbares, quoiqu'ils soient nos pères, il laissa échapper de ses mains le sceptre universel; plusieurs États indépendants se formèrent : les Goths, les Visigoths, les Vandales, les Francs, les Germains, renonçant à la vie nomade qu'ils menaient depuis des siècles et qui leur était imposée par ce flot d'émigrants qui, venant derrière eux, les forçaient sans cesse à marcher en avant, se décidèrent à s'établir définitivement. Mais il serait difficile, je crois, de faire accepter l'opinion que les Aryens, quelle que soit la tribu à laquelle ils appartinssent, fussent en possession d'un art quelconque, lorsque les flots sans cesse renouvelés des populations jaunes les forcèrent à abandonner la Mongolie et la Tartarie, et pendant le long voyage qu'ils firent à travers la Sibérie, la Scandinavie et les forêts de la Germanie pour arriver aux contrées civilisées par les Romains, où ils s'établirent définitivement. Il est peu probable qu'ils aient eu le temps, ni même l'idée de s'adonner aux sciences. Éminemment guerriers et pasteurs, ces populations consacraient le temps que leur laissaient ces deux occupations prédominantes, soit à cultiver des grains nécessaires à leur subsistance, soit à la fabrication de tissus grossiers pour se couvrir, soit à des festins donnés en commémoration de grands combats ou de fêtes religieuses.

Aussi voyons-nous les Francs, auxquels on attribue l'invention de l'art gothique, plutôt campés qu'établis dans les Gaules pendant les premiers siècles de leur domination, et tout ce que nous savons des habitations des rois mérovingiens et des grands chefs de cette époque, c'est qu'elles se composaient d'une suite de hangars en planche entourant un enclos plus ou moins grand. Ces hangars, disposés en cercle ou en carrés comme un camp, étaient entourés de fossés ou de palissades pour les défendre contre les attaques des voisins. Dans cette enceinte vivaient pêle-mêle le chef et sa famille; les visiteurs et les guerriers, les pâtres et les musiciens, les troupeaux et les chevaux, chacun avait son coin, et cette espèce de cité devait non-seulement abriter des êtres vivants, mais contenir les récoltes, les provisions, les armes, les trésors de toute cette population.

Les Gallo-Romains, pendant les premiers temps de cette conquête, quittaient peu les villes, et les thermes de Julien montrent ce qu'elles pouvaient être. Ce n'est qu'au xe siècle que nous voyons l'ogive remplacer le plein cintre roman et byzantin, et s'introduire dans les monuments civils et religieux. Le style ogival, d'abord assez simple, se surchargea peu à peu d'ornements, d'abord pour cacher les supports intérieurs et extérieurs, et ensuite dans le seul but d'orner.

En Perse, lorsque l'art arabe vint détrôner l'art sassanide, les choses se passèrent de même; ce furent les Arabes qui, pas plus que les Germains, n'avaient d'architecture antérieure, qui le firent éclore, et qui, sur les ruines du plein cintre byzantin et des lignes carrées de l'antiquité, firent paraître l'ogive et la coupole ovoïde. Ainsi, des deux côtés, l'architecture la plus ornée, la plus brillante et peut-être la plus difficile à concevoir et à exécuter, fut inventée par des peuples dont les antécédents n'annonçaient en rien qu'ils fussent doués d'une pareille imagination.

Quelque différent que fût l'art arabe de l'antiquité orientale, il ne dédaigna cependant pas d'employer les moyens d'ornementation de ses devanciers. Ainsi, les monuments arabes, non-seulement en Perse et en Asie Mineure, mais dans toute l'étendue de l'Islam, se couvrirent de briques émaillées comme cela se pratiquait dès la plus grande antiquité en Perse. Les débris que l'on découvre dans les fouilles en sont une preuve certaine, et lorsque Hérodote raconte les splendeurs de la ville d'Ecbatane, il parle de huit enceintes de couleurs différentes, dont les parois brillaient au soleil comme des pierreries, il faudrait mettre bien de la mauvaise volonté pour ne pas reconnaître dans cette description les briques émaillées que l'on rencontre partout en Orient.

La forme ogivale ne fut pas non plus la seule adoptée, et les dômes cintrés se trouvent très-fréquemment. La plupart des caravansérails sont un mélange d'ogives et de cintres surbaissés.

Les matériaux restèrent les mêmes que dans l'antiquité, c'est-à-dire que la brique crue, en persan *kecht*, fut employée presque partout, avec cette différence que le moule devint un peu plus large et un peu moins profond. Quand, dans des constructions, on trouve de ces carreaux ayant près de 20 centimètres d'épaisseur, on peut être sûr que l'on a affaire à une construction très-ancienne. Il arrive souvent que des bâtiments entiers, je dirai presque des villes, sont bâtis avec des matériaux sans que l'architecte ait eu recours à aucune pierre ou à aucune brique cuite pour consolider son édifice, et cela depuis la plus haute antiquité. Jusqu'à nos jours, et même pendant le temps des Séfewiehs où la Perse était si riche, et où le goût de la truelle prit une si grande extension, qu'un siècle ou un siècle et demi suffit pour bâtir Ispahan, Kaswine, Cachan, Achraff, Mesched, et couvrir littéralement le pays de caravansérails, de mosquées et de bains, les constructions en kecht ne cessèrent pas d'être employées, même pour des édifices de premier ordre. Plus nous avançons vers l'époque contemporaine, plus la proportion du kecht diminue et plus celle des briques cuites augmente; et aujourd'hui, il n'est pas rare de voir à Téhéran des maisons particulières bâties entièrement en briques cuites, tandis qu'autrefois c'était un luxe qu'on ne se permettait que pour les œuvres pies, telles que les mosquées et les caravansérails.

Dans un pays comme la Perse où la sécheresse est inouïe et où l'absence de voies de communication rend les matériaux rares et coûteux, ces constructions en kecht ne sont pas absolument dénuées de raison, et l'on ne saurait blâmer les habitants de les employer. Voici comment on procède : on prend de la terre glaise sans lui faire subir aucune épuration préparatoire, et l'on en fait une sorte de mortier en la mélangeant avec de l'eau; puis à l'aide d'un moule, on forme des carrés que l'on laisse sécher au soleil. Lorsque ces carrés ont acquis une certaine consistance, au lieu de les mettre au four pour en faire des briques, comme en Europe, on les porte tout simplement au chantier, où on les emploie de suite. On les rend adhérentes les unes aux autres au moyen d'un mortier formé de la même matière ; on bâtit les murs un peu épais, et chose étrange, on en fait même des voûtes, puis on recouvre le tout extérieurement et intérieurement à l'aide d'un ciment formé de terre rouge calcaire mélangé à une certaine quantité d'eau et de paille hachée. Et la plupart du temps, dans les villages ou parmi les gens du peuple, on ne prend même pas la peine de blanchir à l'intérieur ; il est impossible de trouver un procédé plus sommaire ayant le double avantage de ne coûter que quelques francs et de répondre tout à fait aux besoins du climat. L'épaisseur des murailles garantit du soleil brûlant de l'été et des froids excessifs de l'hiver, dus à l'élévation du terrain. Les plus économiques de ces maisons n'ont pas de charpente, et la couverture est formée par une voûte surbaissée faite en menus matériaux.

Lorsqu'il s'agit d'une bâtisse un peu plus sérieuse et qui doive répondre à d'autres besoins, on emploie presque toujours un mélange de briques crues et de briques cuites, c'est-à-dire que les fondations, les soubassements, les encoignures, les ouvertures sont en briques cuites, et les remplissages en briques crues revêtues de cet enduit que les Persans appellent khaghil (boue et paille). Dans les mosquées, dans les beaux caravansérails et récemment dans les maisons des grands personnages, toute la bâtisse est en briques cuites, et souvent même les soubassements sont revêtus d'une robe de pierres de taille granitique.

Dans les endroits retirés ou exposés aux grandes tourmentes de neige pendant l'hiver, les constructions sont en moellons liés par un mortier formé de chaux et de sable. Je connais un assez grand nombre de caravansérails qui sont bâtis de la sorte, mais cependant on ne peut nier que ce ne soit la très-infime minorité.

Ainsi, depuis les temps les plus reculés, les matériaux n'ont pas changé, et si l'on fouillait les ruines de la ville de Rheÿ (Ragès des Grecs), dont l'emplacement a toujours été occupé par une cité, on pourrait peut-être se rendre compte des différentes époques en étudiant la forme des matériaux, mais la nature serait partout la même ; à quelque profondeur qu'on descendît, on trouverait toujours les quatre mêmes éléments de toute bâtisse persane, les Kecht en grande majorité, comme par exemple les trois dixièmes briques cuites, un, un et demi briques émaillées ou de tronçons de faïences vernissées et un demi-dixième de planches ou de blocs de granit gris noir.

L'art musulman-persan s'est inspiré à quatre sources différentes ; ces quatre sources sont Byzance, la Chine, les Indes et l'Europe.

L'influence de ces différents pays s'est fait plus ou moins sentir et a laissé des traces plus ou moins profondes ; mais il faudrait être aveugle pour ne pas les voir.

Comme je l'ai dit à satiété, les Arabes avant l'islamisme n'avaient pas d'art, et le temple de la Caaba qui fut brûlé une première fois au VIe siècle, fut rebâti par des artistes étrangers. Lorsque le désordre, résultat inévitable des débuts d'une société, fut un peu calmé et que les khalifes commencèrent à s'organiser, en un mot, lors de l'éclosion de la civilisation dite arabe, les souverains musulmans, hors d'état de rien produire avec leurs sujets, s'adressèrent à leurs voisins pour obtenir des hommes capables. C'est ainsi que nous voyons le khalife Walid demander à l'empereur Justinien des artistes grecs pour bâtir les mosquées de Damas et de Jérusalem. Ce fut la période de l'art byzantin-musulman, si je puis m'exprimer ainsi, mais il se répandit peu en Perse et produisit cet art oriental que l'on admire au Caire et en Syrie, et qui pour beaucoup de gens forme exclusivement l'art arabe. Il est assez difficile de dire ce qu'on faisait en Perse à cette époque ; les guerres civiles, les massacres et les invasions laissaient peu de temps à ce peuple pour s'organiser. Il n'est cependant pas douteux qu'il dut jouer un rôle assez important dans cette révolution, puisque nous voyons l'usage des briques émaillées remplacer de suite et presque partout les mosaïques de verre et d'émail employées par les byzantins. Afin de rendre l'imitation plus parfaite, les briques furent réduites en de très-petits morceaux entrant les uns dans les autres. J'ai sous les yeux un morceau du portail de la grande mosquée de Samarkhande. Cet échantillon représente une fleur violette en forme de rosace, ayant un cœur bleu turquoise que l'on peut enlever à volonté. Il reste peu ou point de monuments de cette espèce en Perse. Il n'en est pas de même d'une période plus rapprochée de nous ; celle des Seljouks ou descendants de Tamerlan, la mosquée de Tauris, celle de Sultanieh, celle de Véramine sont des monuments qui, quoique ruinés, donnent parfaitement l'idée de ce qu'était cette architecture.

Le dôme légèrement ovoïde, les minarets, les arcades qui encadrent les fenêtres étaient recouverts de briques émaillées du dessin le plus élégant ; ces mosquées ont subi plusieurs réparations ; la tour de Rheÿ et la mosquée de Natinz appartiennent à la même époque. J'ai déjà parlé plus haut des briques émaillées qui décorent ces monuments. Je ne crois donc pas utile d'y revenir ici, car j'ai hâte d'arriver à l'architecture des Séfewiehs qui encore aujourd'hui, mais avec quelques restrictions, est en honneur parmi les Persans. L'art des Séfewiehs trouve son expression la plus complète dans la ville d'Ispahan, où plus de vingt palais, colléges et mosquées sont là pour témoigner de sa valeur. On aurait tort cependant de croire que cette ville, capitale du royaume, fut la seule favorisée sous ce régime. Chah-Abbas et ses successeurs ont laissé partout des traces ineffaçables de leur passage. Kaswine, Achraff dans le Mazenderan, Cachan, la grande mosquée de Meschet, et presque tous les beaux caravansérails que l'on trouve sur les routes datent de cette époque. L'art séfewieh, c'est l'apogée de la période chino-persane, non-seulement les murailles se couvrent de plus en plus de briques émaillées, non-seulement les couvertures sont surmontées de petits pavillons carrés à toiture pointue concave, mais tous les ornements intérieurs se ressentent de ce goût.

Les principaux palais qui restent encore debout à Ispahan, sont 1° le Tchehel-Sitoun ou les quarante colonnes. Ce palais contenait sans doute les appartements d'apparat de Chah-Abbas. La description que Chardin donne de ce monument est vraiment admirable de détails et d'exactitude et je ne m'arrêterais pas après cet illustre voyageur sur ce sujet si je n'envisageais les choses à un autre point de vue.

Ce grand vestibule ouvert, soutenu par d'immenses colonnes de bois dont le piédestal est de marbre, n'offrirait rien de remarquable si ce n'était son étendue et la richesse et le goût de son décor; sa forme intérieure est rectangulaire, mais avec cette particularité qu'au fond se trouve une sorte d'alcôve; cette disposition est, pour ainsi dire, unanime dans tous les appartements persans. Cette partie en retrait s'appelle *chah-nichin*, l'endroit où s'assoit le maître.

Les parois des murs, ceux des colonnes sont couverts de miroirs de Venise de toutes grandeurs et de toutes formes reliés ensemble, soit par des cadres, soit par des rainures métalliques, soit tout simplement par du plâtre recouvert de peintures, rien ne peut donner une idée de l'originalité de cette salle. Le plafond à caissons un peu dans le genre renaissance est d'une richesse sans égale, il est à fond d'azur avec des arabesques dorées et rouges, derrière ce vestibule se trouve une autre grande salle d'apparat également décorée avec un luxe excessif. C'est dans cette salle que se trouvent les grandes peintures dont j'ai déjà eu l'occasion de parler; le reste de la salle est décoré par des arabesques, des dorures et quelques miroirs, le plafond est une voûte surbaissée. Il est singulier d'observer que nulle part au monde on ne trouverait une plus grande quantité de miroirs de Venise qu'à Ispahan.

Pour achever l'étude de ce monument, l'archéologue doit une visite aux charpentes. De même qu'on ne saurait oublier les charpentes de nos cathédrales gothiques, de même le voyageur qui omettrait de visiter celles de Tchehel-Sitoun, ne se rendrait qu'un compte imparfait des difficultés qu'il a fallu vaincre pour construire ce monument. C'est un enchevêtrement de pièces de bois énormes, et d'une grosseur telle qu'on se demande, lorsqu'on a parcouru la Perse, où l'on a pu trouver de pareils platanes. C'est un amas de cintres, de poutrelles, d'arcs-boutants liés ensemble par des cercles de fer ou par des clous énormes; les quatre cinquièmes de ces bois sont inutiles et chargent d'un poids immense les murs, sans compter que cette charpente est recouverte d'une terrasse de terre battue d'au moins 50 centimètres d'épaisseur.

La rareté du bois est telle en Perse, que l'art du charpentier est tout à fait inconnu. La plupart du temps les charpentes sont plates et se composent de quelques poutrelles de bois blanc non travaillé sur lesquelles on étend une natte de roseaux et par-dessus une couche de mortier composé de terre, de paille hachée et d'eau, dont l'épaisseur varie suivant les circonstances. Celle du palais du Tchehel-Sitoun est faite avec du bois de platane non équarri, il y a plusieurs pièces qui ont certainement 1 mètre de diamètre sur une longueur de $80^m,10$; c'est une œuvre gigantesque, et, je le répète, on se demande comment tout cela peut tenir. Pendant l'été la population entière passe la nuit sur ces terrasses, et telle est la sécheresse du climat que jamais ni le soir, ni à l'aube on n'est incommodé par la rosée.

A côté du Tchehel-Sitoun se trouve un palais dont Chardin a également fait une description minutieuse, mais qui doit cependant nous occuper quelques instants. Ce palais qu'on a décoré du nom pompeux de *Hacht-Beicht* (8° ciel), m'a servi de demeure pendant quelques jours.

L'*Hacht-Beicht* est un bâtiment dont la forme est excessivement commune en Perse; on lui donne vulgairement le nom de *Koula-Frangui*, littéralement chapeau français. C'est un corps de bâtiment élevé de plusieurs étages dont les angles font saillie et forment quatre pavillons. L'intérieur de ces monuments forme une croix, c'est-à-dire se compose d'une salle ayant cette forme, généralement ornée d'un bassin dans le milieu, s'ouvrant de quatre côtés et ayant toute la hauteur du bâtiment; les quatre pavillons avec une saillie renferment les chambres.

J'aurais peut-être dû insister davantage sur l'art des Séfewieh, et un archéologue ne serait certainement pas aussi bref, mais je ne puis oublier que dans une sorte d'encyclopédie comme celle qui forme ce travail, je ne saurais appuyer davantage sur un sujet. J'ai voulu donner une idée générale de la Perse politique, commerciale, industrielle et artistique et fournir aux spécialistes l'idée d'étudier cette matière, mais je n'ai nullement eu celle d'épuiser le sujet; je n'avais ni le temps, ni les connaissances nécessaires à un pareil travail.

L'art persan, depuis les Séfewiehs, a subi une grande décadence, et quoique les principes sur lesquels il repose n'aient pas beaucoup changé depuis cette époque, les architectes persans ont perdu toute espèce de règles et ne composent plus que par routine. Il est notamment un ornement dont l'emploi, soit à l'extérieur, soit à l'intérieur, est excessivement fréquent et dont l'effet est admirable. Je veux parler de ces espèces de stalactites en plâtre dont ils chargent l'intérieur des ogives et des voûtes, et même dont on fait des corniches pour les plafonds; c'est ce même ornement qu'on appelle en Espagne moitié d'orange. J'ai voulu me rendre compte des procédés employés pour cette construction, et j'ai fait venir un architecte persan pour me les indiquer. Cet artiste m'a d'abord fait une épure sur le papier, mais sans règles et seulement par routine. Croyant avoir mal compris, j'ai fait prévenir M. le commandant du génie Benezech, officier d'un rare mérite et d'une modestie encore plus rare, qui a eu la bonté de suivre toute l'opération, et pas plus que moi, il n'est parvenu à formuler les règles du problème. Dans la pratique, on peut résumer en quelques mots le procédé; ce décor se compose d'une suite de plans horizontaux découpés de façon à produire des angles sortants et rentrants, reliés ensemble par une suite de rectangles et de triangles isocèles perpendiculaires.

Les briques émaillées forment, avec l'ornement précédent, appelé en persan *mokarnass*, et quelques peintures, tout le décor extérieur des édifices. J'ai parlé dans le chapitre précédent des faïences avec détail; je me borne donc ici à rappeler ce genre d'ornementation.

Les mosquées, les caravansérails et les bains sont les seuls monuments pour lesquels on se permette une décoration extérieure. Quant aux habitations des particuliers, quelle que puisse être la richesse et le luxe du propriétaire, il se garde bien d'orner sa maison à l'extérieur; ce serait une sorte de défi porté à la cupidité de ses voisins, et il préfère réserver toutes ses magnificences pour l'intérieur.

Les maisons persanes se composent, en général, de plusieurs cours, dont chacune est appliquée spécialement à un usage. Les maisons des grands comportent quatre divisions bien marquées : 1° le biroun, ou appartement de réception; c'est le lieu où le maître de la maison reçoit; cette partie de l'habitation comprend généralement une ou plusieurs grandes salles appelées talar; ce sont de grandes pièces extrêmement élevées et presque toujours placées dans un courant d'air. Un des côtés de la salle est occupé en entier par une grande vitrine qui s'ouvre par des fenêtres à coulisses; tout autour et à hauteur d'appui règne soit une peinture, soit une garniture d'albâtre; puis vient le premier rang de *takché* ou niches, plus ou moins orné; au-dessus se place une corniche ayant généralement une grecque pour motif, sur laquelle s'appuie le second rang de *takché*; puis une seconde corniche et enfin le plafond, souvent très-orné et ayant toujours pour motif un fuseau allongé et terminé par deux fleurs de lis. Deux ou trois petites pièces existent à côté de ces grandes, ainsi qu'une salle pour les domestiques étrangers et une office;

2° Ender-roum; c'est la partie de la maison habitée par la famille; elle se compose d'une grande cour entourée de quatre corps de bâtiments comprenant une suite de chambres s'ouvrant toutes sur la cour; c'est là que chacun a son domicile. Chaque femme a sa chambre qui contient tous ses effets; le maître, lui, habite une sorte de grande salle qui tient tout un côté de la cour; l'ornement de ces appartements est le même que celui du biroun; cependant, en général, cette partie de la maison est plus vaste; cela tient à sa destination;

3° Khalvet. Dans les maisons des grands personnages, il y a une troisième cour qui porte le nom de khalvet, *retiré*; c'est le milieu entre le biroun et le harem; ce lieu est spécialement destiné aux réceptions intimes; c'est là que le maître de la maison passe la plupart de ses soirées, qu'il reçoit ses amis et qu'il se livre, s'il y a lieu, aux délices de la bouteille;

4° Le bain. Toute maison considérable a son bain, ouvert au public; car dans ce pays c'est une œuvre pie que de faciliter aux fidèles le moyen de laver leurs fautes; mais ayant une communication avec la maison, le bain persan est l'institution la plus sale que je connaisse. Il se compose d'une première cave froide et humide, dont les murs enfumés et noircis suintent l'humidité et sont entourés d'un divan délabré; c'est là que l'on se déshabille. La cave suivante, d'une chaleur humide et suffocante, n'est pas mieux ornée; les dalles, inégales et gluantes, brûlent les pieds ; dans un coin se trouve la chaudière, contrairement à l'usage turc ; elle est ouverte et sert de piscine ; l'eau verte et fortement imprégnée de phosphore a une odeur âcre qui prend à la gorge ; il faut avoir le cœur solide pour qu'il ne se soulève pas à la vue et surtout à l'odeur de ce bouge, dont la saleté et la puanteur sont encore compliquées de la présence d'armées de cancrelats, l'un des insectes les plus dégoûtants que je connaisse. Il ne faudrait pas croire que je charge le tableau, et je suis convaincu que tous les Européens qui ont visité la Perse trouveront que je suis encore resté au-dessous de la vérité. Voici cependant un détail à ravir le réaliste le plus réaliste. Chacun de ces établissements possède dans son mobilier une grande cuiller en bois ou en fer battu ; je m'informai de son usage, et il me fut répondu que c'était pour enlever la surface de l'eau lorsqu'elle devenait trop grasse, absolument comme les cuisinières écument leur pot-au-feu ; cette cuve, où toutes les immondices humaines vont se plonger, n'est jamais vidée entièrement et l'eau n'en est jamais renouvelée ; seulement on remplace celle que l'ébullition ou les ablutions du patient a pu faire disparaître.

Nous voici arrivé à la fin de notre travail bien incomplet, bien insuffisant sans doute. Notre but n'a pas été d'épuiser la matière, mais d'ouvrir de nouvelles portes à la curiosité humaine. L'Asie est un labyrinthe dont on ne connaîtra peut-être jamais tous les détours, tout y est intéressant, les hommes et les choses ; je ne connais pas d'esprit blasé dont l'ennui résisterait à un voyage en Perse, n'en tirerait-il qu'une irritation constante ; cela vaut toujours mieux que l'ennui. Je ne sais pas de sujet plus vaste, plus universel, plus séduisant à étudier que l'Asie, notre berceau à tous. Chaque pas que l'on fait sur cette terre privilégiée éveille un souvenir, chaque pierre que l'on heurte, évoque un mystère. Chaque coutume a sa raison d'être, et en voyant de près ces populations, des problèmes qui semblaient impossibles à déchiffrer, s'expliquent d'eux-mêmes. Vous vivez avec la Bible, avec l'antiquité grecque, avec la féodalité, et vous comprenez plus facilement en une heure d'observation le jeu de toutes ces institutions qu'en lisant des bibliothèques entières.

Pour ma part, pendant le séjour que j'ai fait dans ce pays, si j'en excepte le temps consacré à l'acclimatation, je n'ai pas connu un seul instant l'ennui, et malgré le plaisir que j'éprouvais à revoir mon pays, ma famille, mes amis, ce n'est pas sans un serrement de cœur bien prononcé que j'ai mis le pied sur le paquebot qui devait me ramener en Europe. Je ne sais ce que l'avenir me réserve, mais si jamais ma destinée me ramène au milieu de ces populations, ce sera pour moi un plaisir bien vif de les revoir, car je garde un sentiment de profonde reconnaissance, pour la manière dont elles m'ont accueilli; petits et grands ont été remplis de bonté pour moi, et depuis le Souverain, qui m'a toujours témoigné la sympathie la plus flatteuse, jusqu'aux domestiques, je n'ai trouvé sur toute l'échelle de la société persane que bons procédés et dévouement, et certainement les années que j'ai passées en Perse compteront parmi les meilleures et les plus heureuses de ma vie.

FIN.

TABLE DES MATIÈRES.

	Pages.
INTRODUCTION.	1

CHAPITRE PREMIER.
Du Gouvernement. 53

CHAPITRE II.
De la Constitution-civile et judiciaire. 63

CHAPITRE III.
Des Finances. 75

CHAPITRE IV.
Des Tribus. 88

CHAPITRE V.
De l'Armée. 97

CHAPITRE VI.
Du Clergé. 102

CHAPITRE VII.
De l'Enseignement. 107

CHAPITRE VIII.
Des Domestiques. 115

CHAPITRE IX.
Résumé. 125

CHAPITRE X.
Le Goût inné des Persans pour le commerce. 138

CHAPITRE XI.
Agriculture. 146

TABLE DES MATIÈRES.

CHAPITRE XII.
Du Bétail... 161

CHAPITRE XIII.
Produits naturels.. 166

CHAPITRE XIV.
Des Négociants.. 168

CHAPITRE XV.
Du Crédit... 172

CHAPITRE XVI.
Des Corporations.. 176

CHAPITRE XVII.
Origines du commerce extérieur............................... 184

CHAPITRE XVIII.
Des Ouvriers.. 202

CHAPITRE XIX.
Des Douanes.. 207

CHAPITRE XX.
Des Arts industriels... 222

CHAPITRE XXI.
Des Métaux... 240

CHAPITRE XXII.
Des Émaux... 247

CHAPITRE XXIII.
Du Cartonnage et de la Peinture.............................. 280

CHAPITRE XXIV.
Des Poteries.. 274

CHAPITRE XXV.
De l'Architecture.. 327

Paris. — Imprimé par E. Thunot et C°, 26, rue Racine.